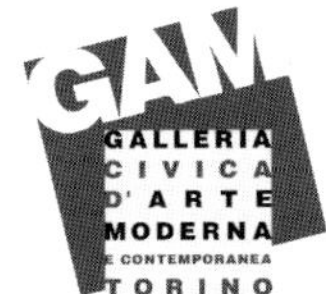

EVA MARISALDI

TEMPESTA

15 novembre 2002 – 15 gennaio 2003

GAM - Galleria Civica d'Arte Moderna e Contemporanea
via Magenta 31, Torino

CITTA' DI TORINO

Sindaco
Sergio Chiamparino

*Assessore alle Risorse e allo
Sviluppo della Cultura*
Fiorenzo Alfieri

Divisione Servizi Culturali
Direttore
Renato Cigliuti
Vice Direttore per i Servizi Museali
Daniele Lupo Jalla

GAM
ISTITUZIONE DEL COMUNE DI TORINO

Consiglio d'Amministrazione
Presidente
Giovanna Cattaneo Incisa
Consiglieri
Giovanni Ferrero
Luigi Garosci
Fulvio Gianaria

Direttore
Pier Giovanni Castagnoli

Vice Direttore
Riccardo Passoni

Conservatore
Virginia Bertone

Comitato Scientifico
Maria Mimita Lamberti
Steingrim Laursen
Dieter Ronte

Ufficio Mostre
Gregorio Mazzonis
Oriella Benvenuti

Videoteca
Elena Volpato
Orsola Morgera

Segreteria di Direzione
Silvana Gennuso
Arianna Bona

Amministrazione
Carla Rosso

Sezione didattica
Flavia Barbaro

Ufficio Stampa
Daniela Matteu

MOSTRA

A cura di
Elena Volpato

Progetto
Eva Marisaldi
Enrico Maria Serotti

Coordinamento e organizzazione
Gregorio Mazzonis

Segreteria
Oriella Benvenuti
Arianna Bona
Carolina Trucco

Allestimento
Attitudine Forma

Ideazione grafica
Elio Vigna Design

Didattica
Flavia Barbaro
Valentina Alberti
Giorgia Rochas

Trasporti
BORGHI International, Torino

*Alla realizzazione di questa mostra
hanno inoltre collaborato*
Enrico Serotti, Giorgio Bedenni,
Giuseppina Fiorini, Elesabetta
Gamba, Andrea Gnudi, Marina
Lanza, Mirco Pellati, Ambra
Tanaglia, Valerio Vecchietti

Ringraziamenti
Tommaso Corvi Mora, Londra,
Giovanna Furlanetto; Galleria
Analix, Ginevra; Galleria Massimo
De Carlo, Milano; Galleria Minini,
Brescia; Galleria Neon, Bologna;
Galleria S.A.L.E.S., Roma; Meert
Rihoux, Bruxelles; Museo
Nazionale del Cinema, Torino;
Raucci Santamaria, Napoli; Studio
Guenzani, Milano

Si ringrazia inoltre per la
collaborazione il Museo Nazionale
del Cinema di Torino

CATALOGO

Testi
Elena Volpato
Eva Marisaldi
Rosalba Paiano

Traduzioni
George Frederick Takis
Teresa Valaer

Ideazione grafica e impaginazione
hopefulmonster

Copertina
Elio Vigna Design

Fotografie della mostra
Paolo Pellion

Crediti fotografici
P. Casadei, S. Dominge, G. Godsan
G. Godsan-M. Lambertini,
R. Gonella, R. Marossi, V. Sedy

Fotolito
Fotolito FB, Torino

Stampa
Garabello Artegrafica, S. Mauro (To)

Edizione
hopefulmonster
via Santa Chiara 30/F
10122 Torino
tel. +39.011.4367197
fax +39.011.4369025
e-mail: info@hopefulmonster.net
www.hopefulmonster.net

ISBN 88-7757-159 4
Printed in Italy

Eva Marisaldi

TEMPESTA

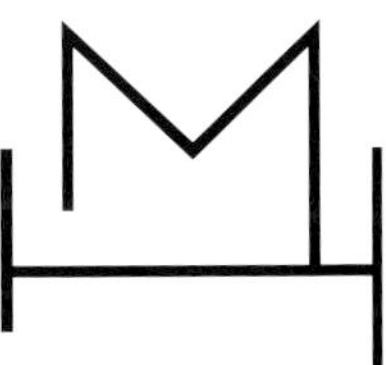

hopefulmonster

Indice

Index

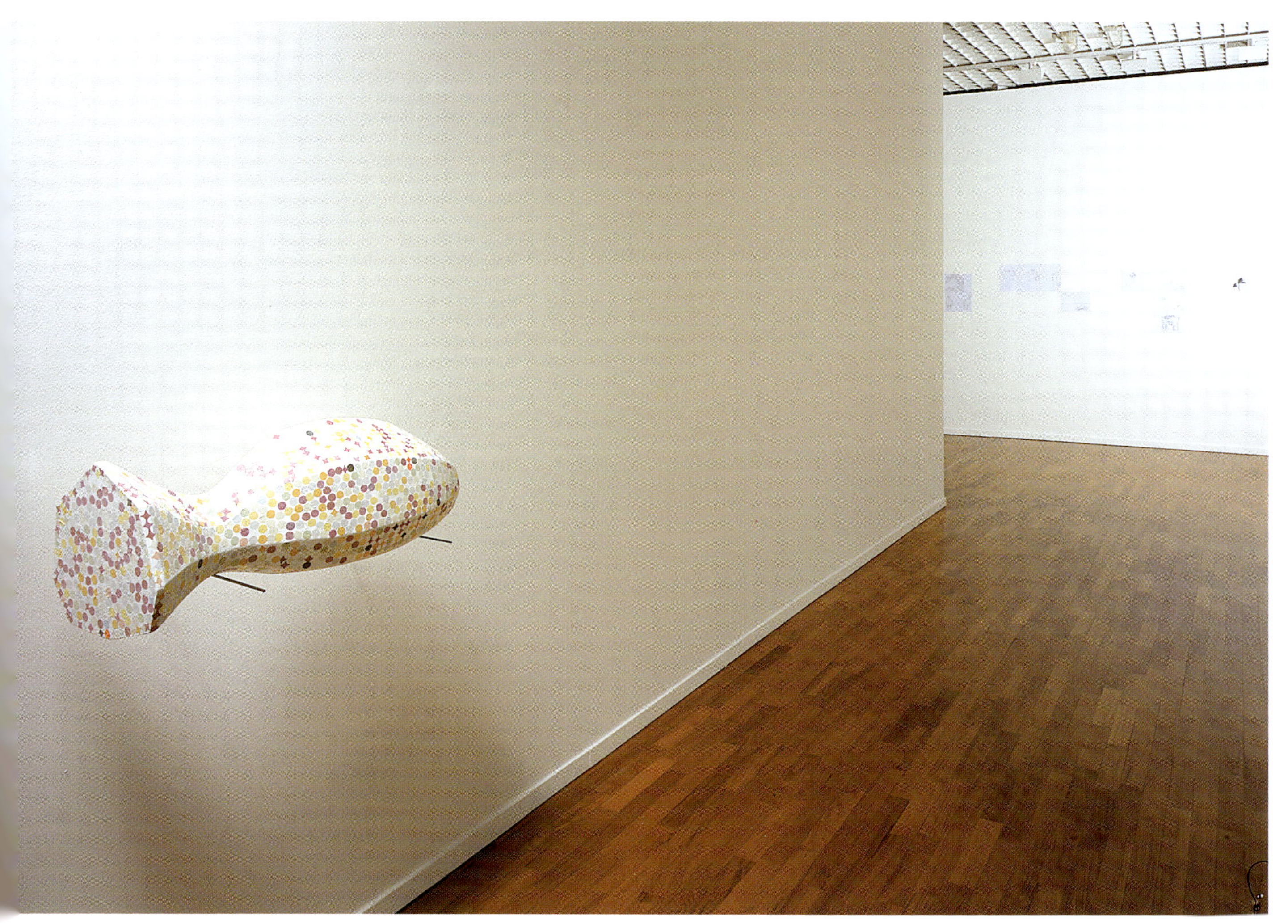

1 *Pixeland*, 2002

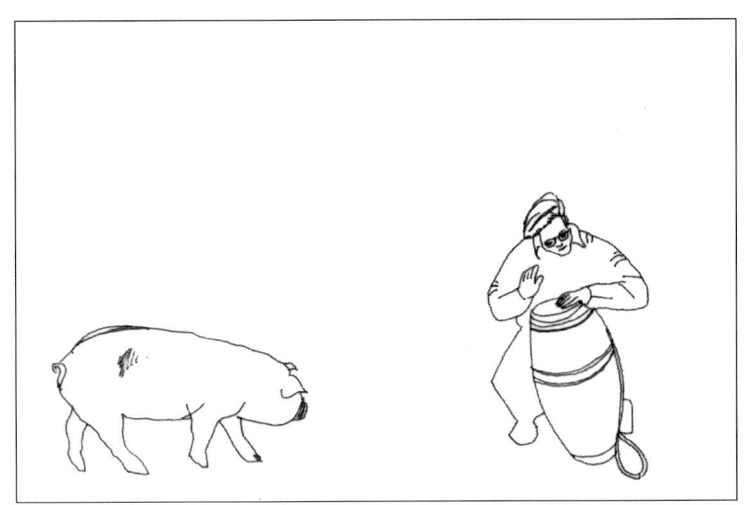

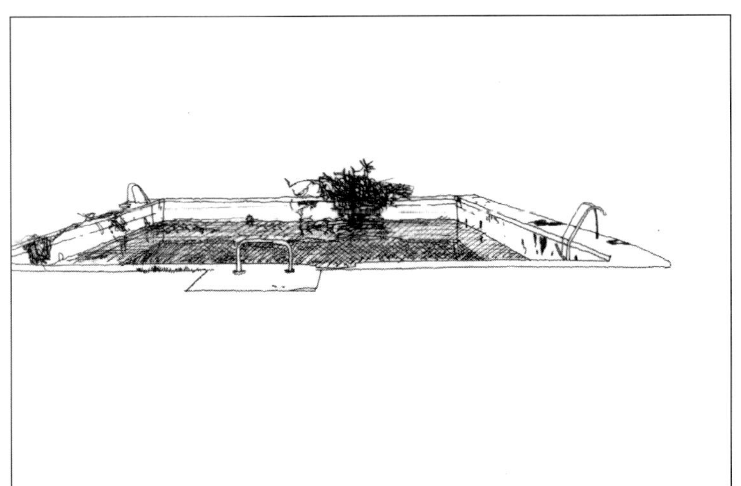

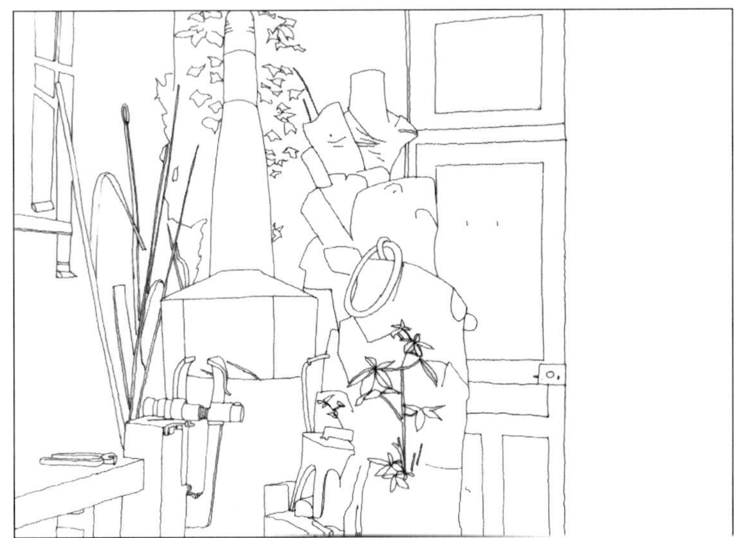

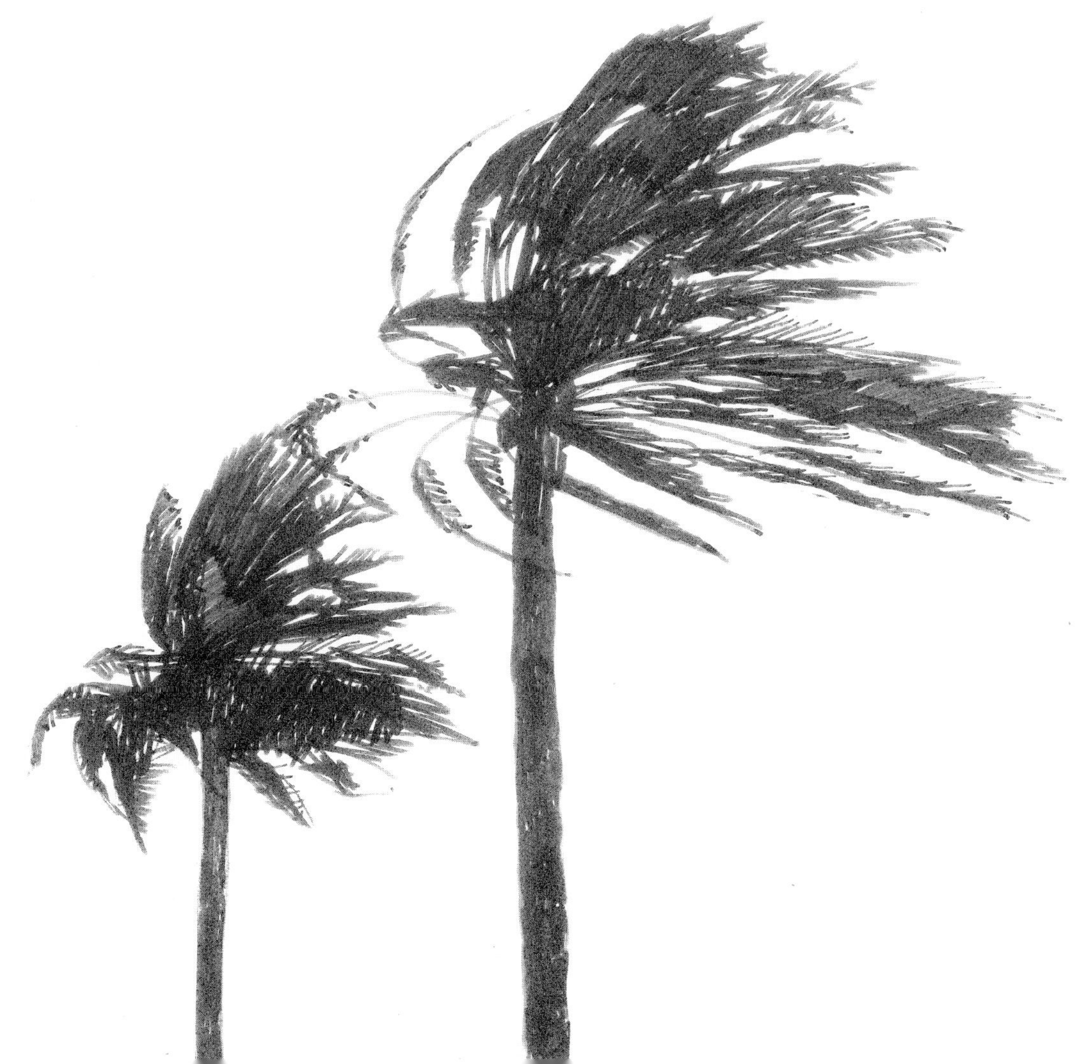

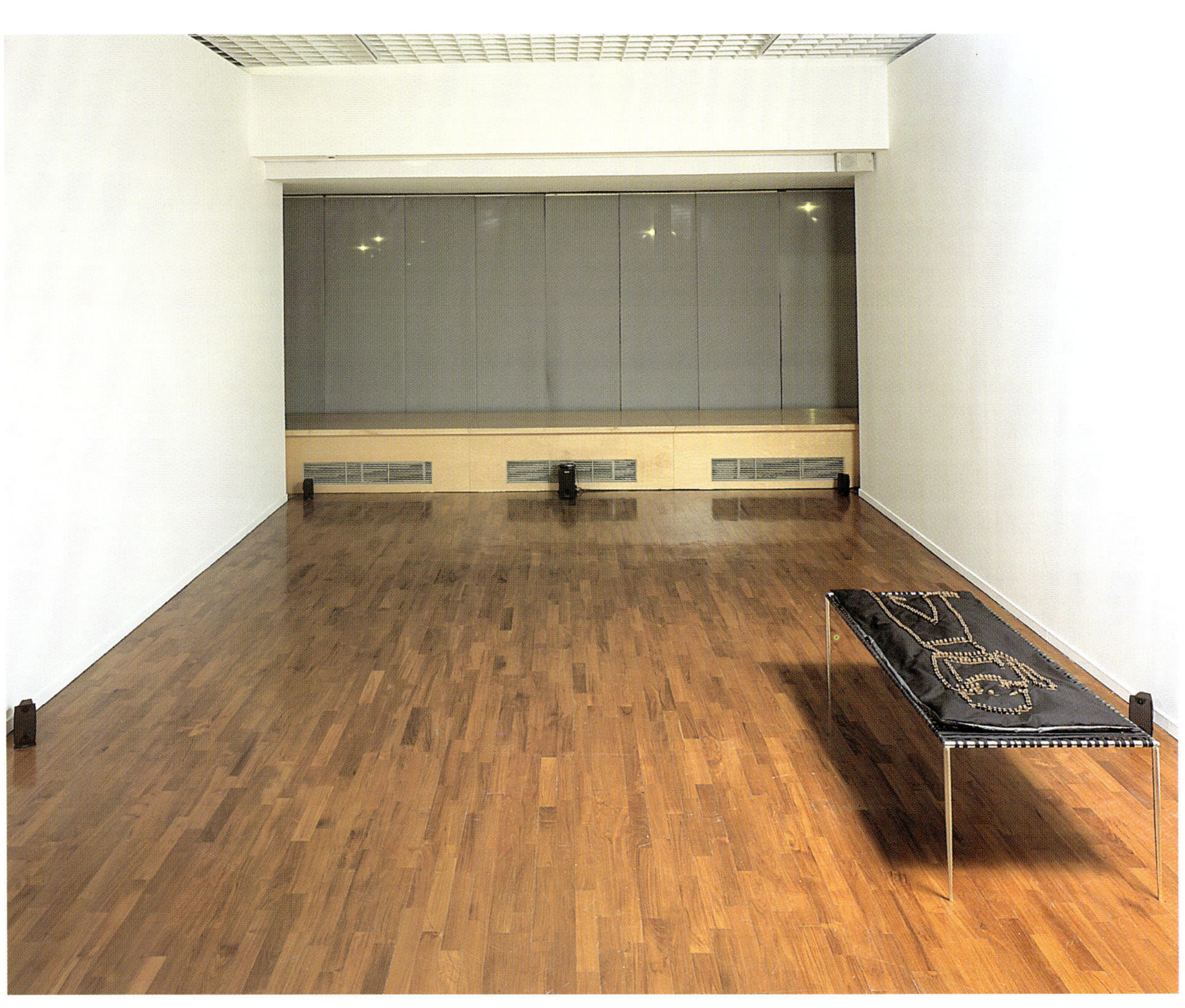

3 *Dream baby dream*, 2002

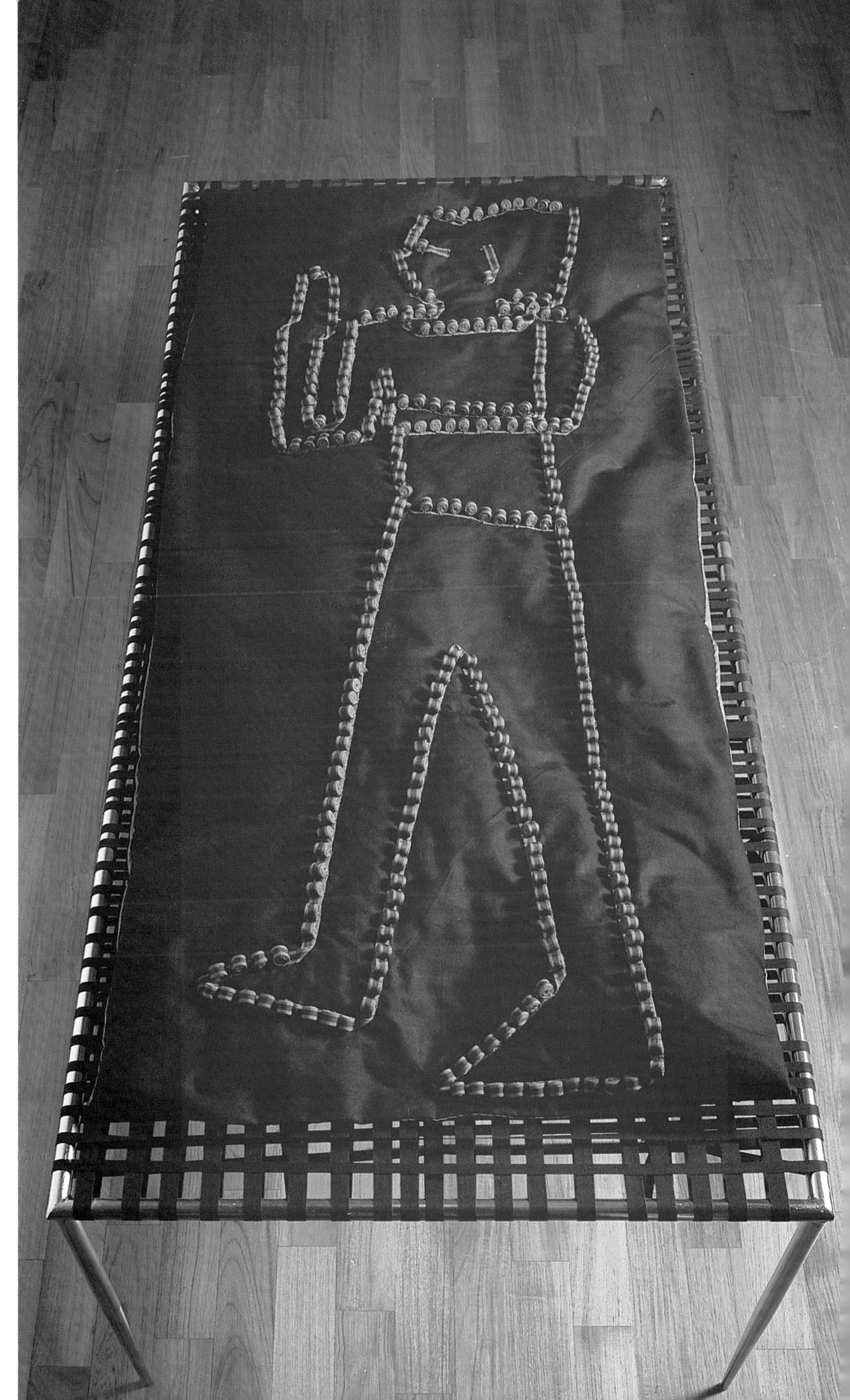

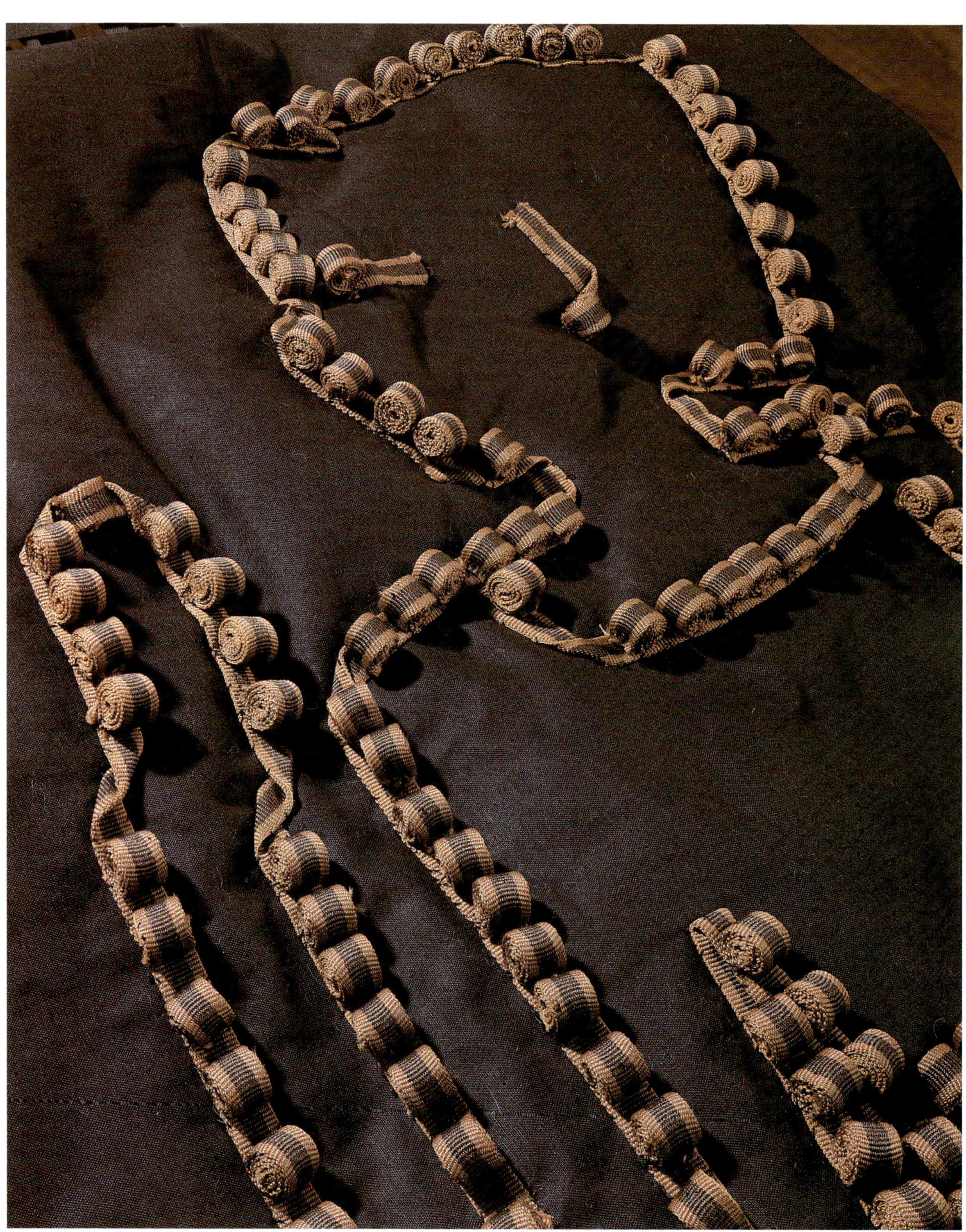

4 *Dream baby dream*, 2002 particolare / detail
5 Veduta della mostra / Exhibition view *Tempesta,* 2002

pagine successive
6 *Virdo*, 2002

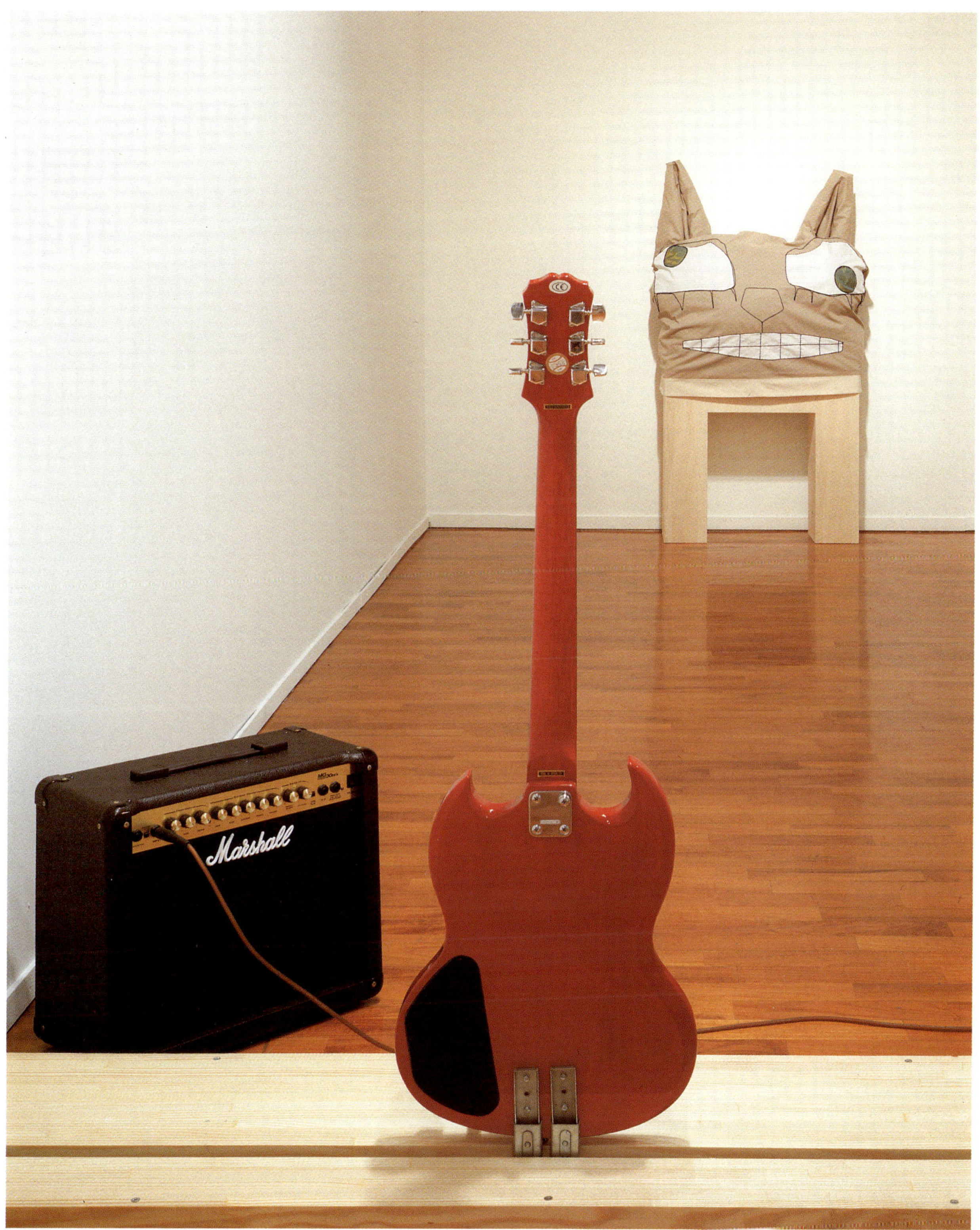

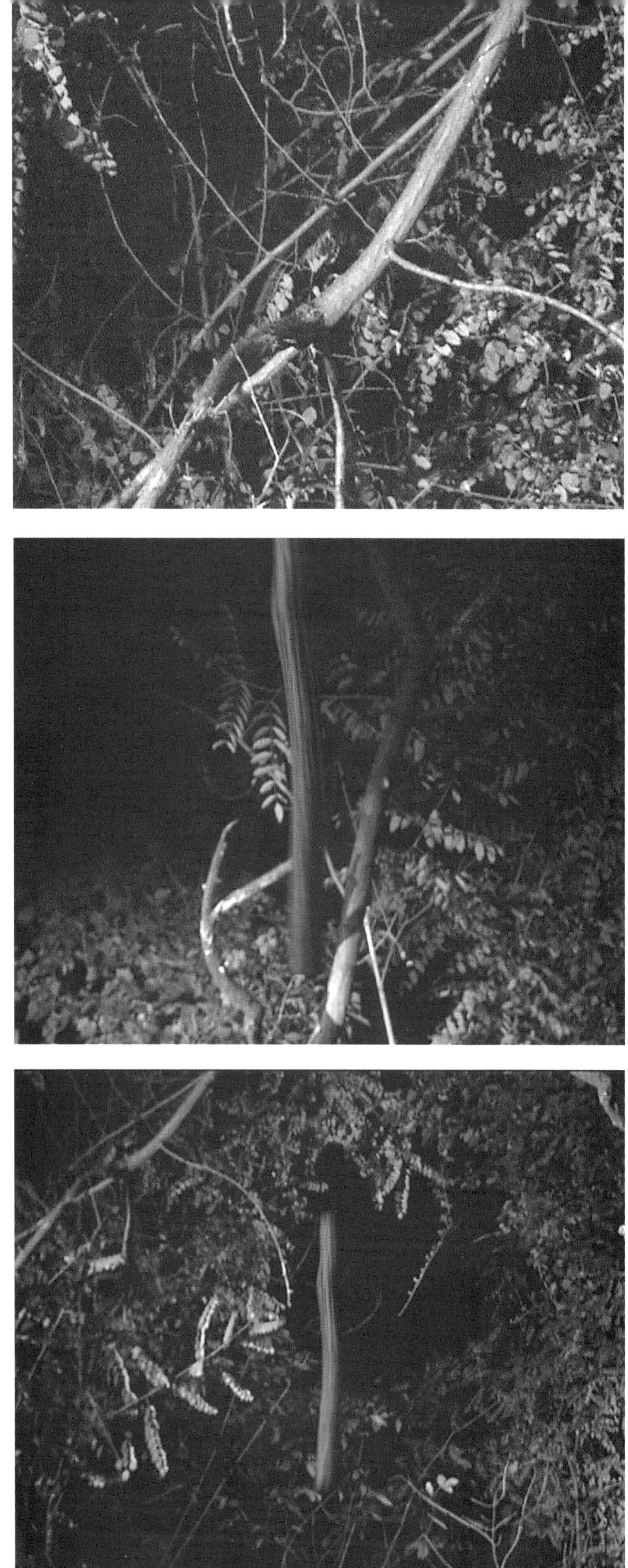

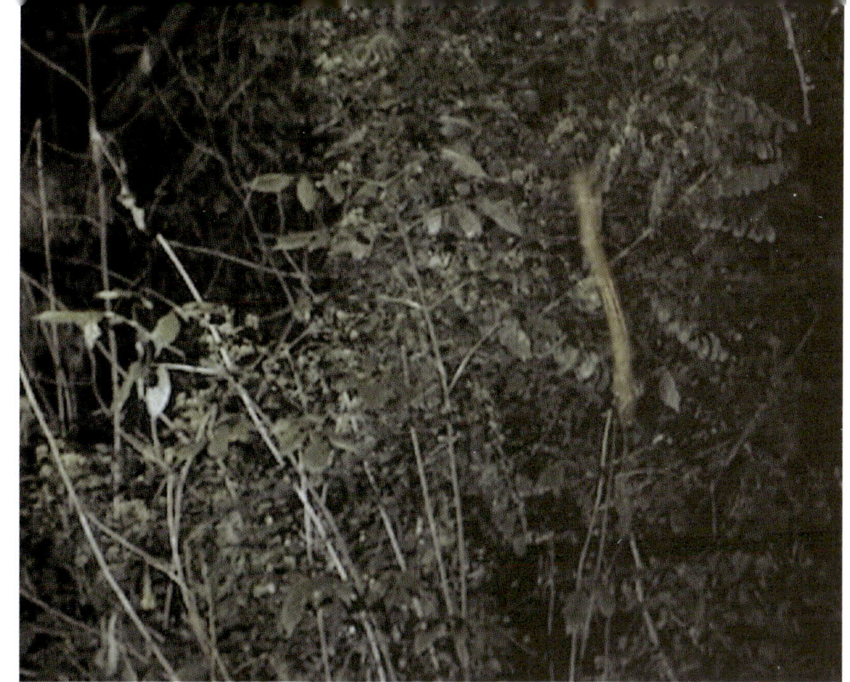

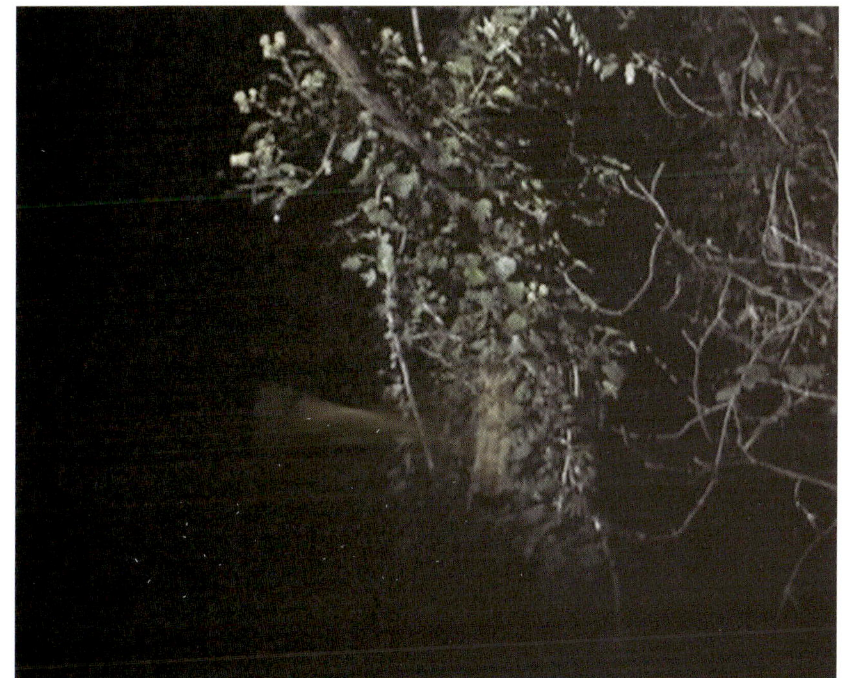

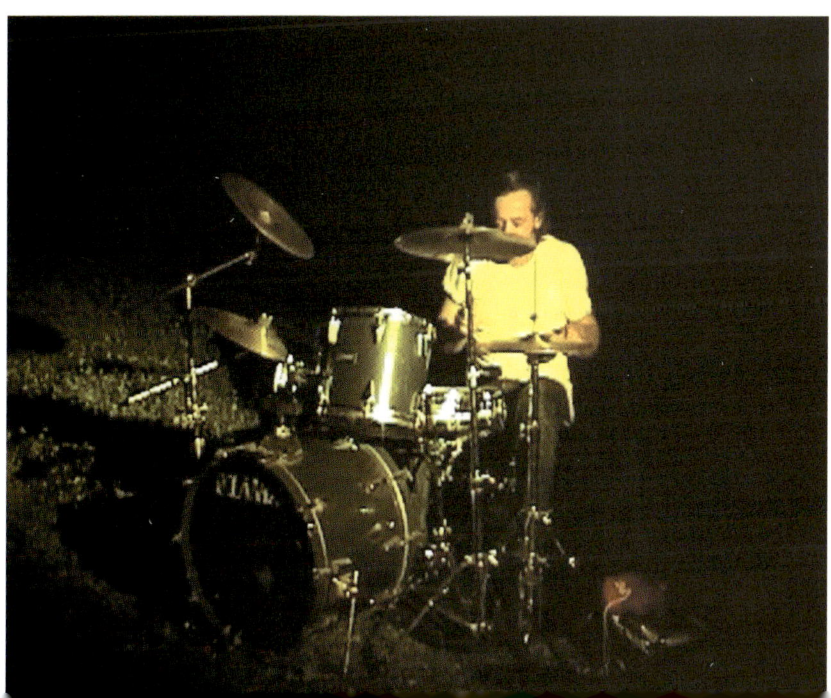

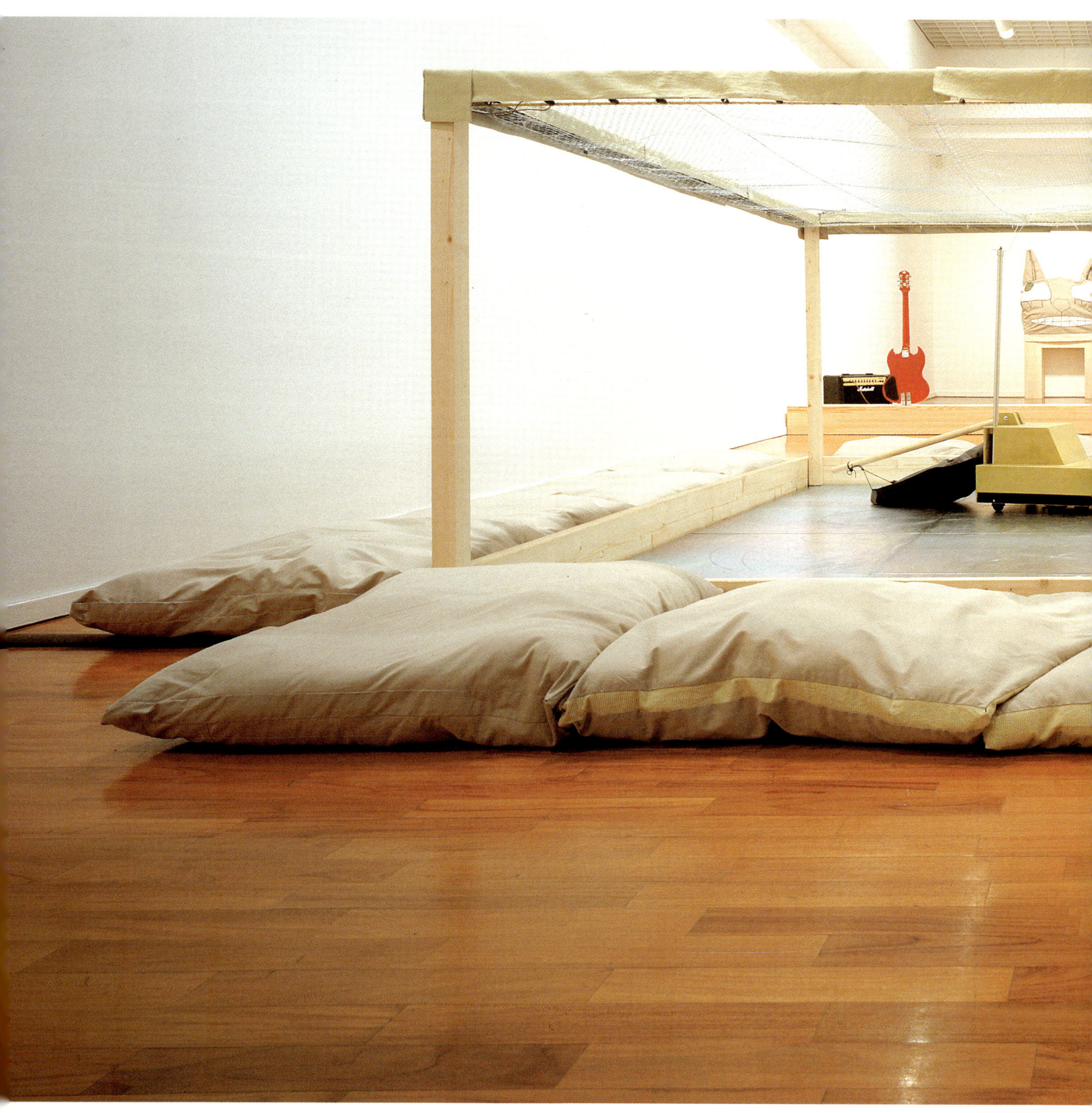

7 Veduta della mostra / Exhibition view *Tempesta*, 2002

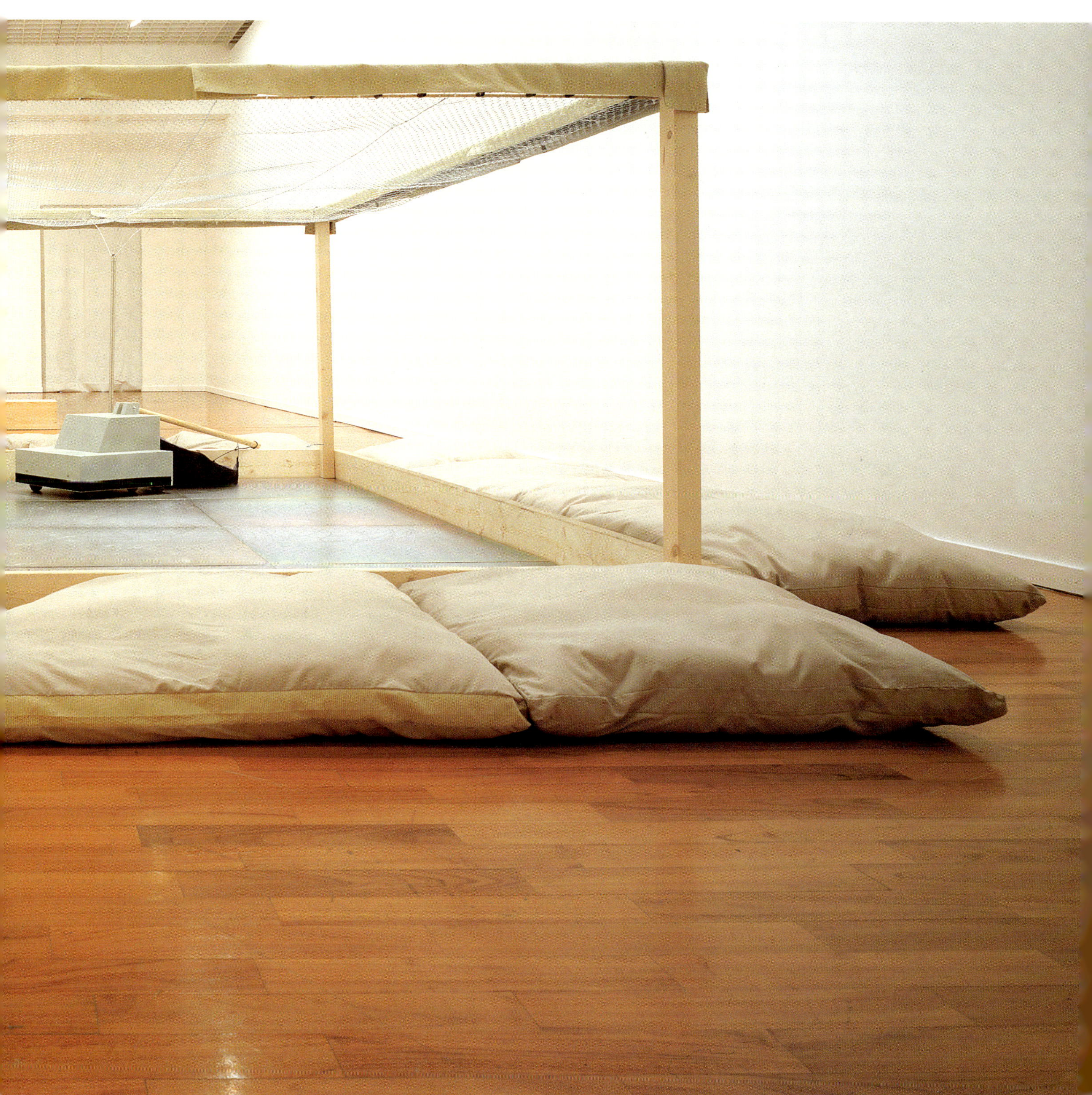

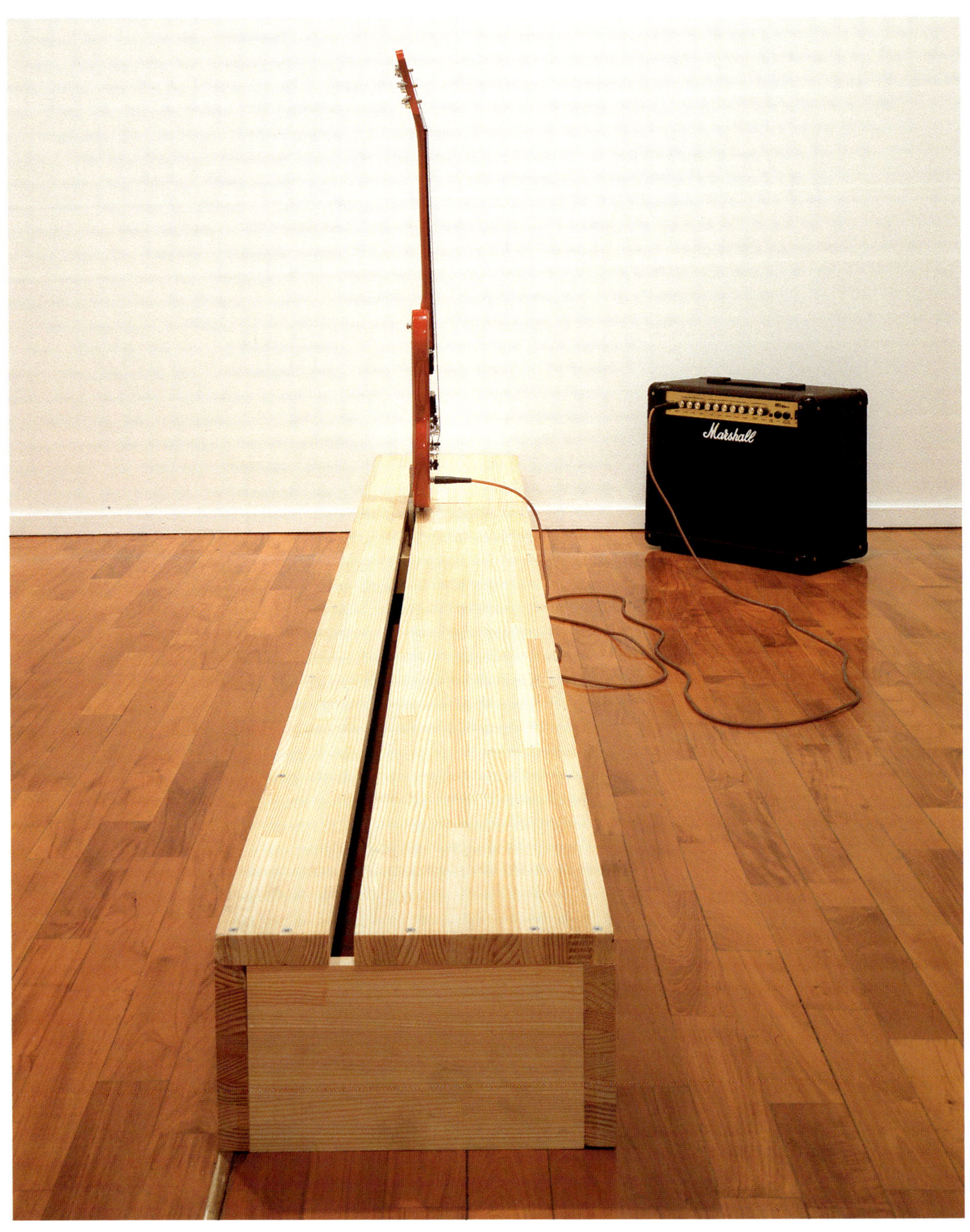

8 *Ohm*, 2002
9 *Dancing with myself*, 2002

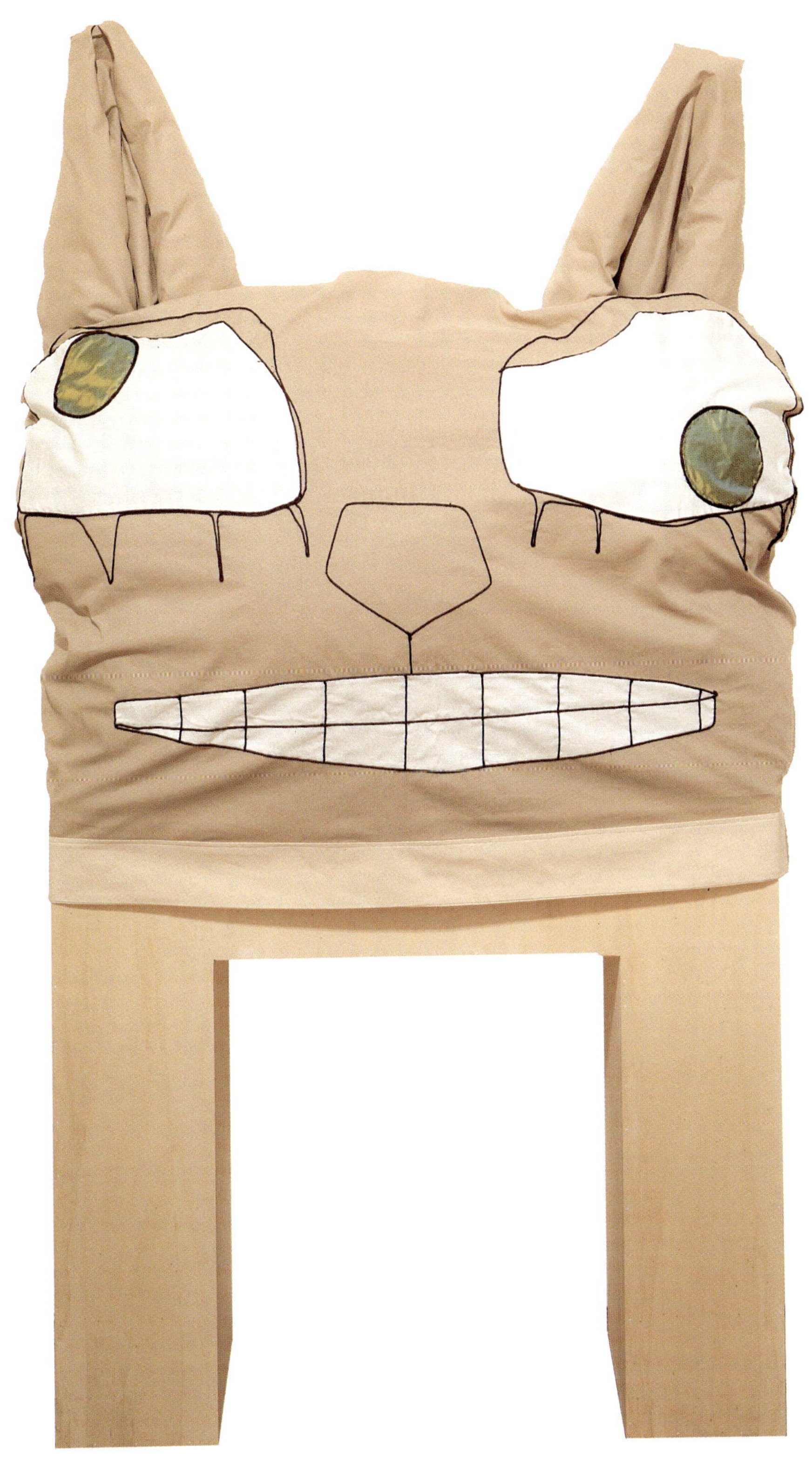

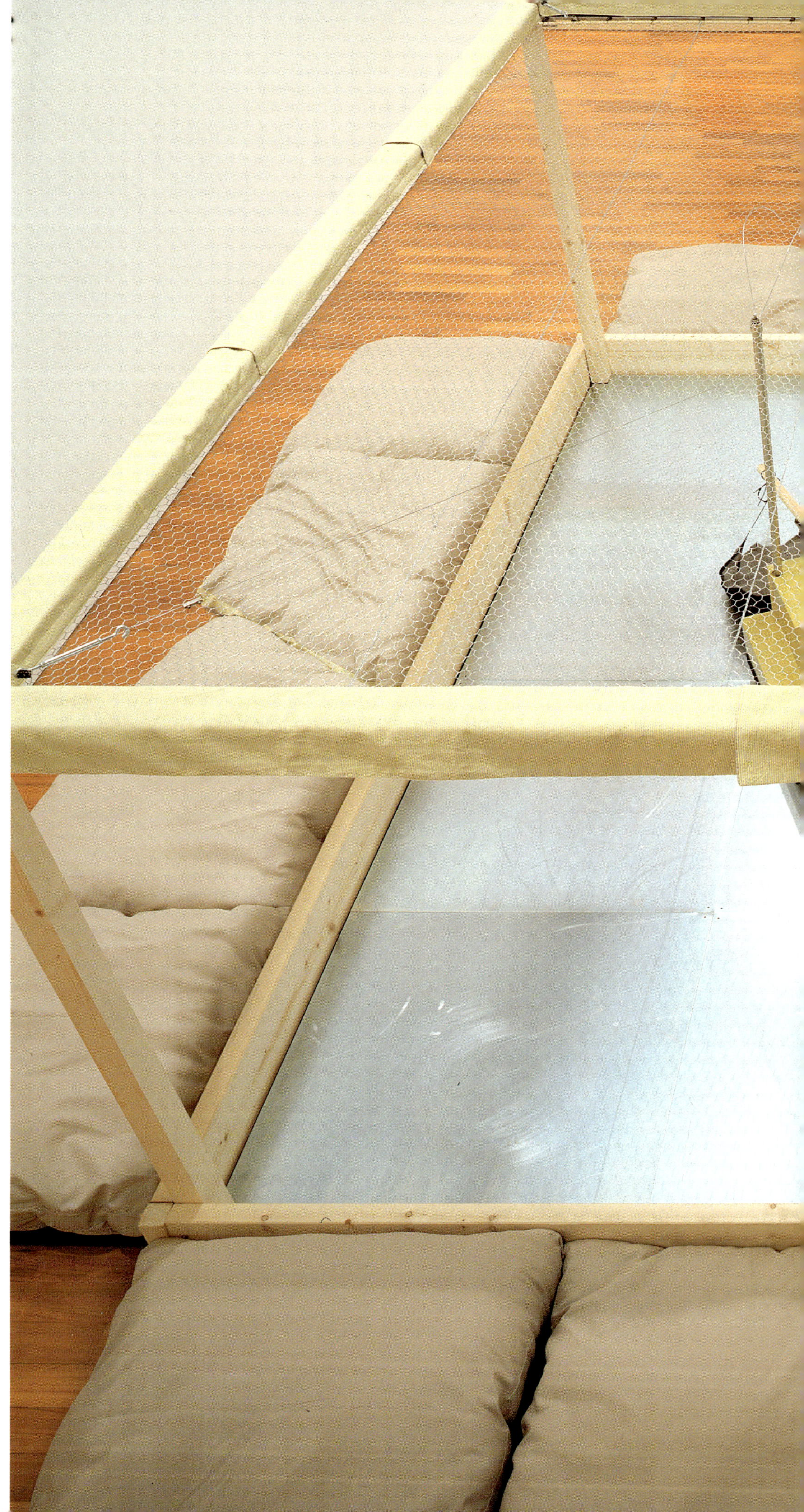

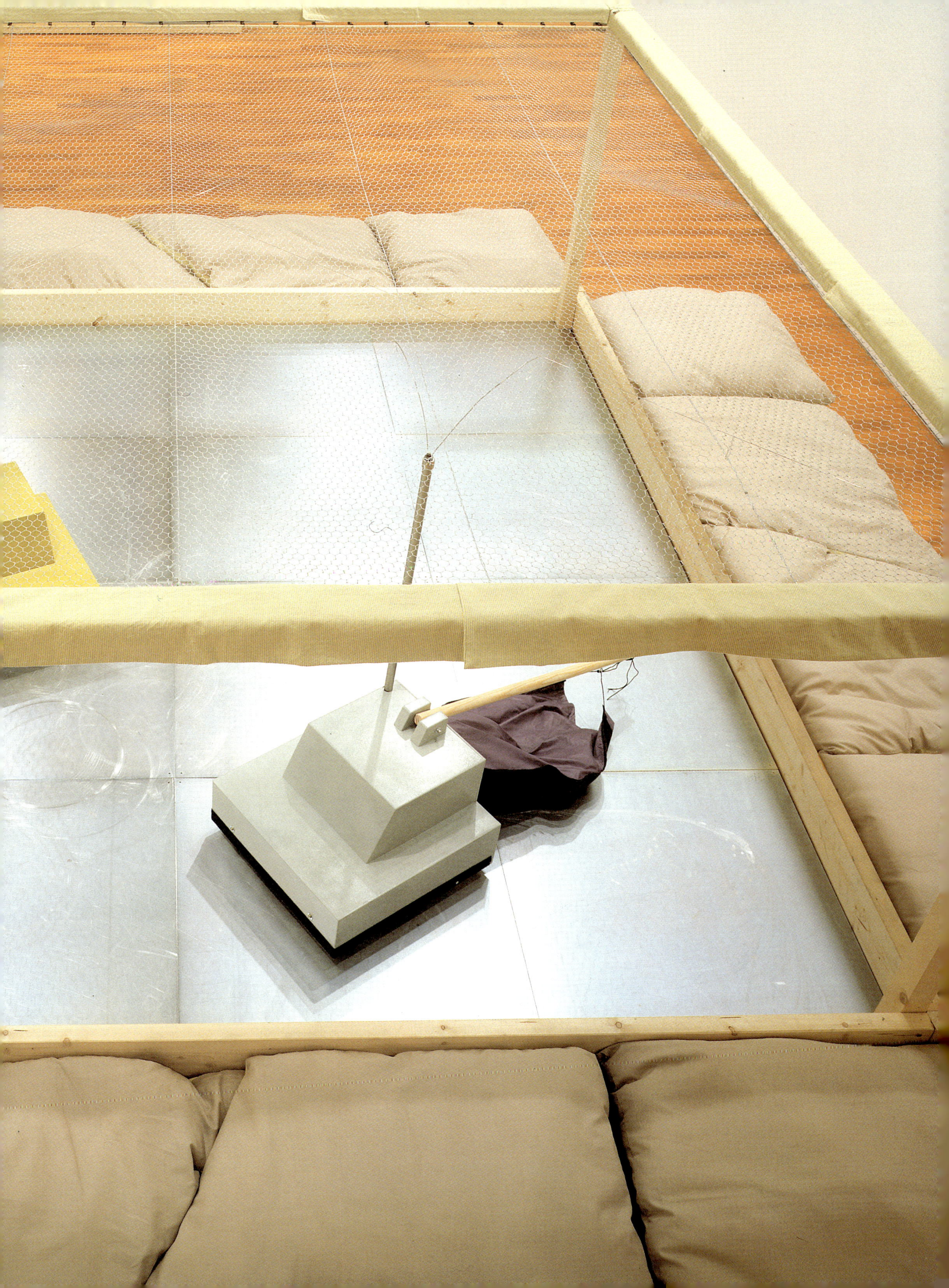

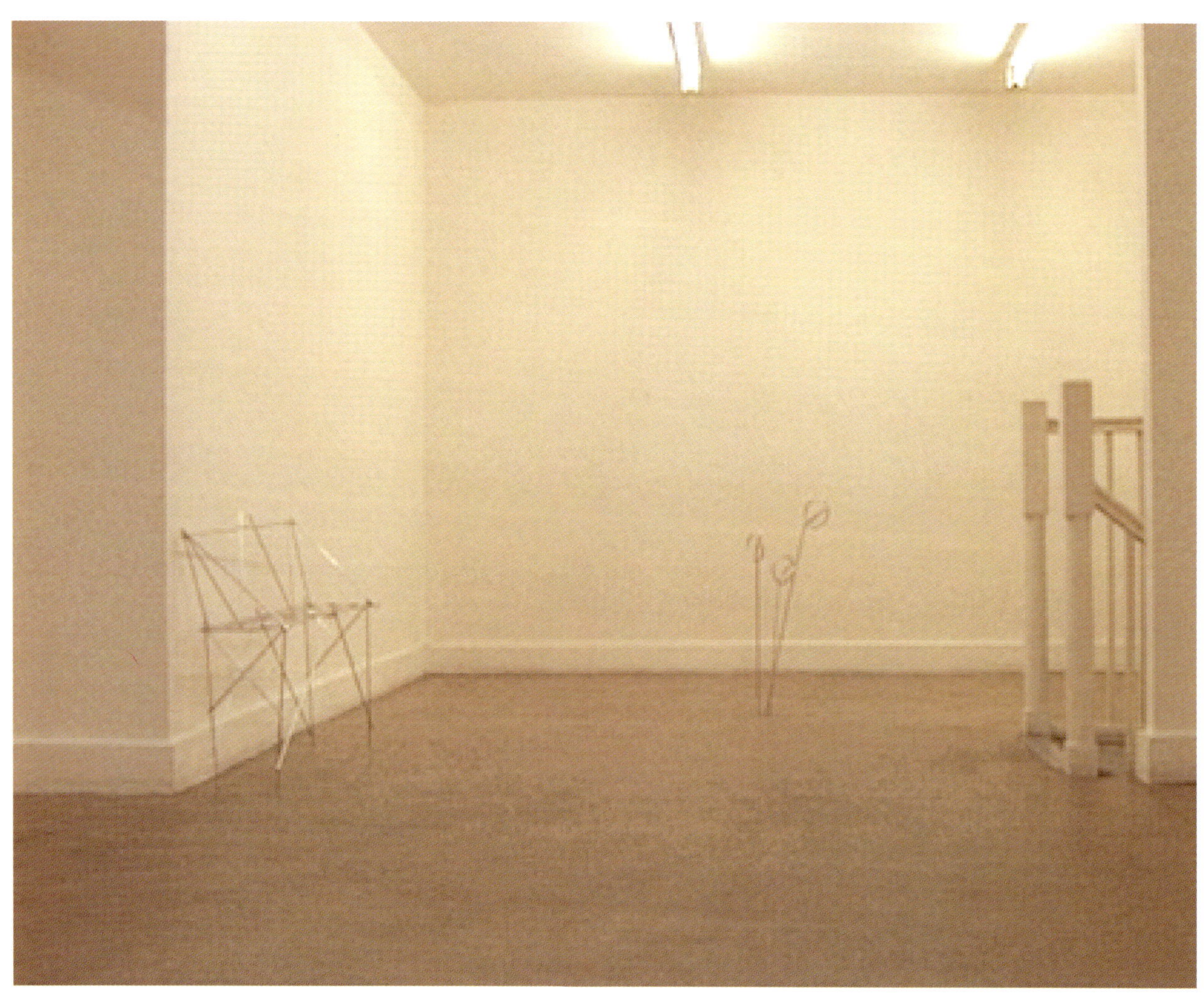

RUMORE DI PENSIERI

Elena Volpato

C'è un pozzo a Norimberga nella rocca dei burgravi. È chiamato Tiefer Brunnen, pozzo profondo. Le guide del castello dopo aver additato ai turisti la maestosa altezza delle torri che, come a loro piace tanto dire, dominano e nobilitano il profilo della città, introducono i visitatori all'interno della residenza dei castellani e li fanno uscire nel cortiletto del pozzo, lasciando che si accalchino attorno alla vera. Per Tiefer Brunnen tutte le guide del posto hanno un occhio di riguardo. Nessuna frase fatta, nessuna descrizione iperbolica. Del resto la sua grandezza non può neppure essere additata. Gli occhi dei visitatori, dopo tanto frugare tra le altezze, non rinunciano a sporgersi verso il basso, per vedere quei 50 metri di profondità che rendono Tiefer Brunnen tanto famoso, ma è inutile. Il buio ferma il loro sguardo dopo pochi metri. La grandezza dell'antico pozzo non è cosa che si possa vedere e non è cosa che si possa descrivere a forza di aggettivi. Le guide, giunte al momento *clou* del loro percorso, con una certa divertita aria di mistero, raccolgono da terra una brocca piena d'acqua, invitano con cortesia i turisti a fare silenzio e, con gesto fermo del polso e del braccio, lasciano cadere una goccia nel buio. Cominciano a contare sottovoce, lentamente, accentuando il movimento delle labbra, aprendo con fare teatrale le dita della mano, una dopo l'altra uno… due… tre… quattro… cinque… sei…

Compatto, deciso come uno schioccare di dita, sale da Tiefer Brunnen il suono dell'acqua. Ecco i 50 metri. Sono improvvisamente lì, presenti e ben definiti, nella mente dei visitatori.

Tiefer Brunnen ha un nome perché ha una voce.

Eva Marisaldi realizza *Analfabeta* nel 1999. Dalla vera di un pozzo sale a brevi intervalli il tonfo di un libro caduto nel vuoto. Il suono della caduta determina la profondità del pozzo, l'attraversamento, cioè, di uno spazio interno, vuoto. Ma il tonfo sordo denuncia l'assenza di uno spazio di risonanza interna al libro. Il libro, per chi sappia leggerlo, è un oggetto sonoro. Meglio ancora, il libro è un ambiente che risuona non appena se ne scorrano le parole. È un luogo interiore dove potersi immergere, lasciando che la mente sia cassa di risonanza per le lettere pizzicate dagli occhi.

Molto prima che alla lettura, tale risonanza interiore appartiene al pensiero. È una radiofonia interiore e inarrestabile che risuona fin dentro il nostro sonno. Così la definisce Barthes ne *L'impero dei segni*, in contrapposizione al silenzio del pensiero orientale, giapponese, che nella pratica zen persegue l'eliminazione del "pensiero alla seconda", quel pensiero che pensa se stesso, perdendosi in infiniti rimandi, di significato in significato. È un libro, questo, su cui torneremo più avanti non solo per l'influenza diretta che la sua lettura ebbe su specifiche opere dell'artista, ma anche per le numerose occasioni di chiarimento che ci offre su alcuni degli elementi linguistici più ricorrenti del percorso artistico di Eva Marisaldi dal 1988 a oggi. Non si creda per questo che il lavoro dell'artista possa assimilarsi all'ingenua scoperta di un altro universo, di una realtà lontana e capovolta, dove il Giappone si presti al ruolo del "paese all'incontrario" del mondo delle fiabe. L'ossessione del pensiero alla seconda, quel chiacchiericcio assordante del nostro pensiero che pensa noi prima di darci la possibilità di pensare, che ci lascia pensare solo ai nostri pensieri, è uno dei temi centrali della cultura contemporanea occidentale, e uno dei più laceranti. È una congerie di ossessioni, rivolte e interrogazioni che hanno attraversato la filosofia della

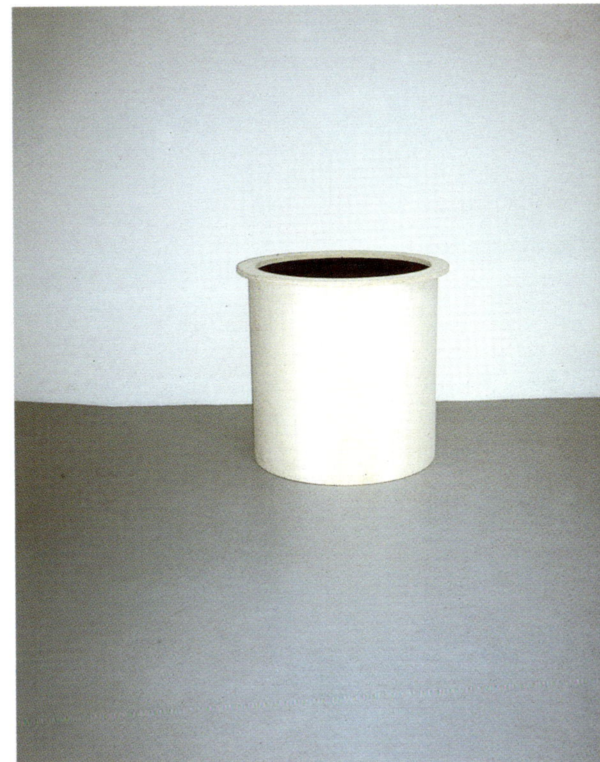

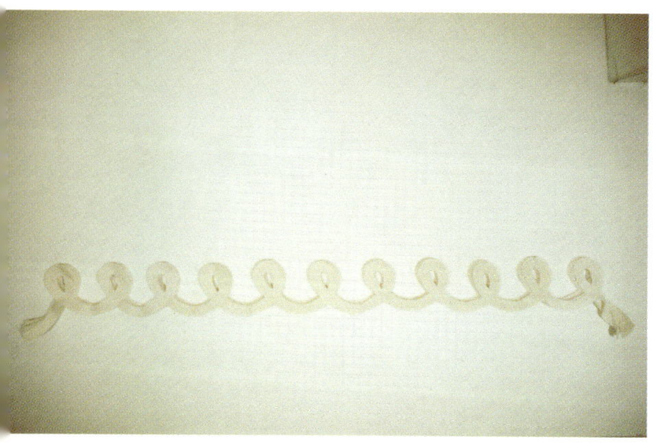

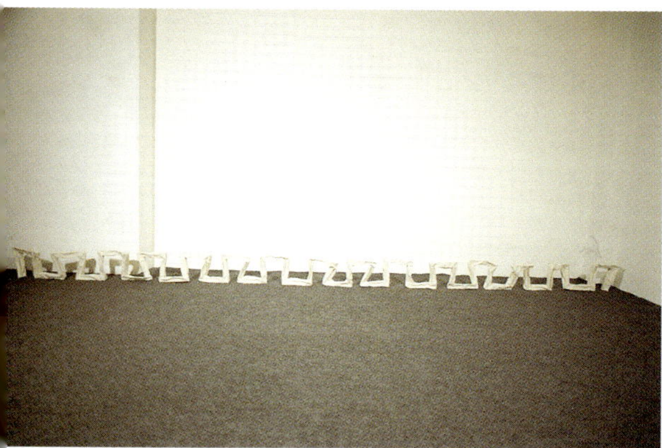

seconda metà del '900, alle quali il lavoro di Eva risponde da lontano come i maestri zen devono rispondere ai propri allievi: con un'altra domanda, con una risposta sufficientemente strana perché non possa correre il rischio di spiegare qualcosa, perché produca quell'effrazione del senso che è l'unica uscita dal labirinto dei significati stratificati, dal mondo simbolico, dall'esasperante ripetizione della domanda: che cosa vuol dire?

"... Da qualsiasi parte ti rivolga, tu non hai ancora *cominciato* a pensare". Jacques Derrida pone questa frase di Artaud a introduzione del suo capitolo su la *parole soufflée* in *La scrittura e la differenza*. La parola, che è sempre suggerita, sempre ispirata da una voce precedente che legge o recita un testo o un racconto ancora più antico, è sempre anche sottratta, rubata dall'ascoltatore. In questa gola battuta dagli echi in cui si contorce il pensiero occidentale nell'utopistica speranza di divenire corpo e corpo senza organi, il lavoro di Eva Marisaldi appiana le gole e i baratri dove si sono annidati, come in sacche di tempo, il sublime e il tragico, il delirio della potenza tanto quanto l'*impouvoir* (impotere).

Tempesta, la mostra che Eva Marisaldi ha realizzato per la GAM di Torino, è la messa in scena dell'emergenza del suono come sintomo di un'interiorità costantemente percossa dal chiacchiericcio, dal brusio, dal rullo di tamburi, dalle assordanti risonanze del pensiero in lotta, contro se stesso, nello spazio dell'interiorità, contro la presenza e le rivendicazioni di un pensiero diverso da sé, nello spazio della socialità. Ma tra la prima e la seconda lotta la differenza sembra minima.

Eva Marisaldi partì dal silenzio dell'essenziale, dal vuoto dell'essenziale, dove sono proprio il silenzio e il grado zero della forma a essere luoghi dell'essenza. Nel 1988 fece *Cervello*, un grande disegno pavimentale in ferro, largo tre metri di diametro, composto di linee spezzate, non chiuse. Il cervello, quel pozzo profondo, opaco e stratificato della teoria psicanalitica che secondo le parole di Lacan è il prodotto più tipico del pensiero occidentale, diviene qui bidimensionale come un tappeto, calpestabile come un giardino, lucido e impenetrabile come uno specchio. "Mi piaceva l'idea di poterci camminare in mezzo" dice Eva Marisaldi. Ne *Il crepuscolo degli idoli* Nietzsche scrisse: "Solo i pensieri che vi vengono camminando hanno un valore".

A distanza di nove anni Eva riprenderà l'immagine del camminare all'interno di una linea spezzata di cemento; è la prima immagine del video *Senza titolo* del 1999, girato a Istanbul e dedicato ad alcune forme di ritualità religiosa.

In *Cervello* il pensiero è iscrizione, geroglifico calpestabile, in cui è enunciata la possibilità di uno spazio interiore da attraversare nel silenzio. Se fosse stata un'installazione tridimensionale, se le pareti del cervello fossero salite oltre il pavimento, lo spazio chiuso avrebbe incominciato a risuonare, sarebbe stato spazio interno e, proprio come la lunga gola cava di Tiefer Brunnen, avrebbe avuto una voce. Non è un caso che il primo spazio interno delineatosi compiutamente in architettura, nel mondo tardo-antico, in contrasto con le modulazioni plastiche esterne del tempio greco, fece dire a Sergio Bettini nella sua introduzione all'opera di Riegl: "Lo spazio interno, nel quale l'uomo è immediatamente immerso, è quello che si sviluppa e si misura, possiam dire, sul battito stesso del cuore dell'uomo".

Non c'è spazio interno, o interiore, senza risonanza.

Non è per puro gusto di erudizione che ci spingiamo fino all'arte romana e alle teorie di Sergio Bettini per introdurre le prime opere di Eva Marisaldi. Di poco successive a *Cervello* sono, infatti, una serie di opere in garza e bisso nelle quali vengono riprodotti elementi decorativi riconducibili a schemi del mondo tardo-antico e del mondo medio-orientale, eternamente ripetutisi e modificatisi nei secoli. Bettini ebbe il merito di presentare in Italia le rivoluzionarie teorie di Alois Riegl il quale aveva scelto come proprio campo di studio l'universo dell'anticlassico (facciamo notare che in buona parte l'anticlassico coincide ancora con l'antioccidentale) dirigendo le proprie ricerche non solo allo stile tardo-romano, ma più precisamente allo stile decorativo tardo-romano. Ciò che interessa qui è che quanto permise a Riegl di allontanarsi dalle monumentali categorie romantico-ottocentesche sulle quali all'inizio del Novecento poggiava ancora il significato artistico è quanto mai vicino a ciò che permise a Eva Marisaldi di avvicinarsi nel campo delle arti visive alla sospensione dell'imponente stratificazione della metafisica occidentale; e più ancora, che l'introduzione della dimensione temporale nella lettura dell'arte tardo-romana attuata da Bettini a completamento delle teorie di Riegl, rintracciandola nel *continuum* ritmico dei fregi decorativi e nel rapporto indefinito tra figura e sfondo, ci conferma la necessità del rapporto tra decorazione, tempo e, noi aggiungeremo, suono (sia come assenza che come presenza significante), nei lavori di Eva Marisaldi scelti qui come viatico al fragore della "tempesta" della mostra torinese.

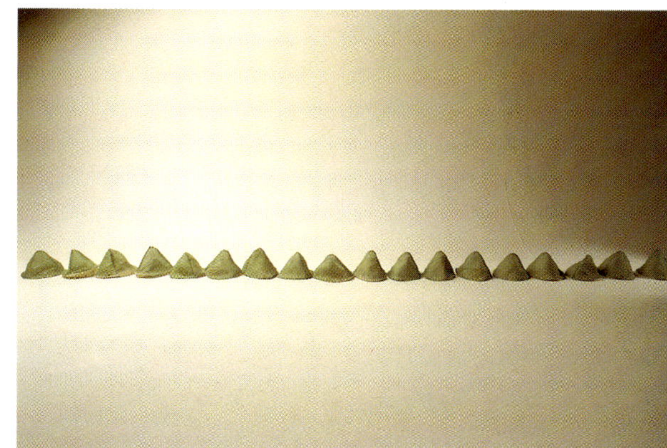

L'importanza del suono emerge nella decorazione non semplicemente nell'ambito di una lettura "ritmica" dei fregi. Non basta la volontà di avvicinare gli intervalli del segno agli intervalli musicali. Non stupisce che Gombrich in *Il senso dell'ordine* pur dando l'impressione di volersi dimenticare del tempo, in piena coerenza con il procedere paratattico della teoria gestaltica, scopra poi nell'ultimo capitolo la necessità di paragonare quell'ordine all'ordine musicale. Ma nel caso di Eva Marisaldi, non è nel ritmo visivo il vero anello di congiunzione tra suono e segno. Se così fosse le "decorazioni" dei primi anni Novanta risuonerebbero del proprio ritmo grafico, invece tacciono e dobbiamo tornare alla recente opera *Analfabeta* per capire come quelle greche e quei ghirigori siano silenti. Di mezzo c'è la negazione del tempo di lettura, in altre parole la negazione della risonanza interna del segno. Sarà più chiaro cosa si intenda per negazione del tempo di lettura se si considera che l'arte grafica orientale espressasi nel tappeto (oggetto più volte presente nel percorso artistico di Eva Marisaldi) ha un forte legame con la scrittura, ma proprio in termini di scrittura negata. L'utilizzazione nella bordura dei tappeti di caratteri pseudocufici, di iscrizioni senza significato, determina nella decorazione l'instaurarsi di quel silenzio da "analfabeti" nel quale la scrittura, simulacro primo del pensiero raziocinante, viene privato del suo potere di brusio. Si tratta dunque di un'assenza di suono che passa proprio attraverso i segni della risonanza interiore con il preciso scopo di ridurli al silenzio: è un grado zero conquistato per sottrazione. E che questi siano i passaggi concettuali sottesi a queste opere, velati dalla leggerezza della garza e della polvere di gessetti, ce lo dimostrano le decorazioni successive, nelle quali i linotipi in piombo da stampa vengono allineati sulle pareti, in lunghe file di a, di t, di n... Ecco perché il suono c'è, ma è negato il significato. Un occhio orientale, abituato alla scrittura decorativa, presumibilmente non incomincia neppure a leggere le bordure dei tappeti, ma noi occidentali di fronte ai linotipi, simbolo della stampa, e, di conseguenza, della scrittura intesa come strumento di comunicazione, quelle enne e quelle a le facciamo per un attimo risuonare, e se non è nella lunga linea-parola che troveremo il senso, proveremo a cercarlo nella composizione intera delle linee e solo dopo ci arrenderemo all'evidenza che delle lettere possono anche servire a non dire nulla e a raccontare il silenzio.
Se esiste, come abbiamo detto, un pensiero alla seconda, il brusio attorno al brusio,

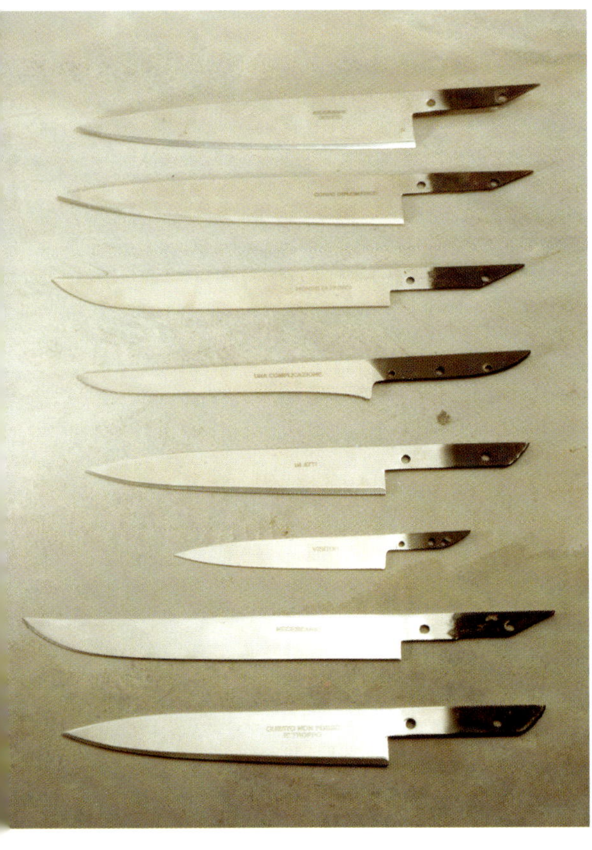

può sussistere anche un'effrazione del senso alla seconda. Lo scopriamo in un *Senza titolo* del 1990 dove il motivo decorativo è composto da *alfabeti Olivetti,* i caratteri delle raggiere di alcune macchine per scrivere Olivetti. Il tacitarsi della scrittura passa dalla negazione di leggibilità e risonanza interiore delle lettere alla negazione della funzionalità della macchina come strumento di scrittura. Se a ciò si aggiunge che il fregio di alfabeti è visibile solo attraverso uno specchio che riflette i caratteri posti su un'alta mensola, la messa in scena della non-intelligibilità della scrittura diviene labirintica quasi quanto i suoi infiniti echi di senso. Eppure, anche in quest'opera, il suono, la sua flagranza, permane: il caratteristico martellare dei caratteri sul rullo non è scindibile nella nostra mente dalla visione di una sia pur scheletrica Olivetti e lo specchio resta sotto la minaccia di frantumarsi con gran fracasso sotto il movimento isterico e veloce di un martelletto improvvisamente rianimatosi alla sua funzione.

Un sottile senso di pericolo non è del resto esente da altre opere vicine a queste. La carta da parati fatta con raggruppamenti ripetuti di vaschette chirurgiche appese al muro, o le stesse pinzette dei monotipi disposte in fila, tolgono all'ornamento la pienezza del carattere distensivo più tipico della produzione decorativa. Raggiungere il grado zero della scrittura come dell'arte visiva, tacitare il rumore perenne del pensiero, non significa necessariamente pacificarne il senso. Il silenzio non è sempre silenzio di pace, tanto più se il percorso verso l'essenziale nasce dall'inquietudine del chiacchiericcio. Questo potrà forse spiegare la crudeltà di un'opera come *Senza titolo*, del 1993, composta di otto coltelli privati del manico, sulle cui lame sono stati incisi brevi testi. Certo quest'opera si inserisce a livello formale nella vasta produzione di testi incisi su alluminio, testi che nell'incolore e nella freddezza della materia hanno la stessa valenza dei molti disegni in bianco e nero, vanno cioè ancora una volta verso il sottotono, verso il minimale, nel processo verso l'essenzialità di ogni forma. Sono equivalenti al foglio A4 rispetto al quale Eva dice "meno di quello non c'è nulla". Ma, allo stesso tempo, la violenza di quelle lame rende impossibile guardare l'opera senza tornare per un attimo con la mente ad Artaud, alla sua protesta contro la lettera, nel sogno di una grafia non separata dal corpo: "Il mio problema non era sapere che cosa potesse arrivare ad insinuarsi entro i limiti del linguaggio scritto, ma nella trama della mia anima in vita. Attraverso qualche parola entrata a coltello nella carnagione che dura…". Di solo un anno precedente a *Coltelli* è *Controfigure*, dove Eva Marisaldi si ritrae in alcuni pupazzetti di legno snodabili che al primo tocco vanno in pezzi rivelando il proprio scheletro fatto di lamette da rasoio. La scrittura, poi, tornerà a tagliare un anno più tardi, in *Corano sottolineato*, 1994, dove le frasi sottolineate sono ritagliate. "Qualche volta la carta taglia", dice Eva Marisaldi a proposito di quest'opera.

La carta da parati e il linguaggio decorativo riemergeranno in una mostra del 1995, *Il corso tace*, dove la carta da parati è decorata con le impronte di una pallina da tennis lanciata contro il muro. Ne facciamo menzione per l'evidente presenza di un suono di cui permane solo la traccia visiva, ma che è al contempo così prepotente da non lasciare che il segno divenga muto fino in fondo. Quest'opera era affiancata da una sala nella quale alcune sagome di animali erano ricoperte da lenzuoli come i mobili nelle case abbandonate per lungo tempo. I lenzuoli bianchi coprono l'evidenza delle sagome, mettono a tacere i significati simbolici e allegorici di ogni animale coperto, ma quelle sagome sono estremamente precise e, per chi lo voglia, anche identificabili, un cavallo, dei daini, dei cervi, un pappagallo. L'estrema specificità di questo zoo e gli infiniti rimandi iconografici possibili fanno sì che i lenzuoli bianchi, come in altre opere la polvere, in altre il muschio, in altre ancora la sottigliezza del tratto, siano sempre

16 *Senza titolo*, 1993
17 *Sottolineature*, 1993
18 Veduta della mostra / Exhibition view *Una Ragazza materiale,* 1993
19 *Territorio*, 1992

negazione di una presenza di senso, ma di un senso forte e delineato, di un nucleo di
significato che resta al di sotto di tutto, come il suono, sopito ma non annullato.
Il silenzio, il vuoto, la polvere, la garza, sono tutte le possibili forme del velo di Maya
che presiede alla possibilità di un pensiero che non sia ricerca della verità, ma
abitazione del mistero, ripensamento dell'impossibilità di comprendere.
Accanto alle decorazioni e alle carte da parati, prende corpo una serie di "tappeti" che
fanno seguito a *Cervello*. Nel 1991 Eva ne realizza tre: *Tappeto rosso*, *Tappeto con
puzzle*, *Tappeto bianco*. Il primo rinnova lo stretto rapporto tra decorazione e strumenti
di scrittura. Si tratta di un grande tampone da inchiostro imbevuto di colore rosso. Il
secondo presenta un disegno ornamentale fatto coi pezzi di un puzzle. Il pubblico
poteva ricomporre parti del puzzle facendo combaciare le tessere e portarle via con sé.
Il legame con la tradizione del tappeto orientale si chiarisce nel riferimento al tappeto
di Maometto, che alla morte del Profeta sarebbe stato diviso per distribuirlo ai suoi più
stretti seguaci. L'opera è direttamente ispirata al racconto di Pietro Citati *La primavera
di Cosroe*, fantasiosa ricostruzione della storia del principe persiano Cosroe II, che
aveva fatto eseguire un tappeto grande quanto il pavimento della sala del trono,
intessuto di pietre preziose e suddiviso in rettangoli in osservanza al modello del
tappeto-giardino solcato dal corso geometrico di fiumi, immagine della perduta età
dell'oro. La "primavera di Cosroe" era un giardino perennemente fiorito, pensato per
riscaldare la stanza del trono durante le fredde giornate invernali. Il suo destino era
quello di essere smembrato in rettangoli alla fine della dinastia che sarebbe avvenuta
poco dopo la morte di Cosroe per mano del figlio. Tale è il racconto a cui Eva si è
ispirata, ma è difficile immaginare qualcosa di più lontano dalla luce fredda e tagliente
di quel tappeto di gemme della voluta povertà dei tappeti da lei realizzati, segnati,
come tutta la sua opera, dal desiderio di rimanere sotto tono. Lo si comprende bene nel
Tappeto grigio realizzato due anni più tardi ed esposto nella mostra *Una ragazza
materiale* del 1993. Il *Tappeto grigio* è composto di stracci per pavimenti tinti, per
l'usura, dal grigio irregolare della polvere. Anche questo in fondo può ricordare
l'*abrash*, un effetto tipico della tintura naturale che lascia zone di colore più o meno
intenso e che, lontano da essere considerato un segno di imperfezione, come sarebbe
logico secondo la cultura dei manufatti occidentali, è prova della genuinità e
autenticità del lavoro. Un ulteriore aspetto in piena sintonia con la poetica
dell'imperfezione presente nel lavoro di Eva.
Una volta, sfogliando vecchi taccuini di annotazioni, piccole frasi e citazioni rubate
(*soufflées*) qua e là, da conversazioni ascoltate, da film e libri, Eva mi disse: "Ascolta
questa: 'Non sono le cose perfette, compiute, che rinfrancano, soddisfano e danno
forza'. A questo ci credo davvero". Sarebbe forse il titolo giusto per un saggio dedicato
alla sua intera opera, poteva forse essere il titolo di questo saggio se non ci fosse stata
l'urgenza di ripercorrere le diverse opere alla ricerca dell'emergenza del suono, del
silenzio e dell'oralità del pensiero.
Nel tappeto grigio non è solo la polvere a determinare il "sottotono", riducendo ai
minimi termini il processo di tintura, ma anche la decisione di esporlo arrotolato "per
pudore", come dice Eva. Un tappeto arrotolato è un pensiero racchiuso. Ogni tappeto
segna l'estensione di un territorio, quello di Cosroe simboleggiava l'intero spazio
cosmico. Se è un territorio, il tappeto è un territorio mentale, dove passeggiare
equivale a pensare. Sarà forse per questa sua valenza di spazio dello spirito che Robert
Musil dovendo descrivere ne *L'uomo senza qualità* l'incontro nella medesima sala di
tutti i più grandi genî di un'epoca, una situazione prossima a una "tempesta di cervelli",

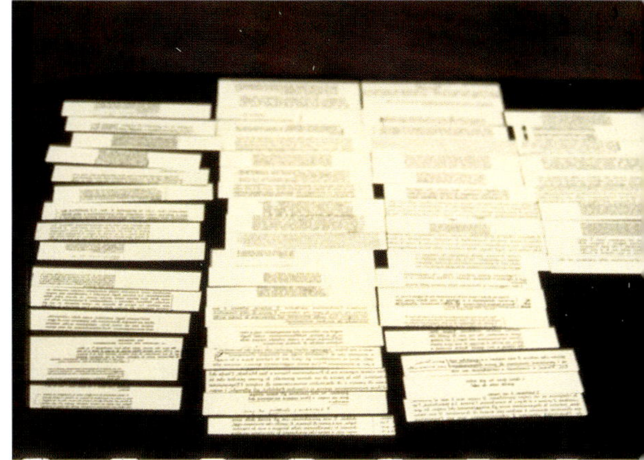

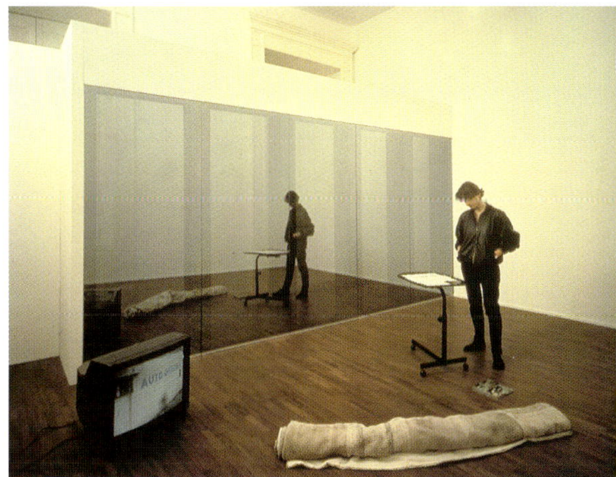

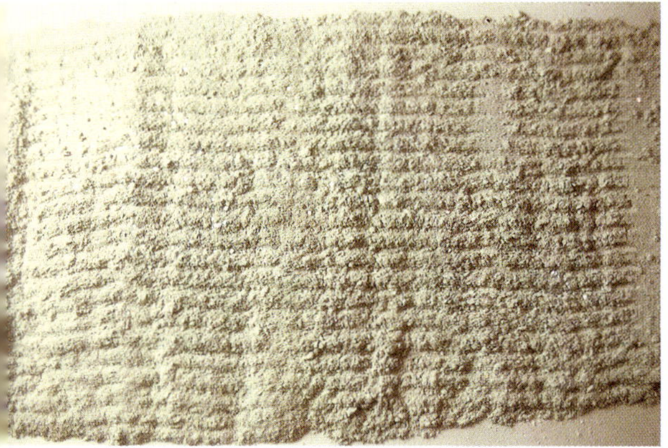

a cui fa riferimento il titolo della mostra, ricorre proprio all'immagine del tappeto:
"Erano tutti genî integrali quelli convenuti a casa di Diotima, e in una volta sola era fin troppo. […] Innumerevoli ricordi di esperienze ed eventi, miriadi di vibrazioni dello spirito intersecantesi l'una con l'altra erano raccolti in quei cervelli, che, come gli aghi di un tessitore di tappeti, spuntavano da un tessuto allargato intorno, davanti e dietro a loro, senza cucitura e senza orlo, e in certi punti formavano un disegno che si ripeteva altrove, simile e tuttavia un po' diverso."

Eva realizzò un video nello stesso periodo dei tappeti, *Territorio*, del 1992, riprendendo i movimenti dei guardasala di un museo. Le loro diverse traiettorie di cammino e i loro luoghi di attesa formavano dei campi di forza mentali, densi del brusio del loro pensiero. L'avvicinarsi e l'allontanarsi delle loro aree di influenza, divise per sale, ritrae una tensione spaziale che anticipa il contrasto di cervelli, presente nella mostra torinese, sotto forma di scontro di campi di influenza. Le ultime due installazioni di *Tempesta* sono a stretto contatto nel medesimo spazio espositivo. In questa compresenza si amplificano i contrasti e si intersecano i turbolenti campi d'azione. Una chitarra entra in risonanza col proprio amplificatore dando luogo a un effetto larsen, immagine dell'infinita eco del pensiero che pensa se stesso e apoteosi dell'assordante impossibilità di fissare il senso o di cessarne la ricerca, mentre due lucidatrici si danno battaglia nel ristretto spazio di un quadrato. Come in un autoscontro, si muovono senza direzione e discernimento.

La forma del tappeto tornerà nel 1997 con la realizzazione di alcuni tappeti di polvere realizzati in occasione della mostra di Bologna *Molte domande non hanno una risposta*. I tappeti nacquero come reazione alla domanda: Bimbo? Eva Marisaldi rintraccia la presenza di un desiderio nel luccichio delle sabbie colorate composte a terra in fasce di paesaggi astratti. Ci chiediamo se questo lavoro non possa essere il luogo di continuità tra la presenza della polvere e dei gessetti nei lavori già descritti direttamente legati, attraverso gli elementi decorativi, alle culture dell'oralità e del silenzio, e le opere successive in cui la polvere si fa elemento espressivo autonomo rispetto alla decorazione ma in cui pare di poter individuare la permanenza di tali culture del silenzio, dell'oralità e della scrittura azzerata.

I tappeti di sabbia sono in fondo giardini tanto quanto i tappeti persiani, lo sono soprattutto se è lecito avvicinarli all'estetica dei giardini zen dove la ghiaia finissima è *scritta* e allo stesso tempo *muta*. Ancora una volta il segno trattiene il senso e con esso il suono. Nel citato *Impero dei segni*, Barthes pubblica una fotografia di un giardino zen con una sua annotazione: "Jardin Zen: nulle fleur, nul pas; où est l'homme? Dans le transport des rochers, dans la trace du râteau, dans le travail de l'écriture".
È quell'*écriture*, quella scrittura di polvere e ghiaia finissima ad attrarci. Si potrebbe scorgere nel lavoro di Eva Marisaldi un legame ancora più intimo tra la polvere e la parola, scritta ma anche parlata. Non è che una suggestione, ma è difficile rinunciarvi. L'opera da cui si potrebbe partire per ricomporre questo legame risale al 1992. Si tratta di mascherine di carta bianca, come quelle usate nei laboratori o negli ambulatori, sulle quali sono scritte delle brevi frasi. È come se le parole pronunciate con la mascherina sul volto fossero rimaste intrappolate nella carta-tessuto, come se fossero formate di polvere e vapore tanto da non poter passare oltre il filtro, tanto da rimanere intrappolate e obbligate a tacere, a spegnersi nella traccia, e proprio la polvere, in molti

lavori di Eva, è traccia, resto, avanzo silenzioso di un pensiero.

Citati racconta che di fronte a Cosroe, nella sala del trono, chiunque entrasse doveva portare davanti alla bocca un fazzoletto bianchissimo, come quello che impediva ai sacerdoti di rendere impuro col respiro il fuoco sacro. Sempre dalla letteratura contemporanea ci proviene un'altra suggestione piena di possibili rimandi ai temi principali della *Tempesta*. È Jeanette Winterson a offrircela con tanta limpidezza che ci sembra valga la pena riportarne direttamente il brano tratto da *Sexing the Cherry* (Il sesso delle ciliegie).

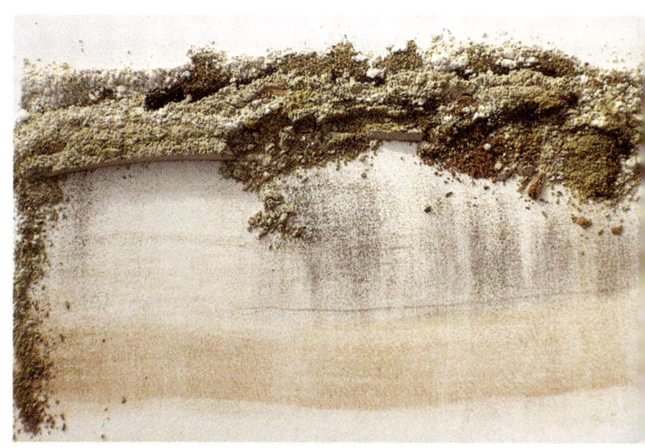

"Per sfuggire al peso del mondo abbandono il corpo dov'è, sia che io chiacchieri o che ceni con qualcuno, e percorro a piedi un dedalo di vicoli tortuosi fino a una casa un po' distante dalla strada.

I vicoli sono male illuminati e la distanza tra un lato e l'altro non è più larga della mia apertura di braccia. La pietra si sgretola, i ciottoli sono irregolari. La gente che affolla la strada si manda a quel paese, le loro voci si involano dalla massa di teste e arrivano galleggiando fino alle guglie della chiesa, fino alle grandi campane di bronzo che coi loro rintocchi annunciano la fine del giorno. Le loro parole, volando in alto, formano sulla città una densa nube che, di tanto in tanto, deve venir ripulita a fondo da quell'ammasso di parole. Uomini e donne a bordo di mongolfiere salgono dalla piazza principale verso il cielo e, armati di scope e scopettoni, ingaggiano una dura battaglia con la cupola di parole intrappolate sotto il sole.

Le parole resistono alla cancellazione. Le più vecchie e cocciute formano una spessa crosta di rabbia chiacchierina. Gli spazzini sono stati morsi da parole che litigavano ancora tra loro e, in occasione di un processo rimasto famoso, una donna che si era vista mangiare lo scopettone e ferire le mani da una lite furibonda si decise a citare in giudizio il suo antagonista. I responsabili di quel gran chiasso cercarono di difendersi dicendo che quelle parole non erano più loro. Erano passati degli anni. Non cra mica colpa loro se la città non era riuscita a liberarsi di quel che aveva sopra la testa. Il giudice diede torto alla querelante ma ordinò al comune di comprarle uno scopettone nuovo. Lei non fu affatto soddisfatta e, qualche tempo dopo, venne scoperta mentre spruzzava di vetriolo i camini degli uomini da lei citati in giudizio.

Una volta mi capitò d'accompagnare una spazzina su una mongolfiera e, con mia grande sorpresa, udii, mentre la città si rimpiccioliva sempre di più, un lieve ronzio simile a quello delle api. Il ronzio diventò sempre più forte fino a quando non assomigliò al chiasso di uno stormo di uccelli e poi al vociare assordante dei bambini quando escono dalla scuola il giorno in cui cominciano le vacanze. Lei mi indicò qualcosa con lo spazzolone e vidi davanti a noi una massa vibrante e multicolore. Non riuscivamo neppure a parlare assordati come eravamo."

Où est l'homme? si chiedeva Barthes di fronte a un giardino zen. *Dove sono le persone?* chiede il corvo della settimana enigmistica in un video d'animazione di Eva Marisaldi (*Il Corvo*, 1998). Un video in bianco e nero, si direbbe, ma in definitiva di un soffuso grigio polveroso, senza neri e senza bianchi puliti. L'enigma del corvo, alla ricerca degli uomini in una città silenziosa e deserta, termina fra le nubi, nella foschia milanese. Sullo sfondo del Pirellone, simbolo sostitutivo del Duomo, appaiono uomini a cavallo di grosse scope di saggina, più su ancora, tra la nebbia, la scena degli spazzini di *Miracolo a Milano* di Vittorio de Sica si ripete, trasportata dai lastroni grigi della piazza milanese al grigio fumo della cappa che incombe sulla metropoli. La fuga dalla pesantezza del mondo fatto di oggetti ne *Il Corvo* e la fuga verso il cielo in compagnia degli spazzini di

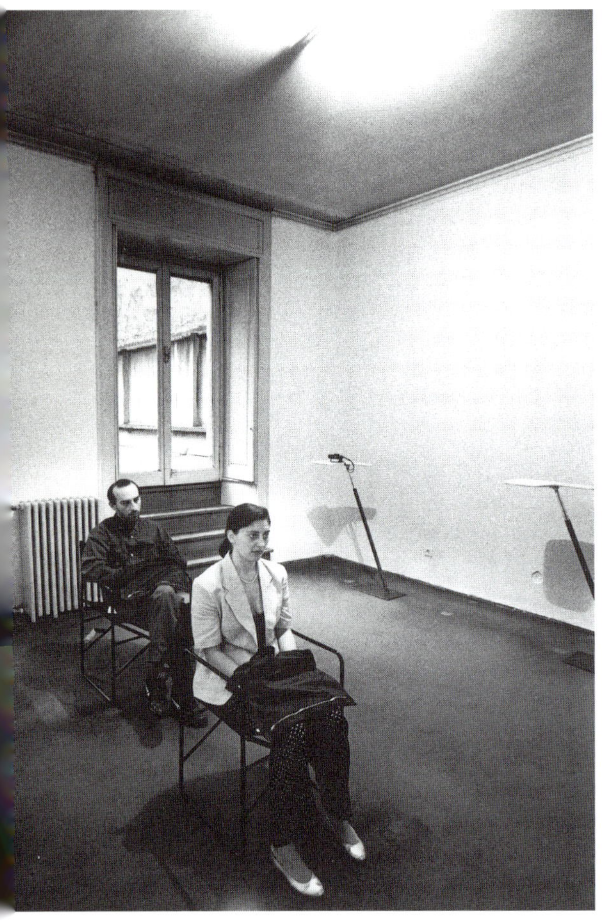

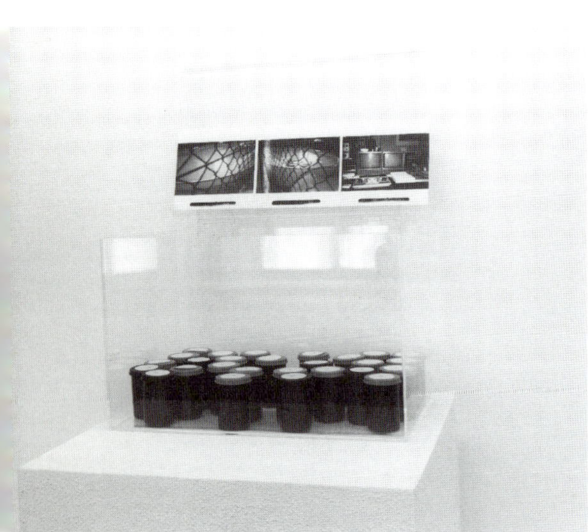

parole raccontata dalla Winterson rivelano sorprendenti analogie.

Polvere di pensieri, resti di parole risuonate nella pura interiorità sono le due "occhiaie" di volatile grafite posatesi sulla poltrona in legno di *Altro ieri*, un'installazione del 1993. Polvere di vetro e creta è quella che scorre sul fiume di carta di *Minima arteria* (1995), accompagnata da un sonoro che graffia e stride quanto la polvere di vetro, un coro di risolini imbarazzati di fronte alla difficoltà di afferrare il senso di ciò che è esposto, un coro in cui Eva Marisaldi si inserisce come parte del gruppo, come soggetto che dichiara una situazione di mancata intelligibilità.

Minima arteria è un'opera in cui la presenza del suono coincide con la presenza di un sonoro, ma il preludio a tale introduzione è ancora da rintracciare nei lavori precedenti. Opera di connessione tra il suono trattenuto (dei tappeti e delle decorazioni) e l'innesto del sonoro nell'opera in sé, è probabilmente *Udire*, di poco successiva alla realizzazione dei tappeti. Due tavolette da scrittura tipiche delle aule universitarie e delle sale da conferenza, separate dalle sedie a cui sono solitamente ancorate, sono esposte incrociate ai capi di due steli. Su di una è scritto *differire*, sull'altra è scritto *polso vuoto*. Il primo termine si riferisce alla particolare concentrazione di ascolto che si raggiunge nel prendere appunti, per la quale in un ascolto, tutto preso dalla foga della trascrizione, si rimanda una parte della comprensione al tempo di una successiva lettura. Si scrive ascoltando, ma senza risonanza interiore delle parole scritte. *Polso vuoto* enuncia un altro tipo di svuotamento del senso, tipicamente giapponese e ricordato da Barthes attraverso la citazione di un brano di Philippe Sollers, da *Sur le materialisme* del 1969, brano al quale Eva Marisaldi fa preciso riferimento in quest'opera. Il *polso vuoto* è quello stato di concentrazione a cui i disegnatori di ideogrammi devono tendere per raggiungere la perfezione. È necessario che la mano lasci scorrere libera la punta del pennello e che l'inchiostro scorra sul foglio in un unico tratto sgorgato dal polso cavo del disegnatore che diviene immagine del vuoto delle colonne verticali dove gli ideogrammi andranno a fluire dall'alto verso il basso.

L'ascolto è anche l'elemento cardine di un'altra opera esposta con *Udire*, *Scatole da imballaggio*. Per quell'opera Eva scelse una serie di brevi testi e frasi che portò con sé all'interno della "scatola di montaggio". Durante la mostra il pubblico poteva avvicinarsi alla scatola e incominciare un breve dialogo con l'artista. Dopo qualche scambio di frasi Eva poteva decidere di leggere all'interlocutore alcune delle frasi che aveva portato con sé a seconda della consonanza con lo scambio di parole intercorso.

La mostra composta di *Udire* e *Ascolto* comprendeva *Changing Bags*, in cui la scrittura era per la prima volta attuata nel presente come luogo di espressione del senso, e non del suo assopimento. Alla aperta bidimensionalità del tappeto e della carta da parati, dove la scrittura si appiattisce in segno muto, si contrappone in *Changing Bags* la chiusa interiorità di una sacca nera che funge da ambiente mentale, da secondo cervello nel quale l'espressione della risonanza interiore è consentita. Il pubblico era invitato a sedersi e a infilare le mani nella sacca, ad afferrare una penna e a scrivere i propri pensieri su un quaderno. Si sperimentava cioè un passaggio diretto da uno spazio chiuso, la mente, a un altro spazio chiuso, la sacca. La mancata visione della scrittura attenuava il processo di razionalizzazione insito nella trascrizione dei propri pensieri. Saltando lo spazio oggettivo legato al senso della vista, era più facile che la mano al buio avesse il coraggio di fare eco con più fedeltà alle vibrazioni del pensiero. Nella già menzionata mostra *Una ragazza materiale* era presente un video dal titolo *Vicino*, nel quale un uomo, costantemente solo, passeggia per i luoghi deserti di una periferia, portando sempre accesa con sé una radiolina, una specie di alter ego oggettivo della propria "radiofonia interiore," un'immagine molto vicina a quella anche più malinconica del film *Un uomo da marciapiede*, dove il protagonista compie un viaggio dal Texas a New York accompagnato dal parlottio ininterrotto della radio che non lo abbandonerà neppure nelle sue passeggiate per le strade di New York, prostituendosi in cerca di fortuna. La struttura dell'intera mostra era una sperimentazione sulla sostituzione dell'informazione orale a quella visiva. All'entrata della mostra un'iscrizione avvertiva che lo spazio era diviso in due diversi ambienti. Si invitava il pubblico a visitare solo una parte della mostra e a farsi raccontare l'altra da altri visitatori o semplicemente a rinunciare a sapere cosa ci fosse nell'altra parte. L'esperimento nasceva dalla constatazione che quando qualcosa ci viene raccontata, o ce ne facciamo un'idea sulla base di informazioni frammentarie raccolte in giro, componiamo nella nostra mente un'idea del fatto o dell'oggetto non direttamente conosciuto che è spesso più grande, quasi accresciuta dal vuoto attraverso cui dobbiamo ricongiungere le tracce sparse a nostra disposizione. L'immagine mentale di una cosa mantiene la grandezza che sorge dal soggettivo, dove il compiuto e il definitivo non sono ancora intervenuti a operare il loro processo di ridimensionamento. *Una ragazza materiale* è il tentativo di convertire uno spazio espositivo in spazio mentale, riconvertendo l'opera nel processo creativo della sua formazione.

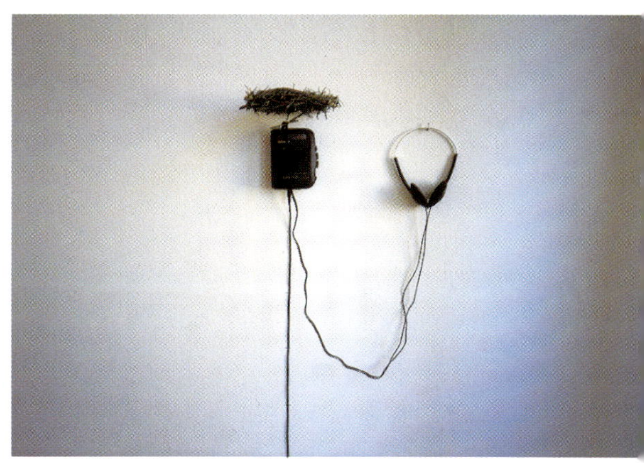

Estate, del 1994, è l'opera in cui fa la prima comparsa un sonoro registrato, da ascoltare attraverso le cuffie di un walkman appeso al muro sotto un tettuccio di rosmarino. Ciò che si sente è un canto straniante, l'urlo ossessivo e continuo di un uomo, udito attraverso una parete. Dopo il parlato di Eva rinchiusa in una scatola da imballaggio, non stupisce che il primo registrato sia il suono di un canto interiore, così intimo e idiotistico che è possibile rubarlo solo attraverso il filtro di una parete, senza la quale quella dimensione di interiorità allargata che la solitudine concede al pensiero, fino ai limiti della stanza, verrebbe inevitabilmente a rompersi e il canto si placherebbe, tornando a rintanarsi nello spazio chiuso della mente. Questa chiusura, però, non è necessariamente unità, il parlare a voce alta ripropone la scissione del pensiero operata nella scrittura, il rischio della stratificazione del senso. "Nel soliloquio, come nel dialogo, parlare significa udirsi – scrive Derrida sempre in *La scrittura e la differenza*. – Dal momento che sono udito, dal momento che mi odo, l'io che *si* ode, che *mi* ode, diventa l'io che parla e prende la parola, senza mai toglierla, a colui che crede di parlare ed essere udito a suo nome". Dello stesso anno è una performance realizzata in una libreria di Trento nella quale, in giorni successivi, un uomo costruisce all'interno dello spazio pubblico della libreria uno spazio mentale privato edificato a poco a poco come in India non è raro veder edificare una casa, a partire da un asse di legno, appoggiata per terra, a cui verranno aggiunti, col passare del tempo, dei supporti verticali, altri orizzontali, un tetto leggero, e così via.

Il senso del decorativo e un esplicito richiamo all'arte orientale caratterizzano una tra le opere sonore più belle che Eva Marisaldi abbia prodotto. *Wanderer* del 1996 è un'installazione composta da una tenda ricamata in perfetto stile giapponese. Il disegno bianco su fondo nero delinea un paesaggio classico in cui un uomo in piena solitudine attraversa una campagna mossa da fiumi, diretto verso le vette lontane di alcuni monti, separati dal resto del disegno per mezzo di uno spazio vuoto che simula la nebbia o le nuvole. Non ci sono passaggi intermedi tra primo e secondo piano. Le cime vengono scoperte come da un improvviso refolo di vento. Non ci sono livelli spaziali, intermedi, misurabili, al contrario di quanto previsto dalla regola prospettica

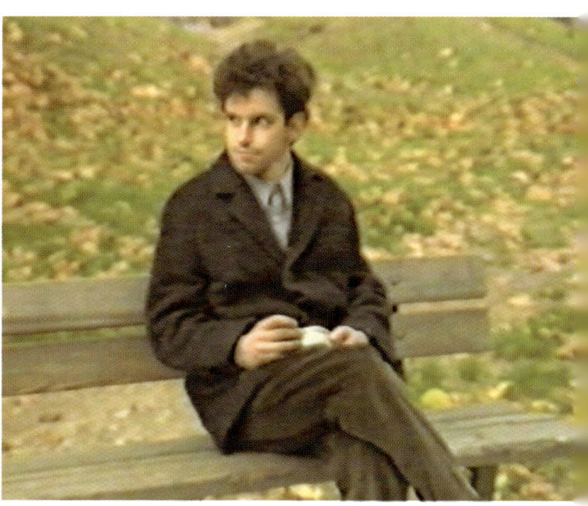

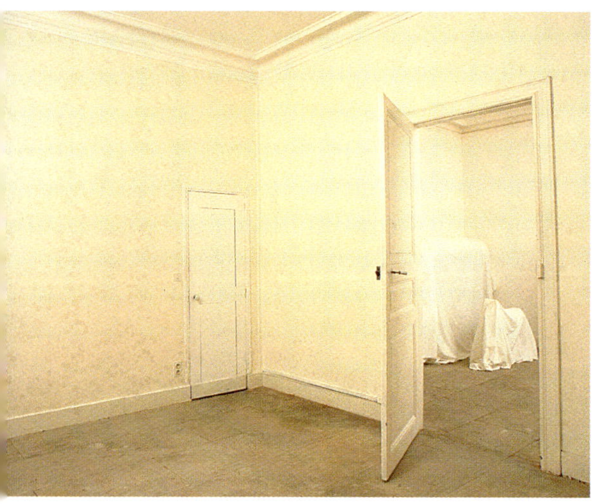

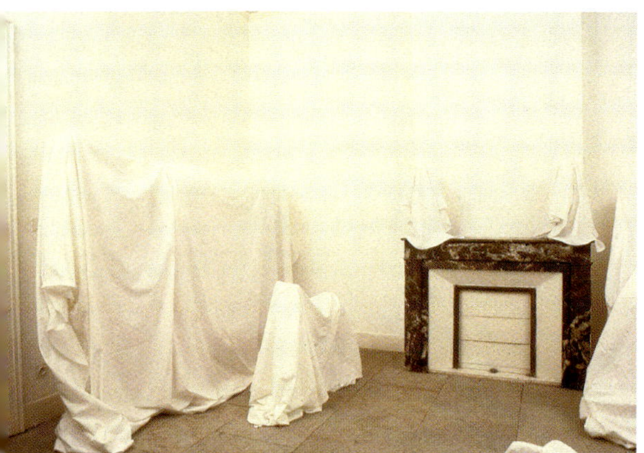

occidentale. Tutto avviene su un unico piano. Il vuoto serve a catalizzare l'attenzione sulle diverse parti del disegno la cui distribuzione nello spazio invece che geometrica è emozionale; la parte emersa dei monti acquista dunque grande rilevanza proprio attraverso il vuoto, l'interruzione e l'incompletezza del segno. Nell'arte figurativa giapponese, il vuoto – scrive Gian Carlo Calza in *Stile Giappone* – funge da cassa armonica delle immagini, ed è trasmesso dallo strumento di nube o nebbia che per noi sarebbe invece solamente un elemento della pittura.

Torna dunque il rapporto tra disegno e suono emerso nelle prime opere sulla decorazione, ma a questo si aggiunge in *Wanderer* il suono vero e proprio riprodotto da due altoparlanti posti accanto alla tenda ricamata. Il suono ha lo stesso potere di effrazione del senso che l'arte e il pensiero giapponese perseguono. Il sonoro, dall'apparente funzione illusionistica, assomiglia ai suoni di uno stagno, a gracidii e a rumori acquatici, mentre non è che la quintessenza di quella voce che coincide col corpo stesso e non conosce né la separazione della scrittura, né la risonanza della propria stessa parola. È infatti la registrazione dei gorgoglii di uno stomaco, un'ulteriore negazione del linguaggio come luogo di significati, l'ironico contrario di uno spettacolo di ventriloqui.

Nel 1996 Eva realizza un'altra opera sonora, *Una ragazza senza un gioiello*, composto di due grandi fotografie in cui sono riprodotte e ingrandite due parti di una superficie ricoperta di polvere, affiancate da un audio in cuffia con la registrazione del suono del vento tra i cavetti d'acciaio di una barca a vela. La polvere ricorda il colore della sabbia, o forse è proprio sabbia. Il suono dei cavetti d'acciaio ci riconduce invece alle frasi conclusive del testo *Giovani Uomini* che Eva scrisse per la mostra *Film*, attorno al quale idealmente si riuniscono le serie *Giovani Uomini* e *Uomini al lavoro*, tra le più belle dell'intera opera di Eva:

"Il giovane uomo torna con una radio. Spenta.

Uno degli altri si alza. Dice: – Andiamo?.

Non si vedono più.

Una visione lungo il molo dove sono ormeggiate barche a vela che non vediamo. Si sente solo il rumore del vento tra i cavi metallici delle imbarcazioni".

Tempesta non parte da un'opera sonora, ma dall'essenzialità silenziosa dei disegni su fogli A4 dove bianco e vuoto fungono da riverbero della concentrazione del pensiero e dei suoi contrasti chiusi tra le linee nere. Ciò non di meno lo spazio mentale non resta confinato alla parete. La sagoma tridimensionale di una carpa, ricoperta di motivi geometrico-ornamentali, ci introduce, in immersione, nel mondo del pensiero. A voler giocare coi simboli possiamo riconoscervi uno dei motivi ornamentali della cultura giapponese. Una carpa che oltrepassa con un salto un cancello è immagine della raggiunta immortalità, o possiamo avvicinarla al pesce che nuota in uno spazio onirico in perpetua tempesta come il pesce coi due occhi sullo stesso lato in *Arizona Dream* di Emir Kusturica, le cui improvvise apparizioni fuori contesto ambientale vengono a ricordarci che ciò che vediamo è spazio mentale, luogo liquido del sogno e non un'illusione finto-realista. L'immersione nell'onirico ci conduce a una stanza degli incubi, dove un pupazzo di stoffa disteso su una brandina dorme in posizione egizia per scacciare gli spiriti del male che ronzano intorno nella forma di suoni dalla natura organica, minacciosi come insetti sconosciuti. Dall'interiorità più profonda di un sacello egizio perso nei labirinti della geometria architettonica, si passa all'esterno panico di un bosco, ambientazione di un video in cui i ritmi rock di una batteria fuori campo si affiancano al movimento frenetico di luci bianche da concerto mentre in primo piano volteggia un bastone sospeso nel vuoto.

Nell'ultima sala, oltre alle due installazioni della chitarra e dell'autoscontro di lucidatrici cui già si è fatto cenno, Eva Marisaldi presenta un'opera curiosa: un camino a forma di testa di gatto nella cui bocca spalancata in un irriverente sbadiglio alloggia il vano del camino. Sembra una versione ironica e addomesticata delle rappresentazioni medioevali dell'Apocalisse dove il fuoco usciva dalle fauci spalancate di un leone-gorgone. Dalle profondità della canna fumaria emerge una voce miagolante che canticchia frammenti di canzoni ascoltando un walkman. Si tratta di una strana specie di concentrazione del pensiero. Non siamo immersi nell'interiorità di un suono, assistiamo piuttosto a escrescenze, improvvise quanto comiche, di una musica interiorizzata, "suggerita" e "rubata". Il camino come luogo domestico catalizzatore di pensieri assopiti di fronte al fuoco è ben chiaro nella nostra tradizione culturale, per non parlare del polveroso fumo filosofico che volentieri si consuma al caldo del fuoco. È facile pensare alla vivacità sedentaria del protagonista di *Io e il mio camino*, di Melville, impegnato a proteggere il vecchio focolare in compagnia della sua pipa, immerso in una nuvola di fuliggine dove si uniscono, volatili, i resti della legna, i resti del tabacco e i resti dei suoi pensieri. Ma di fronte alla fiamma del camino non si crea né l'intensità della riflessione, né quella delle lotte e dei contrasti. Si instaura piuttosto un torpore non lontano dal tenore di alcune opere precedenti di Eva (ricordiamo qui *Progetto Torpore* con quaderni di disegni da completare sui temi dell'atmosfera domenicale e del tempo libero). Quanto c'entri il gatto con questa particolare forma di assopimento dei sensi appare chiaro al solo considerare una parte della vasta letteratura su questo animale. Concludiamo ricordando solo un passo di Pietro Citati, dal suo *Profilo di un gatto*:

"Il gatto domestico, l'amabile genio che protegge le nostre case, si nasconde sotto i nostri mobili e carezza le nostre mani, si annoia profondissimamente. [...] Mai nessuno, credo, nemmeno i grandi splenetici e romantici della letteratura, consumati dalla noia fino all'intimo dell'organismo, si è annoiato tanto. [...] Guardatelo dopo il sonno. Capite subito che nel sonno egli ha attraversato campi estesissimi e compattissimi di noia: che ha vissuto, abitato, penetrato la noia; e si è lasciato penetrare da lei, come si abita l'oceano durante la circumnavigazione del mondo".

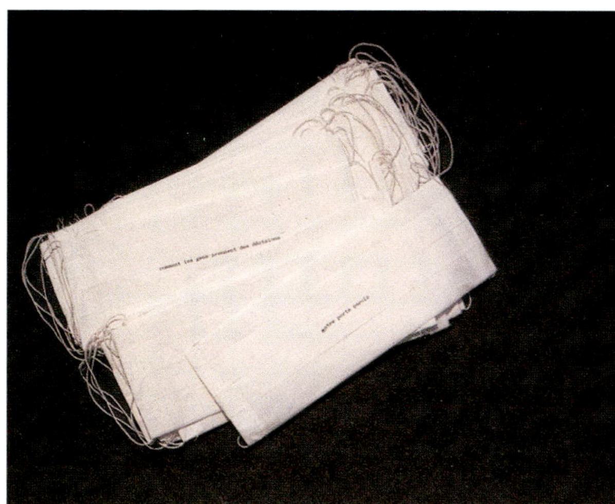

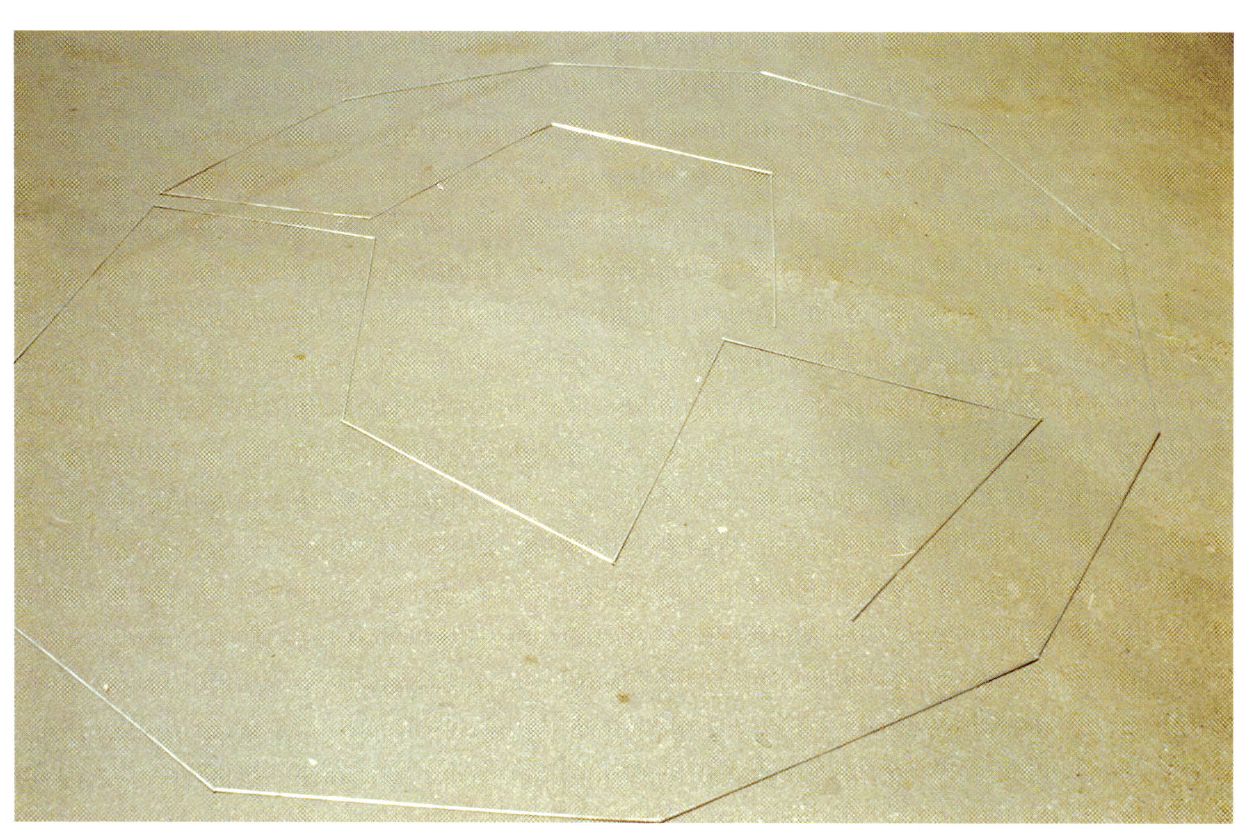

28 *Cervello*, 1989
29 *Senza titolo*, 1990

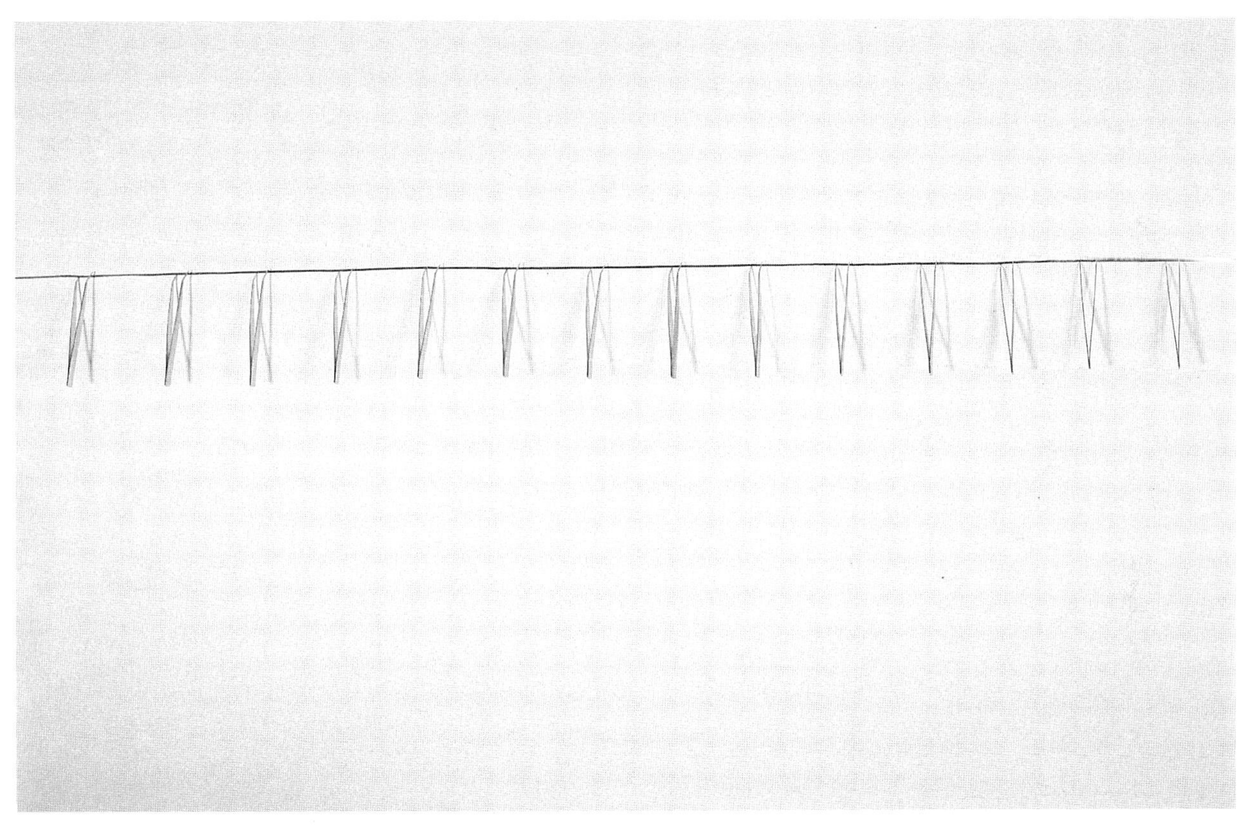

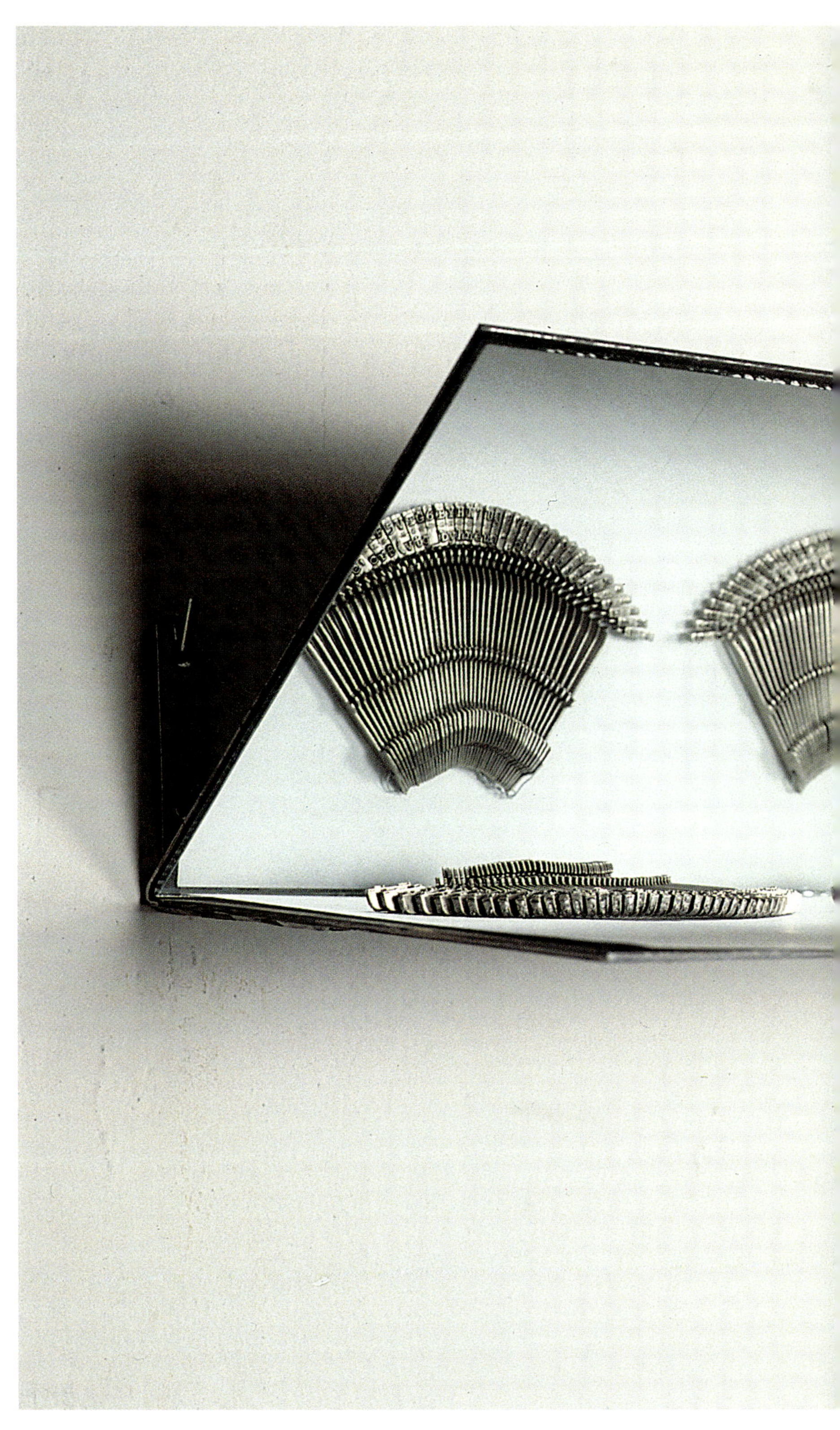

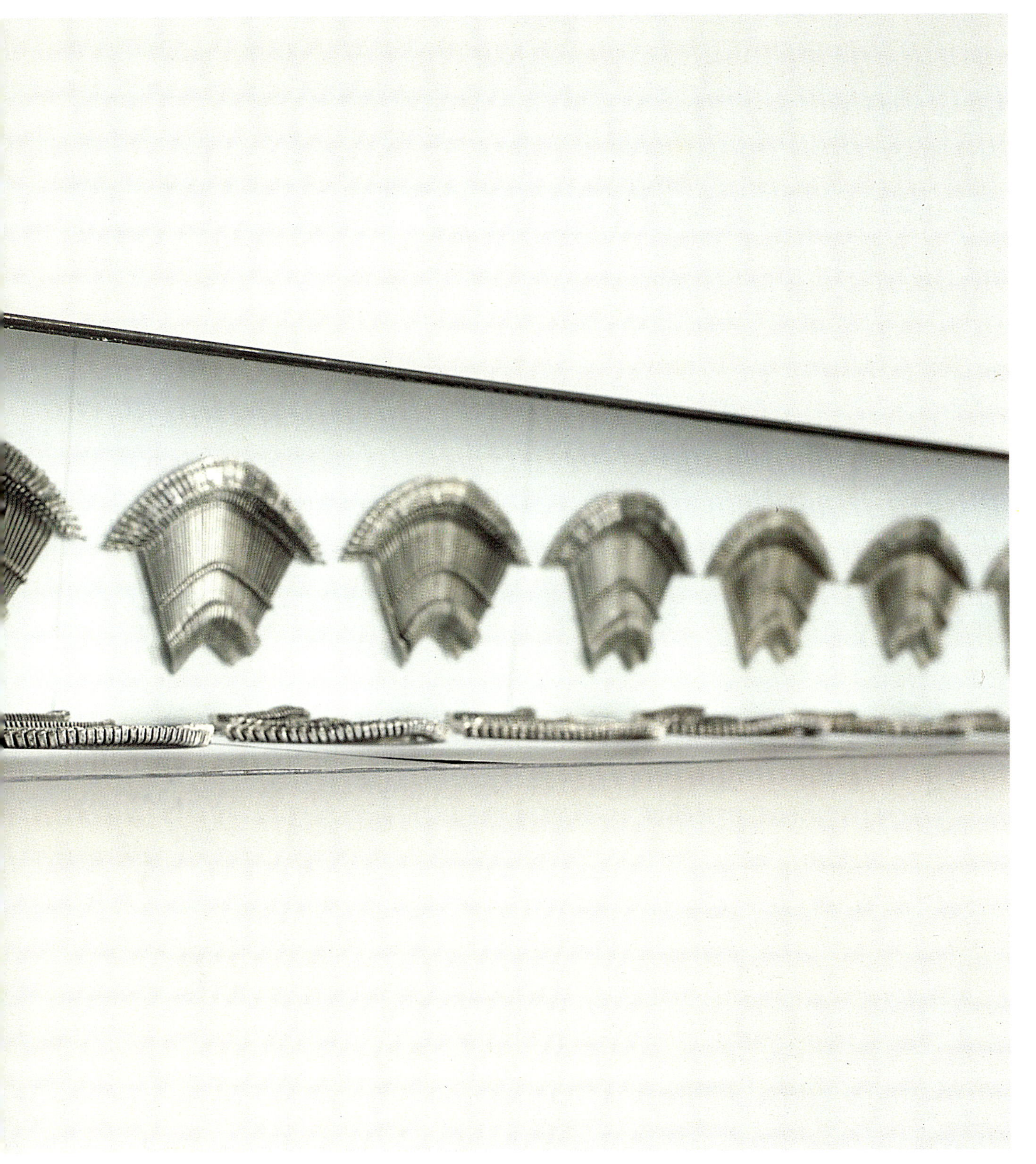

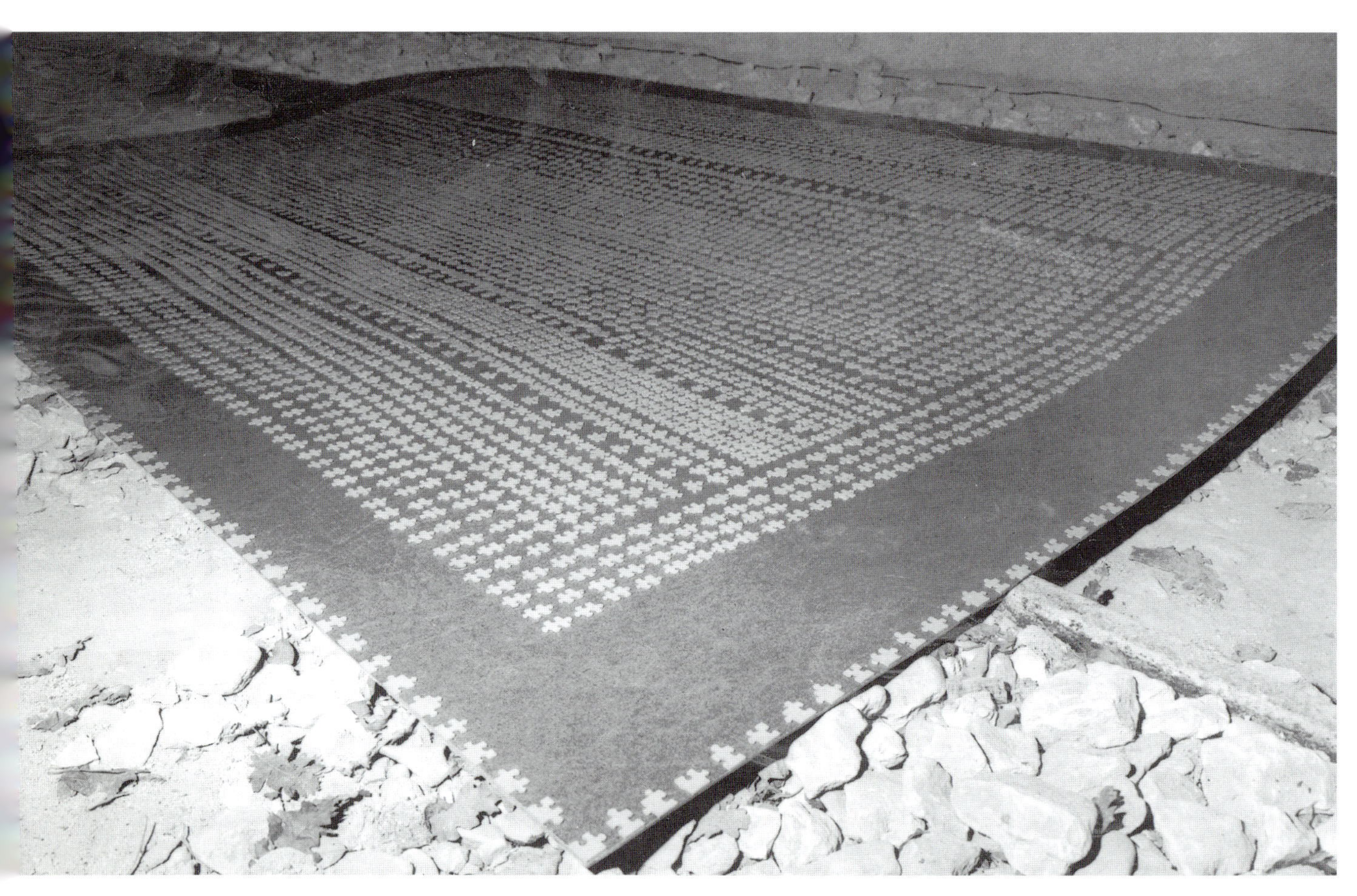

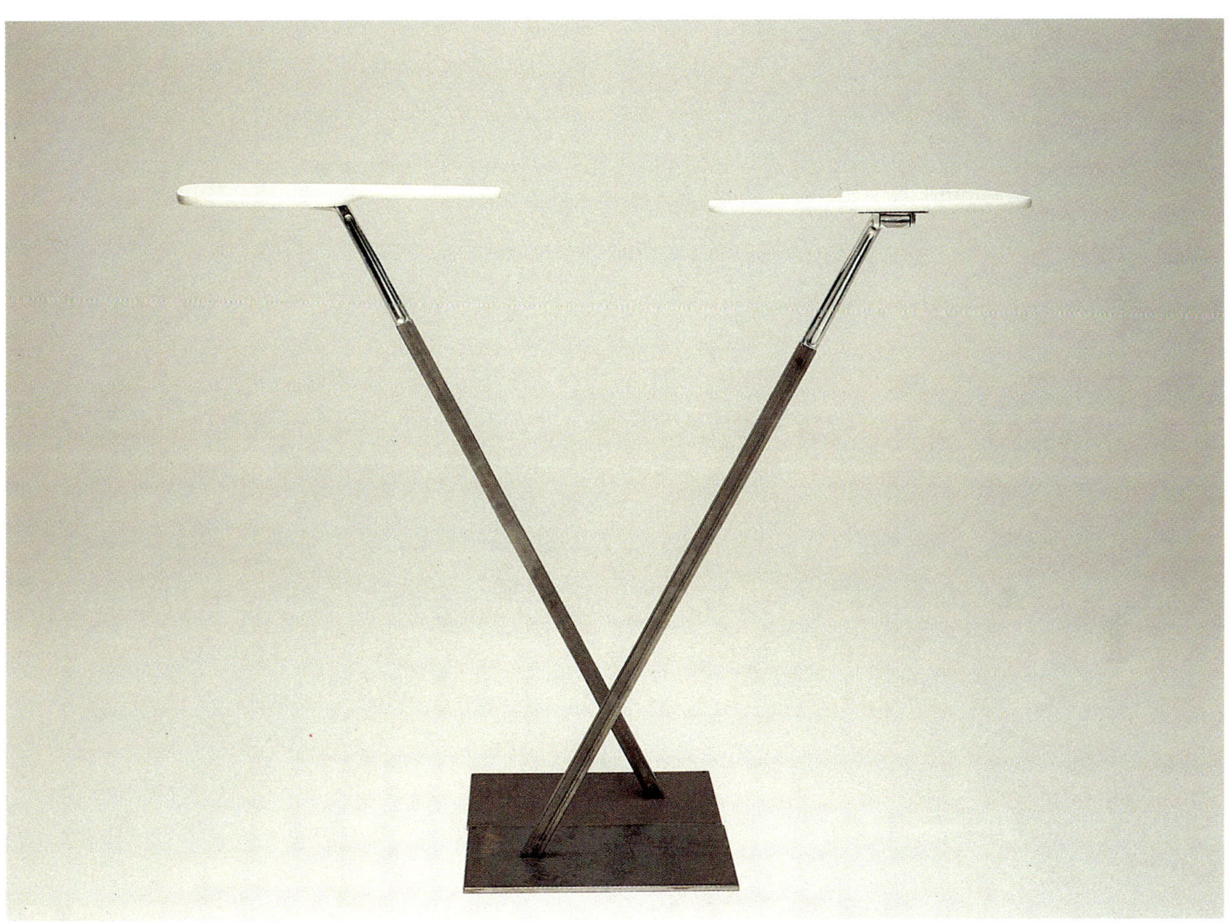

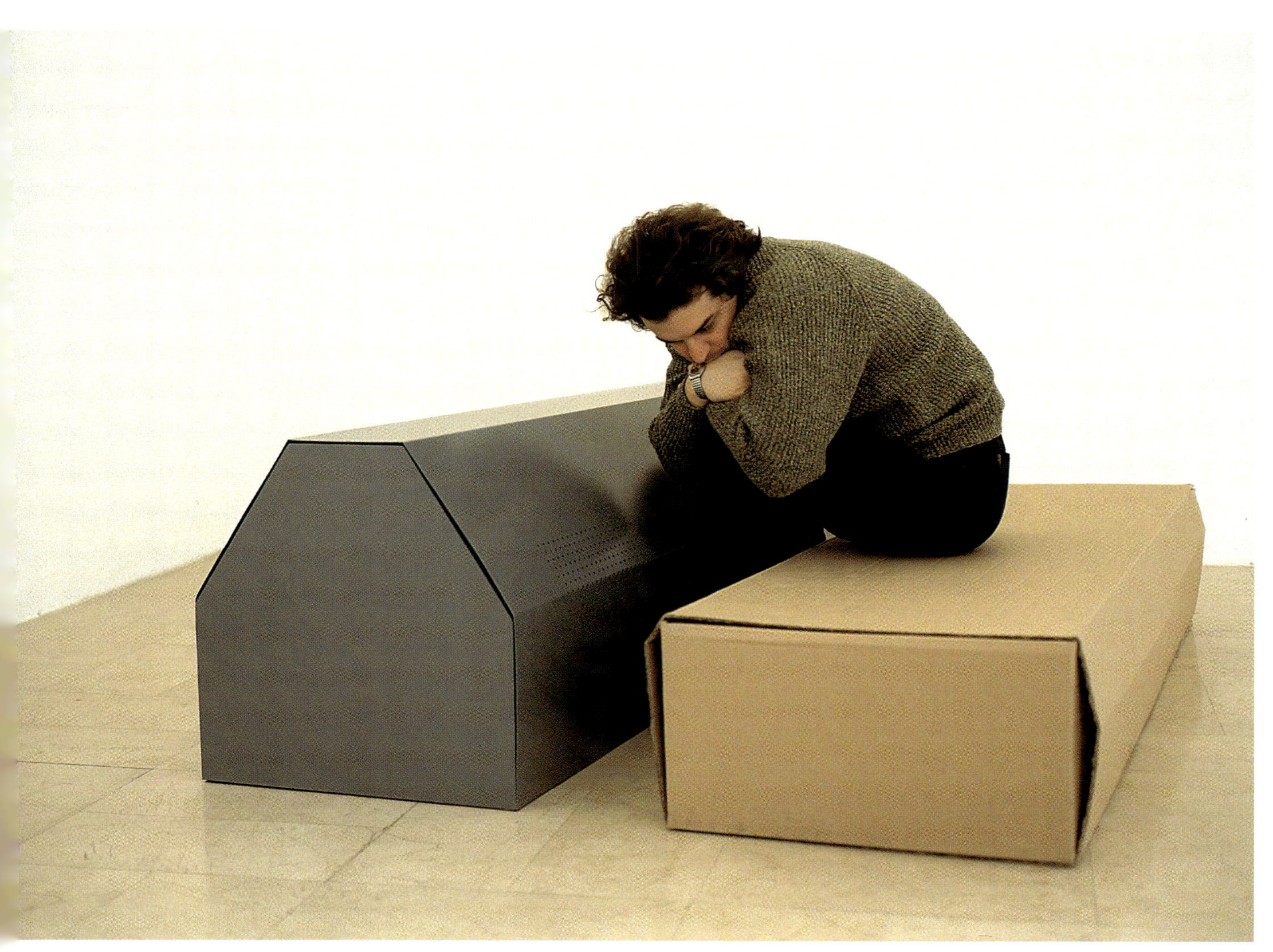

33 *Scatole di montaggio*, 1991
34 *Controfigure*, 1991

pagine successive
35 *Tappeto grigio*, 1993

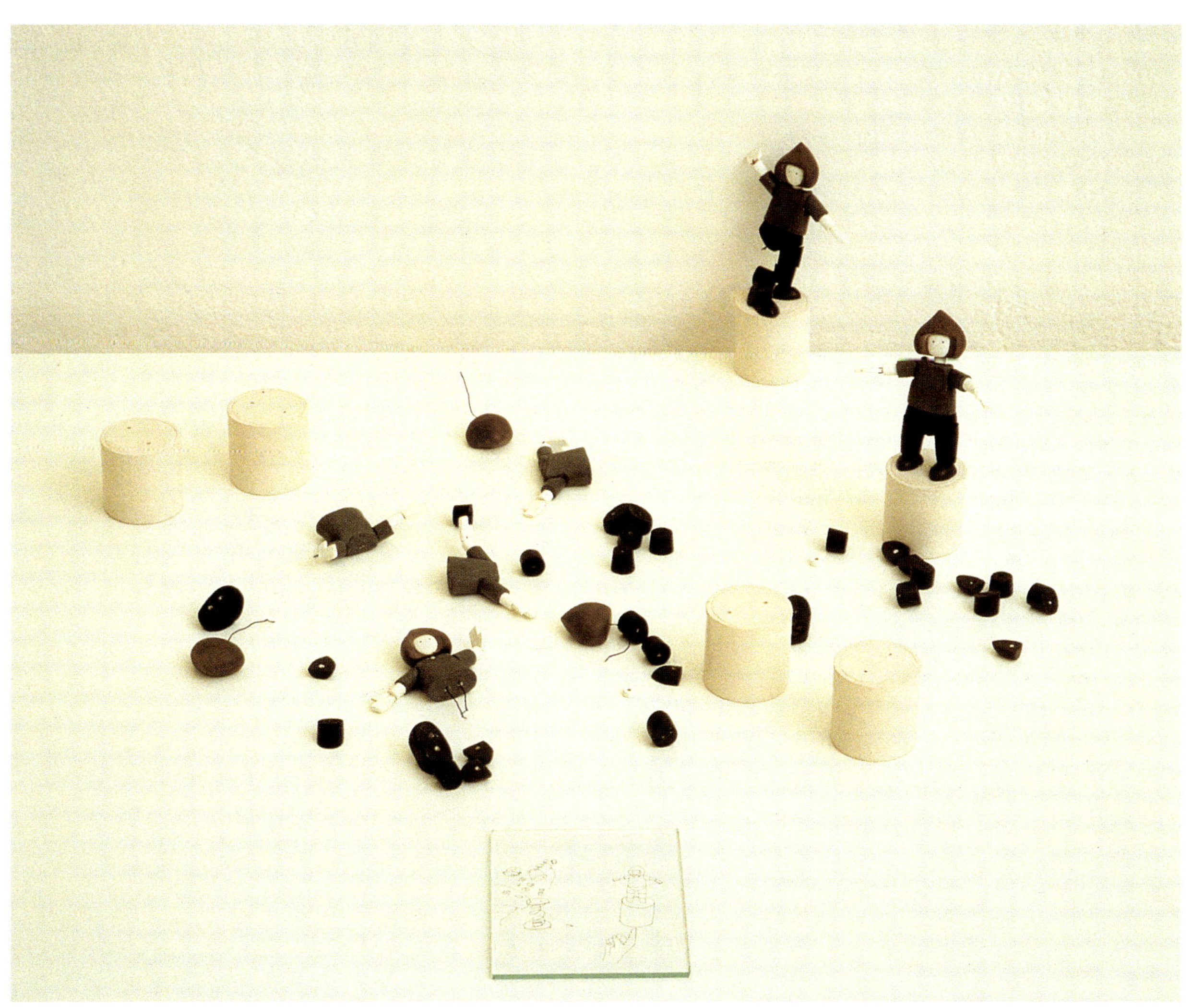

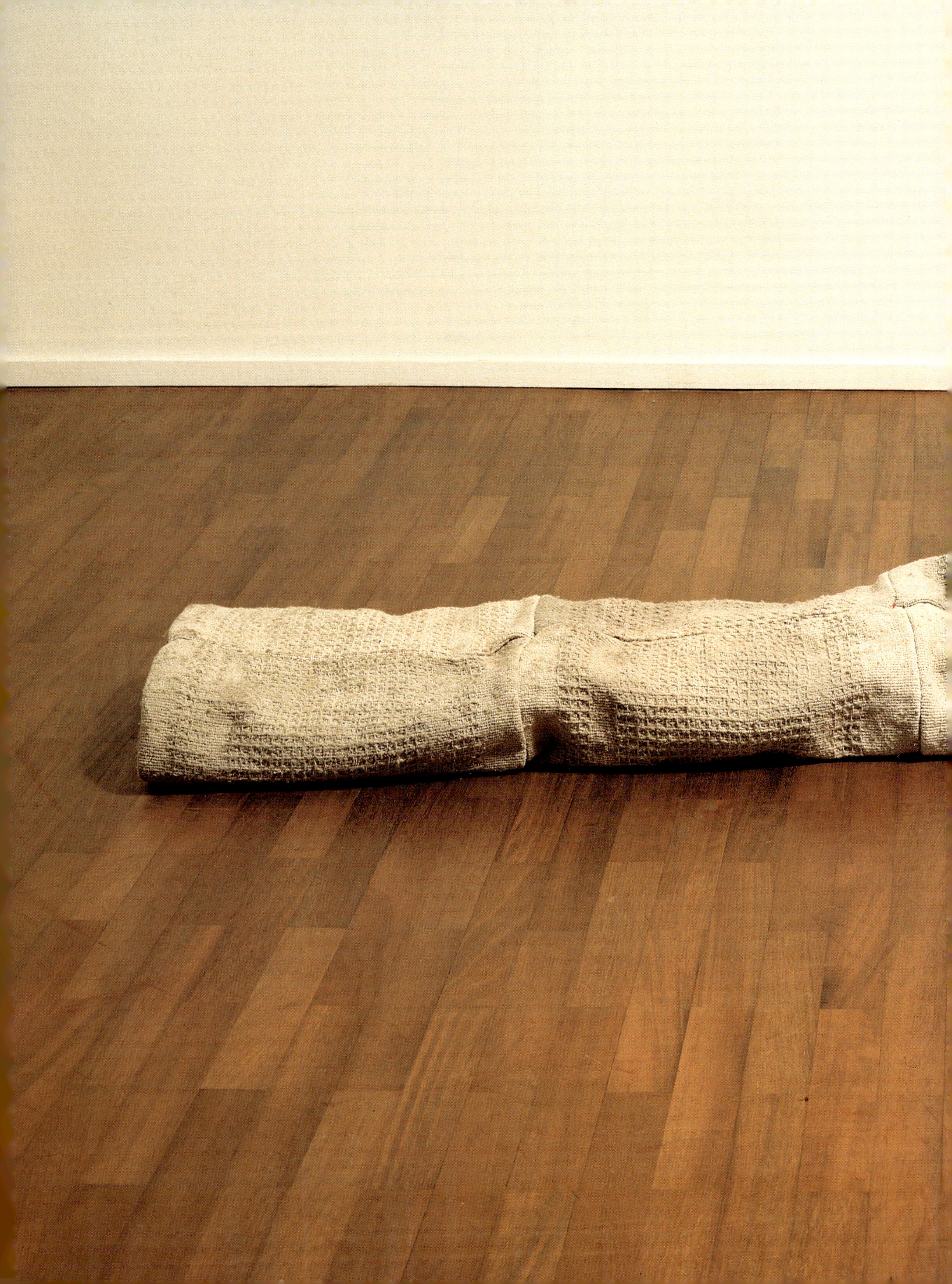

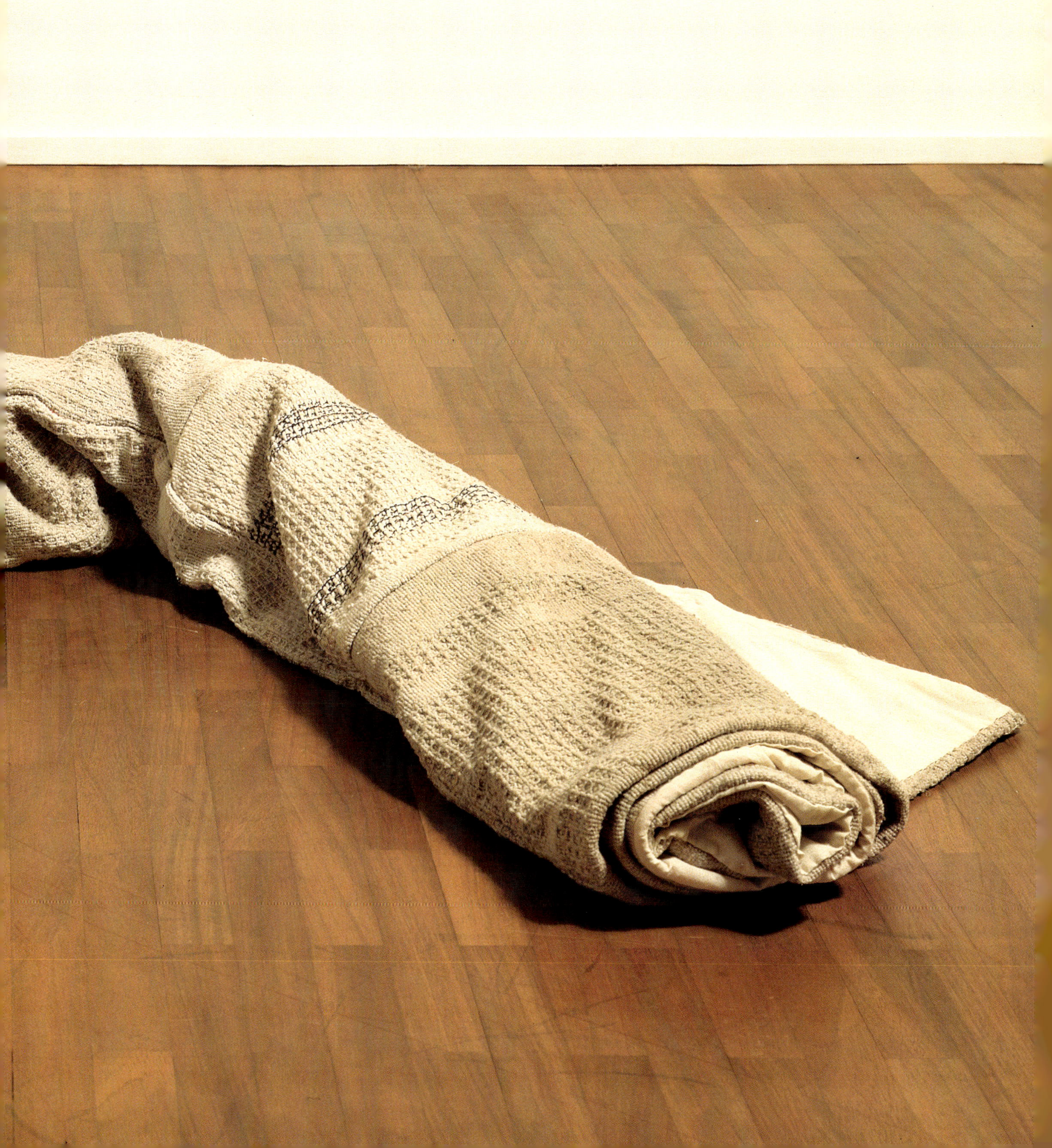

UNA FALSA PARETE
DIVIDE UNA STANZA
IN DUE
PROPONENDO DUE
DIFFERENTI
MOTIVI DI
ATTENZIONE

SI CHIEDE DI
FREQUENTARE
SOLO UNA DELLE
DUE PARTI

COLMARE LA
VISIONE MANCATA
ATTRAVERSO IL
RACCONTO DI ALTRI
OPPURE
RESTARE CON
L'ESPERIENZA
INCOMPLETA
E M 92 93

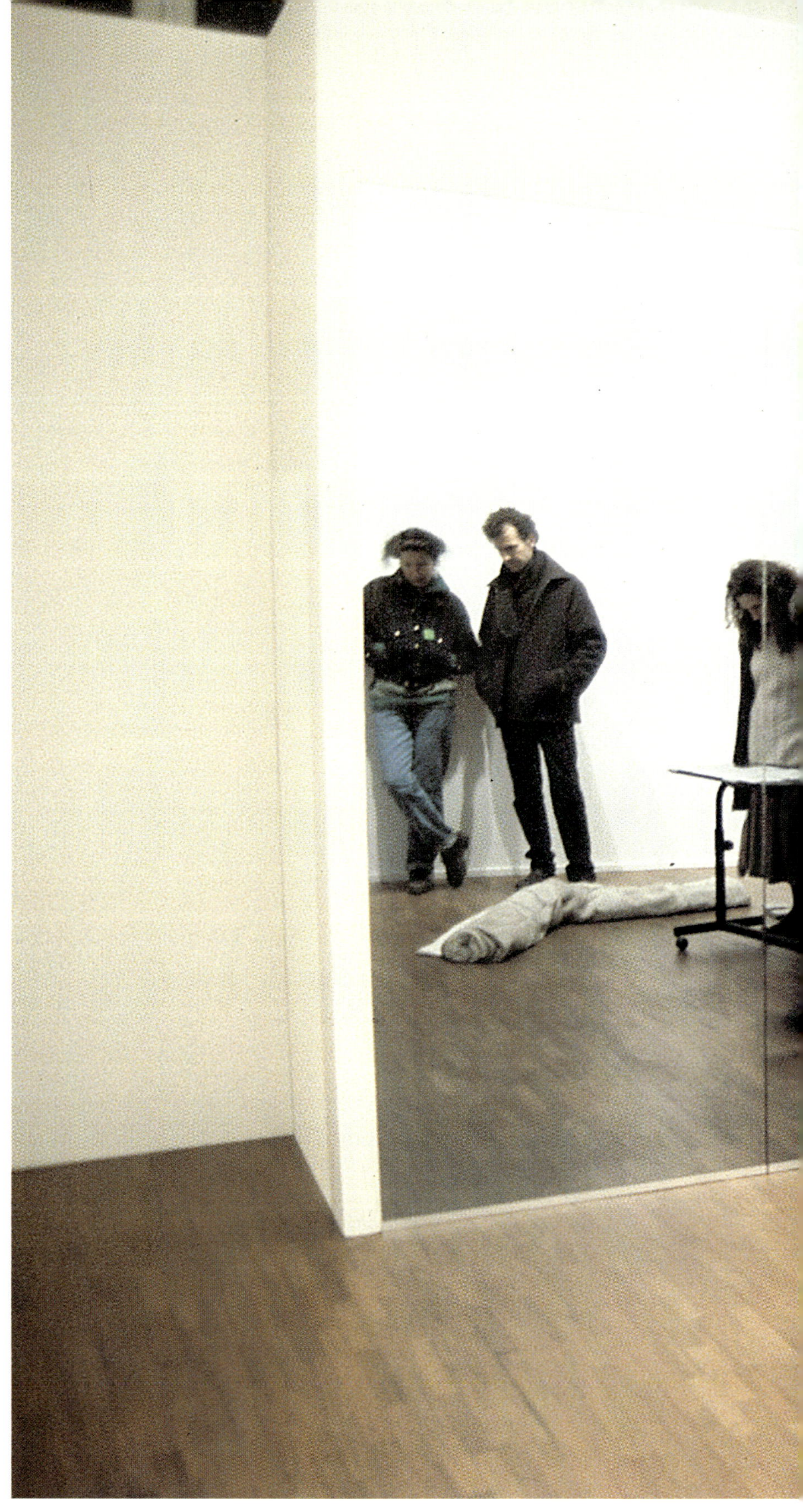

 Veduta della mostra / Exhibition view *Una ragazza materiale,* 1993

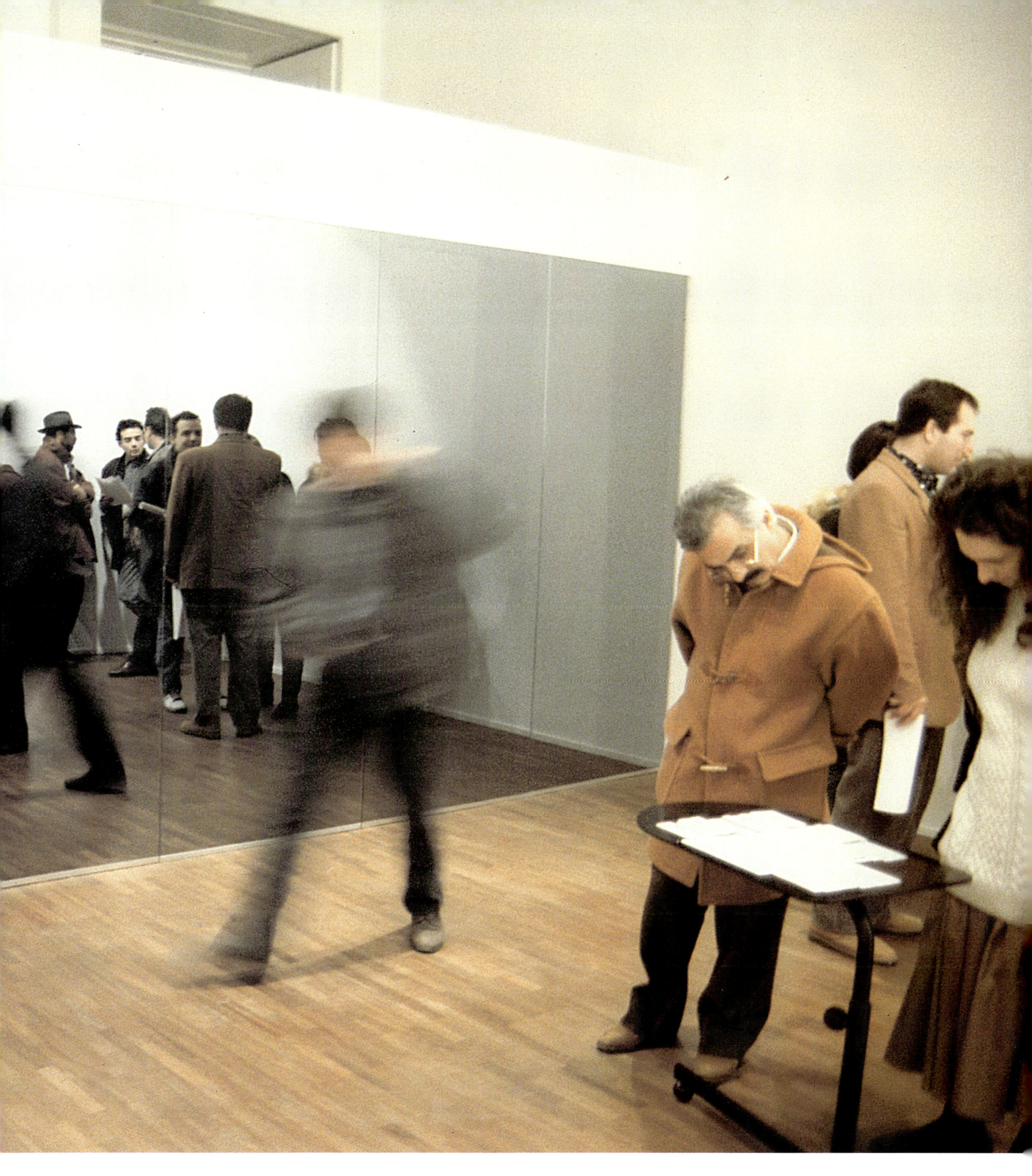

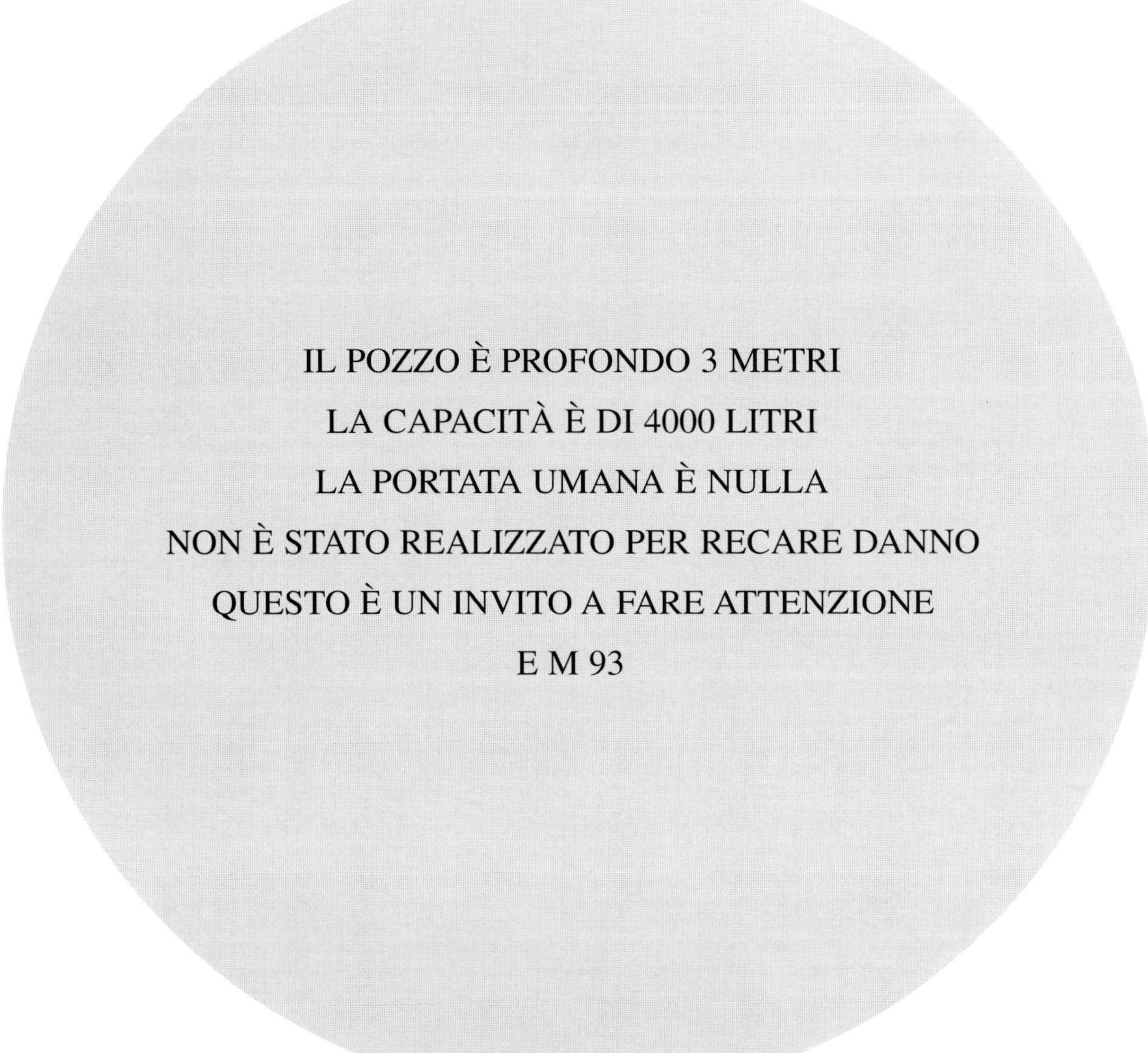

IL POZZO È PROFONDO 3 METRI

LA CAPACITÀ È DI 4000 LITRI

LA PORTATA UMANA È NULLA

NON È STATO REALIZZATO PER RECARE DANNO

QUESTO È UN INVITO A FARE ATTENZIONE

E M 93

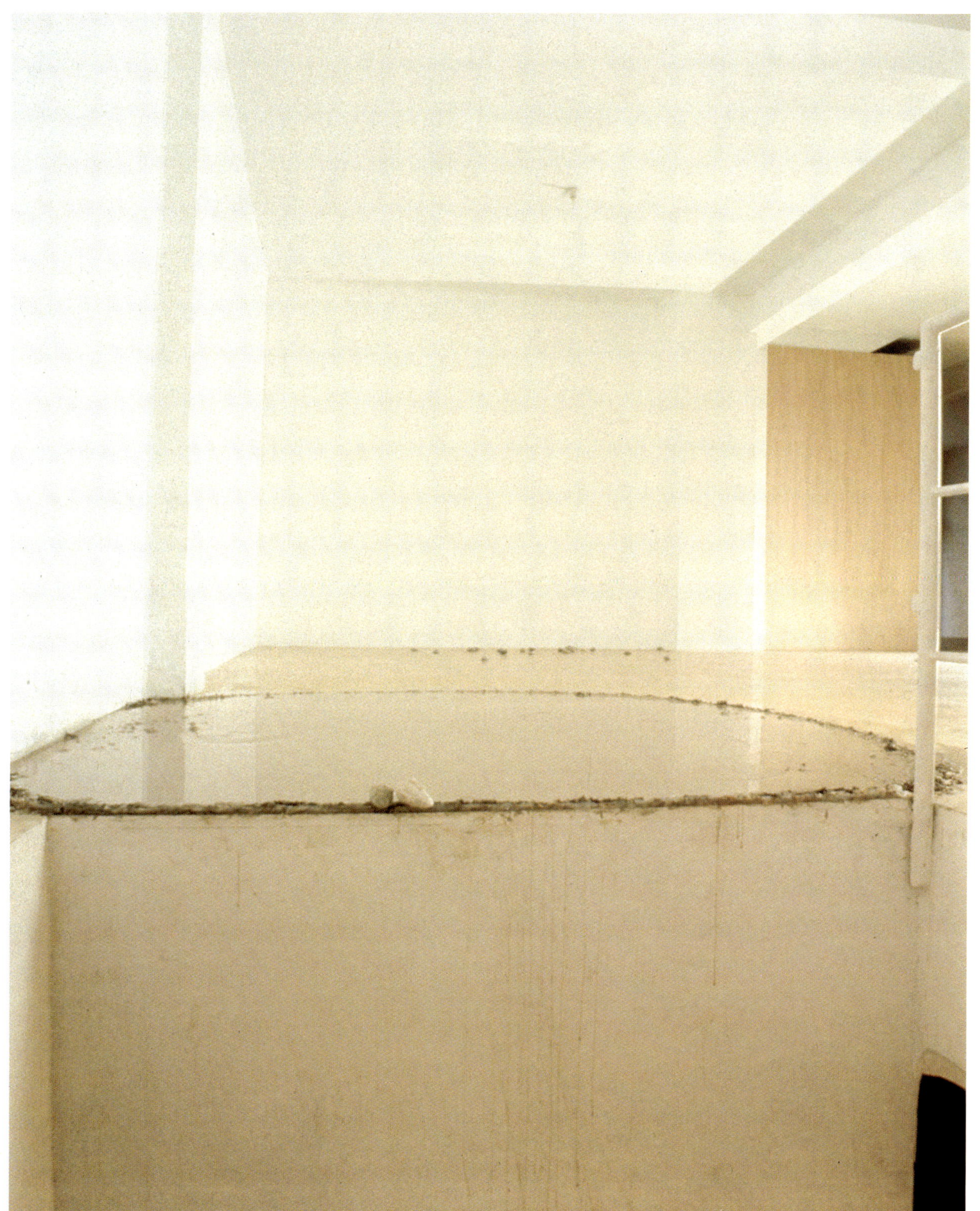

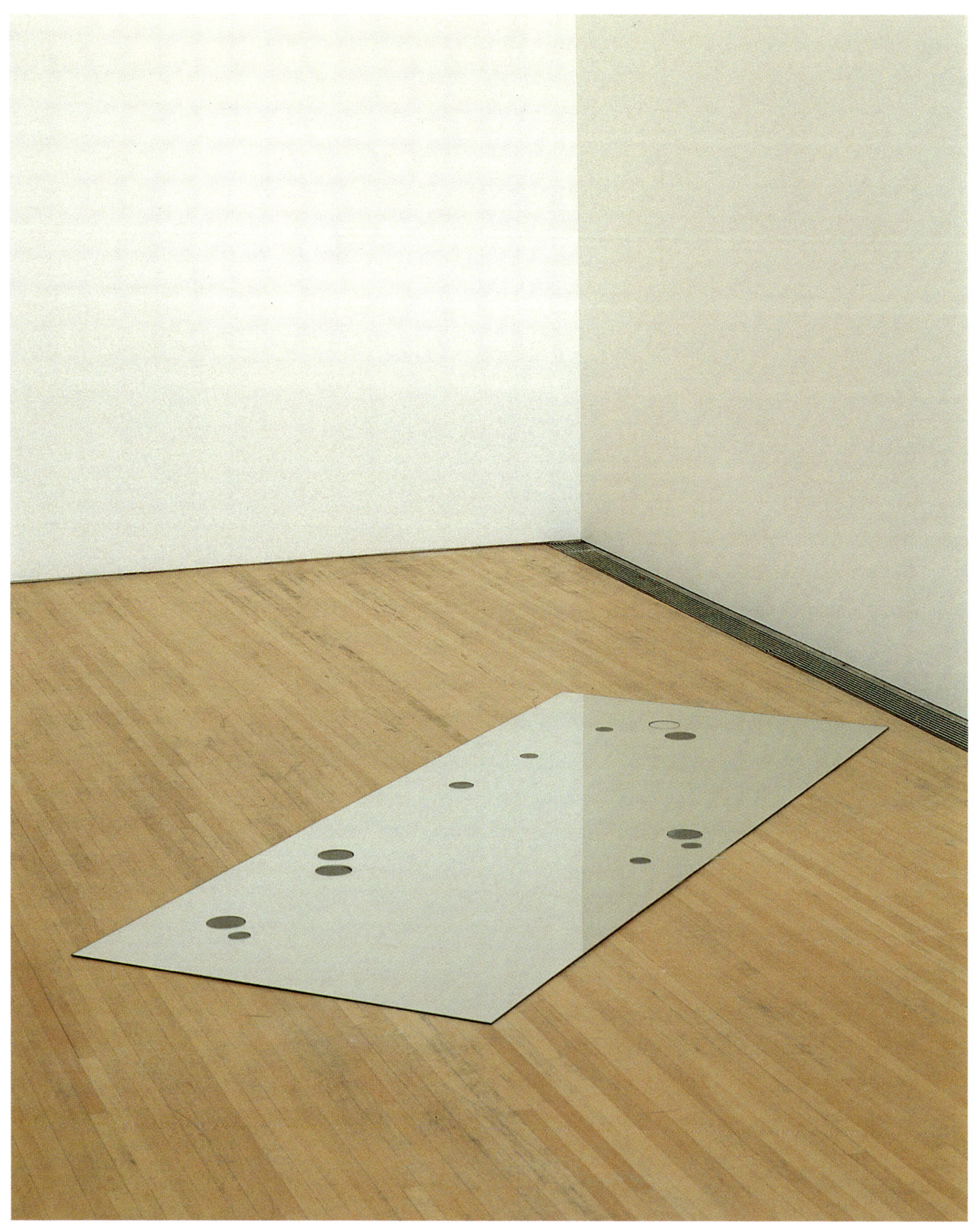

38 *Altro ieri*, 1993
39 *Altro ieri*, 1993

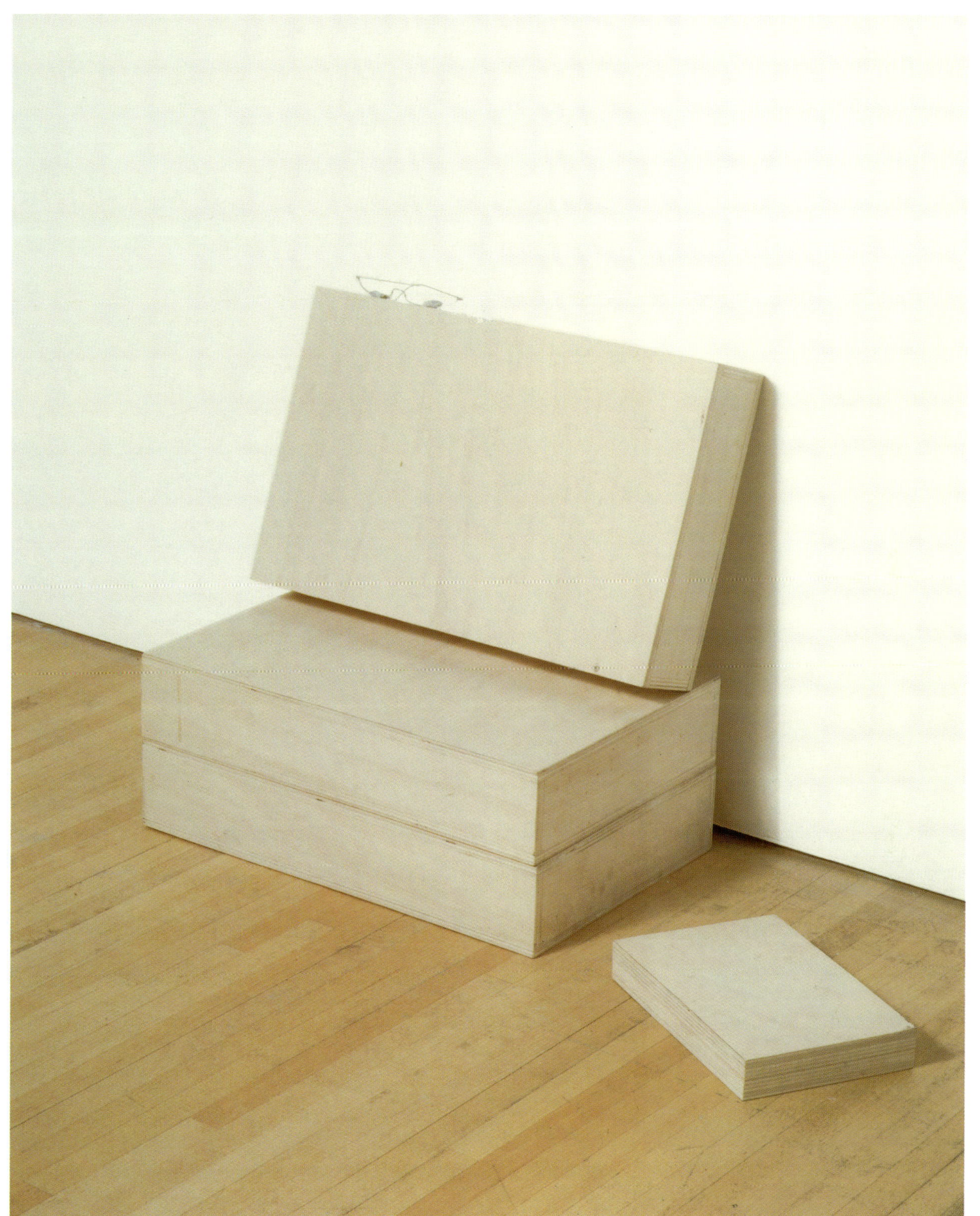

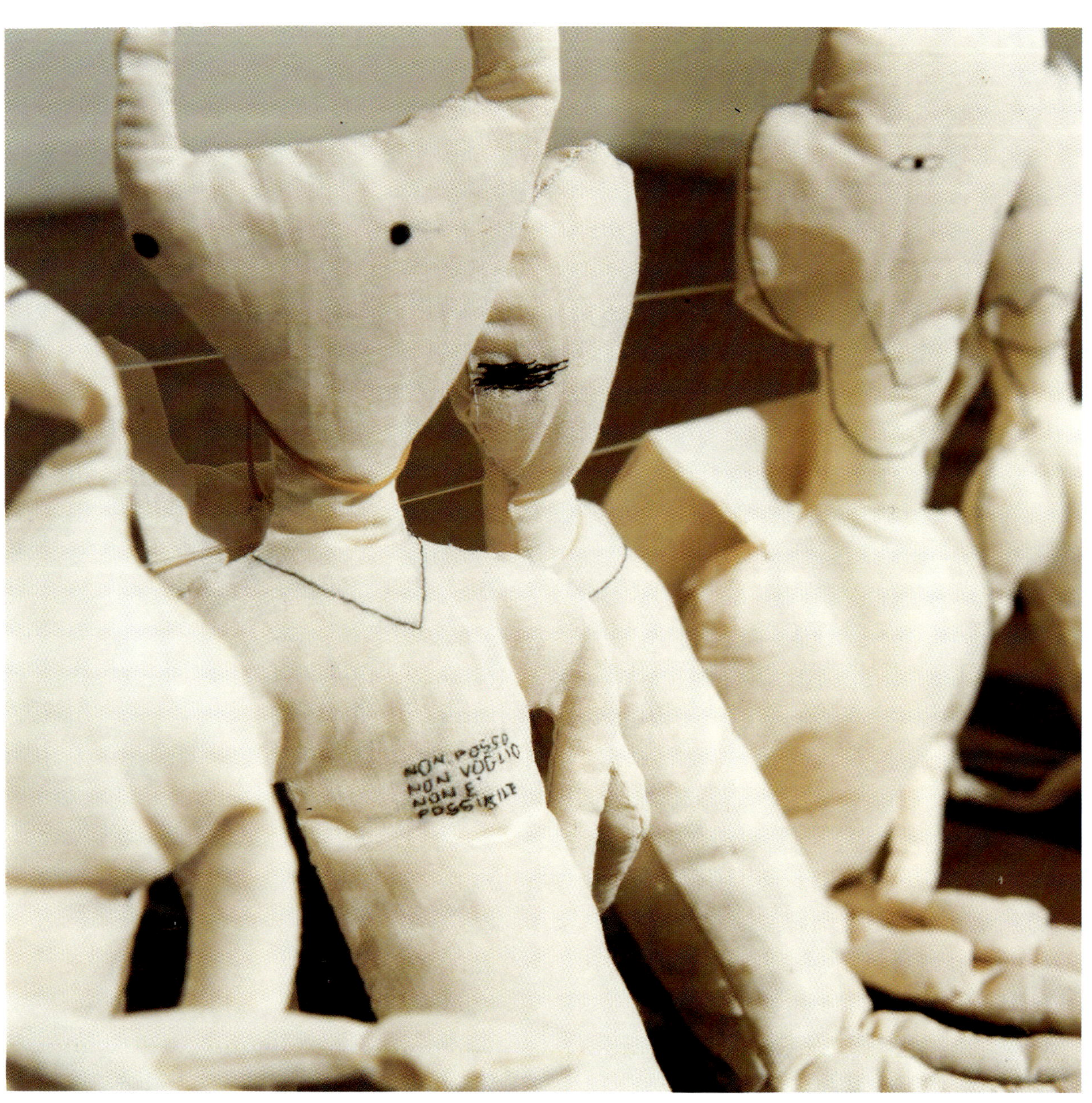

 Rimandati, 1994 particolari / details

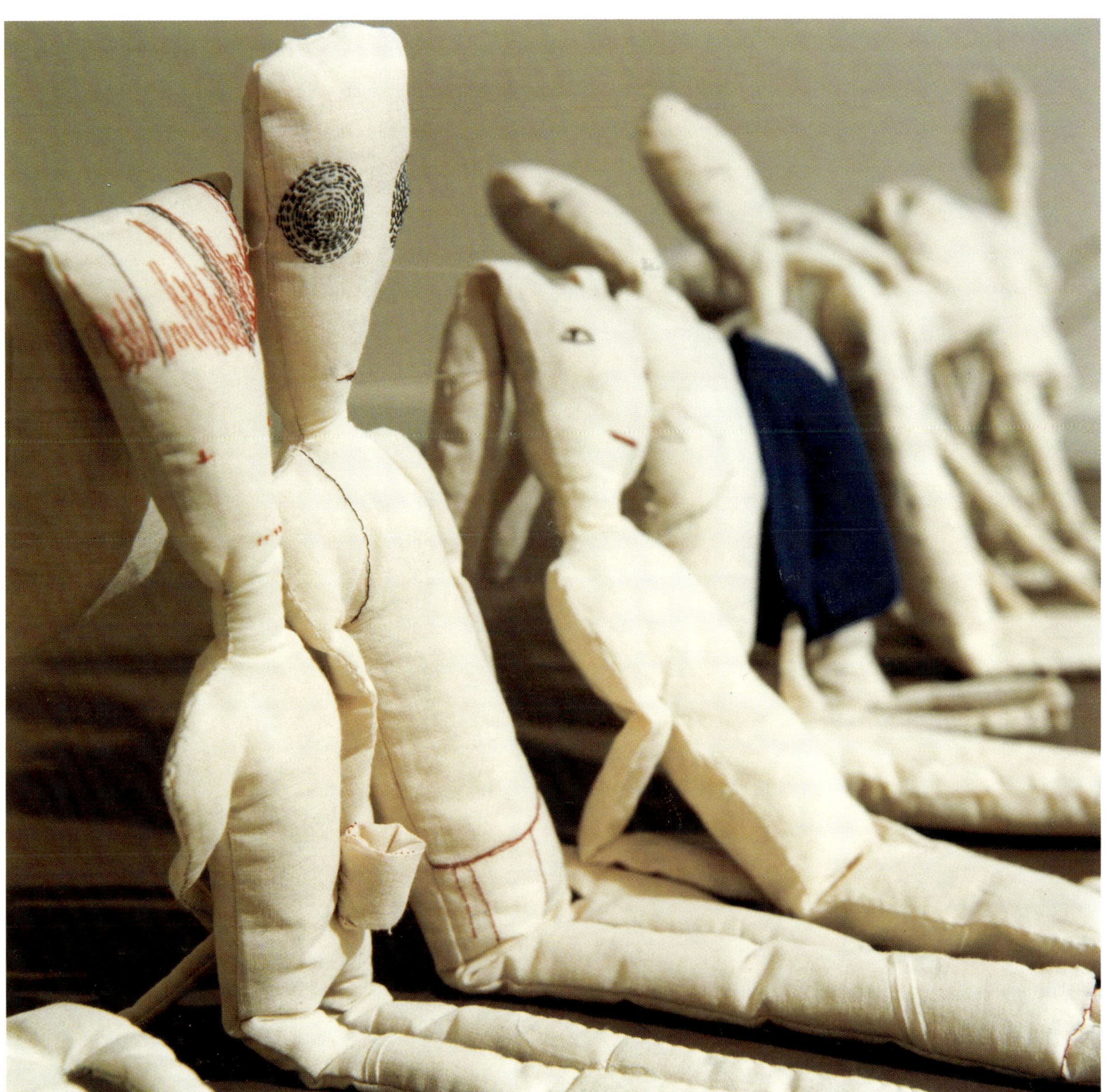

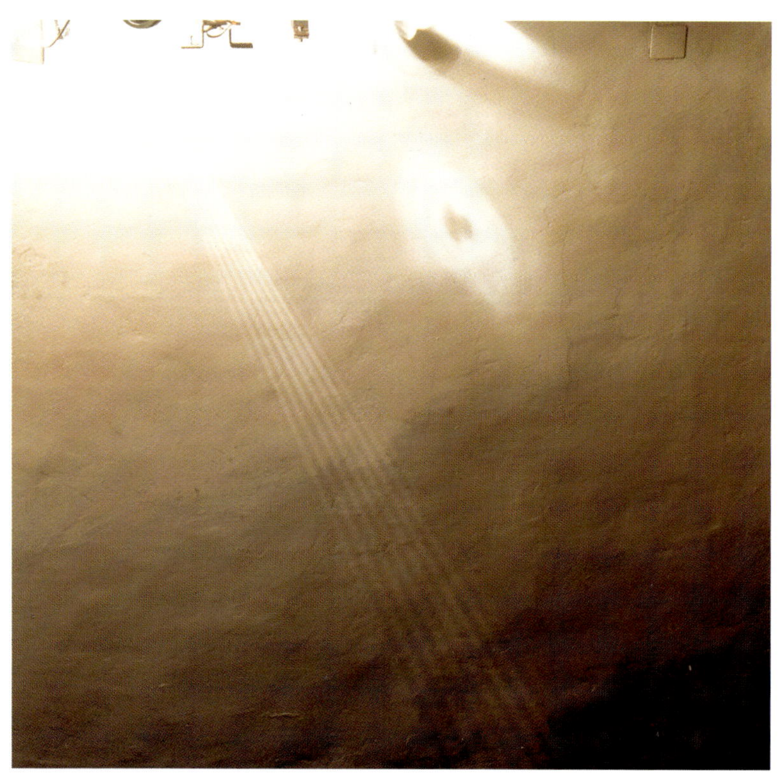

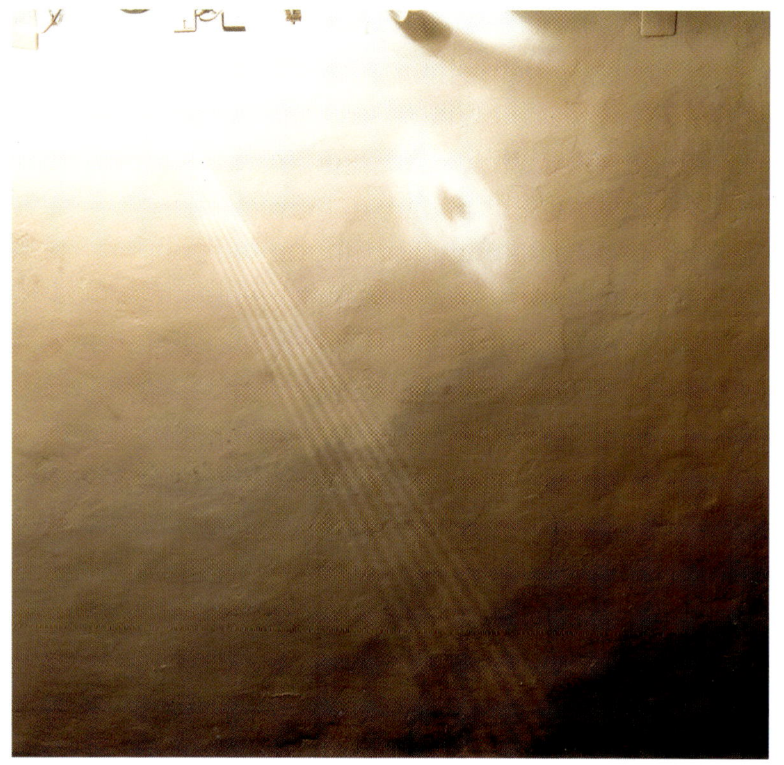

41 *Luci grigie*, 1994
42 *Ospite*, 1994

The Uproar of Thoughts

Elena Volpato

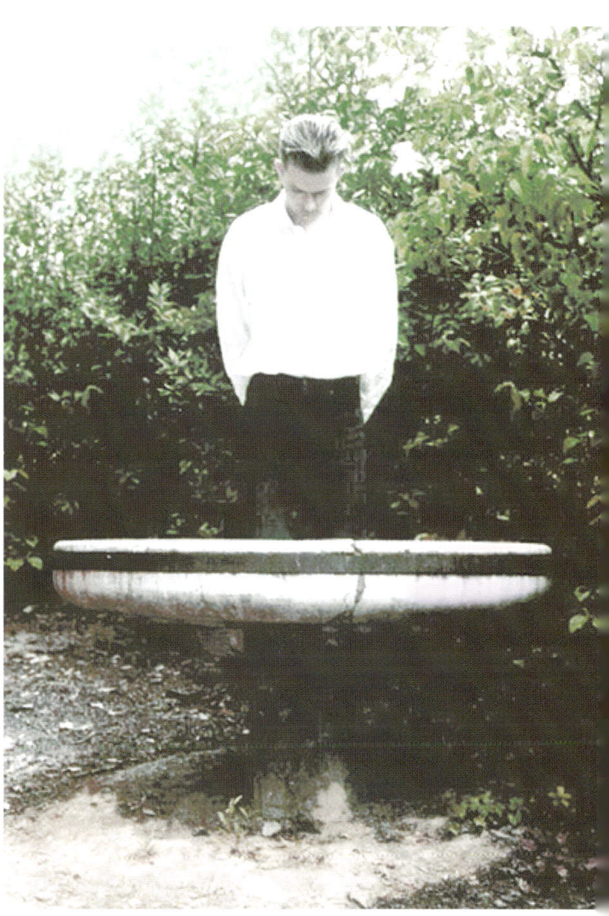

There is a well at Nuremberg in the fortress of the burgraves. It is called Tiefer Brunnen, deep well. The guides of the castle, after having pointed out to the tourists the majestic height of the towers which, as is so satisfying for them to say, dominate and ennoble the profile of the city, lead the visitors inside the residence of the castellans and have them go out into the little courtyard of the well, allowing them to crowd round the rim. All the guides at the site have an attitude of respect for Tiefer Brunnen. No set phrases, no hyperbolical descriptions. For the rest, its grandeur cannot even be expressed. The eyes of the visitors, after having searched the heights so avidly, do not miss the chance to stretch down to the depths in order to see those fifty meters of profundity which make Tiefer Brunnen so famous – but it is useless. The murkiness brings their gaze to a halt after only a few meters. The grandeur of the ancient well is not something that may be seen, and it is not something that can be described through the power of adjectives. The guides, having come to the high point of the tour, not without a certain amused air of mystery, pick up from the ground a jug full of water, politely request that the tourists be quiet and, with a decided gesture of the wrist and arm, let a drop fall down into the darkness. They begin to count in a hushed voice, slowly, accentuating the movement of their lips by opening theatrically the fingers of their hands, one after another one… two… three… four… five… six…
And then, like a crisp snap of the fingers, the sound of the watery impact rises from Tiefer Brunnen. There are the fifty meters. There they are suddenly, present and well-defined, in the minds of the visitors
Tiefer Brunnen has a name because it has a voice.

Eva Marisaldi realizes *Analfabeta* ("Illiterate") during 1999. From the rim of a well there arises at short intervals the splash of a book that has fallen into the void. The sound of the fall determines the depth of the well, the traversing, that is, of an internal, an empty space. But the muted splash declares the absence of a space of resonance within the book. The book, for whoever knows how to read it, is a sonorous object. Even better, the book is an environment that reverberates as soon as its words begin to be read. It is an interior space where it is possible to immerse oneself and to allow the mind to become a sounding board for the letters plucked by the eyes.
Much more fundamentally than to reading, an internal resonance of this sort belongs to thought. It is a radio transmission, interior and inexorable, whose resonance penetrates even our slumber. This is how Barthes defines it in *The Empire of Signs*, in contrast to the silence of Oriental, of Japanese thought, which in the practice of Zen pursues the elimination of the "thought of the second element," that thought which thinks itself continuously, losing itself in infinite references of the signified to the signified. This is a text to which we will return further along, not only because of the direct influence which its reading had upon specific works of the artist, but also because of the numerous instances of clarification which it offers us concerning some of the linguistic elements that recur most frequently in the artistic itinerary of Eva Marisaldi from 1988 to the present. Let it not be believed for this reason that the work of this artist might resemble the ingenuous discovery of another universe, of a distant and reversed reality where Japan could offer itself in the role of the "contrary country" from the world of fairy tales. The obsession of the "thought of the second element," that deafening chatter of our thought which thinks us ourselves before giving us the possibility of thinking, which allows us think only about our own thoughts, is

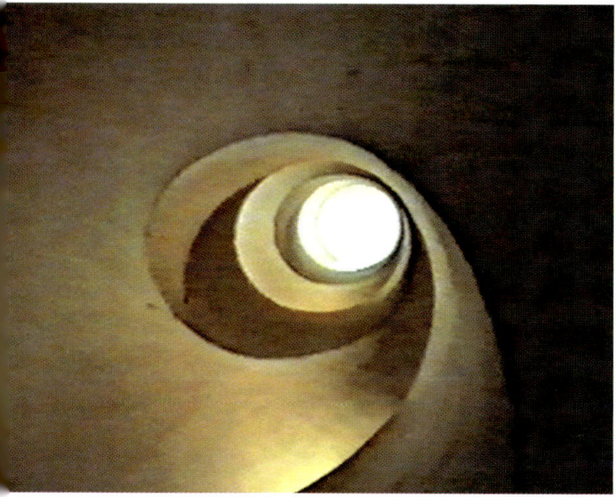

one of the central themes of contemporary Western culture, and one of the most lacerating. It is a congeries of obsessions, revolts and interrogations which coursed through the philosophy of the second half of the twentieth century and to which Eva's work responds from afar, just as the Zen masters are supposed to respond to their own students: with another question, with a response that is sufficiently strange to not run the risk of explaining something but rather to produce that violation of the senses which is the sole exit out of the labyrinth of stratified signification, out of the world of symbols, out of the exasperating repetition of the question: what does it mean?

"… Whatever way you turn you have not even *started* thinking." Jacques Derrida places this sentence of Artaud's in the introduction to his chapter on the *parole soufflée* in *Writing and Difference*. The word, which is always suggested, always inspired by an antecedent voice that reads or recites a text or an even more ancient narrative, is always also taken away, stolen by the listener. In this gorge battered by echoes in which Western thought contorts itself in the utopian hope of becoming a body and body without organs, the work of Eva Marisaldi smoothes the gorges and abysses where are nestled, as in bags of time, the sublime and the tragic, the delirium of power as much as of *impouvoir* (powerlessness).

Tempesta ("Tempest"), the exhibition which Eva Marisaldi has realized for the GAM in Turin, is a staging of the emergence of sound as the symptom of an inwardness constantly assaulted by chatter, by hubbub, by drumrolls, by the deafening reverberations of thought struggling against itself, within the space of inwardness, against the presence and the vindications of a thought that is different from itself, within the space of sociability. But the difference between the first and the second struggle seems minimal.

Eva Marisaldi departed from the silence of what is essential, from its emptiness, there were it is indeed silence and the zero-state of form which constitute the abode of essence itself. In 1988 she created *Cervello* ("Brain"), a large floor-design in iron, three meters in diameter, composed of lines that are broken, not closed. The brain, that fathomless well, opaque and stratified, of psychoanalytical theory which, according to the words of Lacan, is the most typical product of Western thinking, becomes two-dimensional here like a carpet, capable of being trodden upon like a garden, lucid and impenetrable like a mirror. "I like the idea of being able to walk around in the middle here," says Eva Marisaldi. In *The Twilight of the Idols* Nietzsche wrote, "Only those thoughts that come by walking have any value."

At a distance of nine years, Eva will take up the image of walking on the inside of a broken line of cement: this is the first image of the video *Senza titolo* ("Untitled") from 1999, filmed in Istanbul and focusing on several forms of religious ritual.

In *Cervello* thought is inscription, hieroglyphics which can be walked upon and in which is enunciated the possibility of there being an interior space to be traversed in silence. If this had been a three-dimensional installation, if the walls of the brain had been raised past the floor, the closed space would have begun to resonate, it would have become an interior space and, just like the long, hollow shaft of Tiefer Brunnen, it would have had a voice. It is not an accident that the first internal space which completely constituted itself in architecture, in the late Classical world, in contrast with the external and plastic modulations of the Greek temple, caused Sergio Bettini to observe, in his introduction to Riegl's work, "The internal space, in which humans are directly immersed, is the one that develops and measures itself, we may say, in accordance with the very beating of the human heart."

There does not exist an internal or interior space without resonance.

It is not in order to indulge a relish for erudition that we have pushed forward all the way to late Roman art and to the theories of Sergio Bettini as an introduction to the first works of Eva Marisaldi. Only slightly later than *Cervello* are, in fact, a series of works in gauze and byssus in which are reproduced decorative elements which can be traced back to patterns from the late Classical world and from the Near Eastern world, perpetually repeating and modifying themselves down the centuries. Bettini had the merit of presenting in Italy the revolutionary theories of Alois Riegl, who had chosen as his particular field of study the universe of anti-Classicism (let us make note here that to a large extent, "anti-Classical" still coincides with "anti-Western"), directing his own investigation to the style, not only of the late Roman period, but more precisely, to the late Roman decorative style. What is interesting is that the insight which allowed Riegl to distance himself from the monumental categories of nineteenth-century Romanticism, upon which artistic signification was still based at the beginning of the twentieth century, is close to that which permitted Eva Marisaldi to make her approach, upon the field of visual art, to the suspension of the imposing stratification in Western metaphysics – and what is more, that the introduction of the temporal dimension in the reading of late Roman art performed by Bettini as a completion of the theories of Riegl, with its investigation into the rhythmic *continuum* of decorative friezes and into the indefinite relation between figure and ground, confirms for us the necessity of the relationship between decoration, time and, we might add, sound (whether as absence or as signifying presence) among the works of Eva Marisaldi chosen here as a viaticum against the roar of the tempest of brains at the exhibition in Turin.

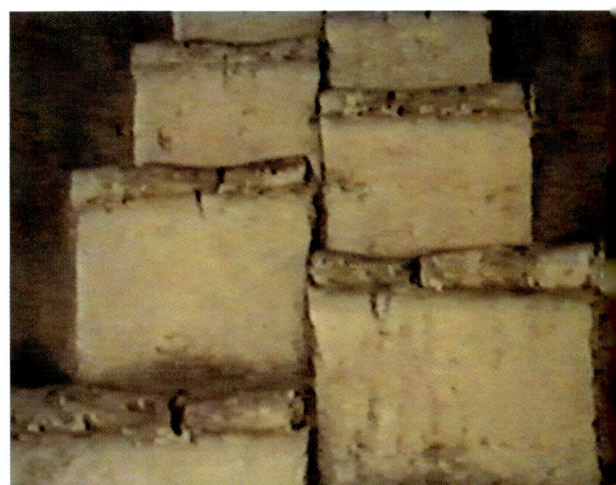

The importance of sound does not emerge in decoration simply within the range of a "rhythmic" reading of friezes. The inclination to draw together semiotic intervals and musical intervals does not suffice. It is not surprising that Gombrich, giving the impression in *The Sense of Order* of wishing to forget the temporal aspect and operating in full conformity with the paratactical procedure of Gestalt theory, becomes aware in the final chapter of the necessity of comparing this order with musical order. But in the case of Eva Marisaldi, it is not in the visual rhythm that is to be found the ring that truly represents the conjuncture of sound and sign. If this were so, then the "decorations" of the early years of the Nineties would reverberate with their own graphic rhythm, but instead they are silent, and we must turn to the recent work *Analfabeta* to understand how it is that those zigzags and flourishes are silent. In the middle is the negation of the time of reading, in other words, the negation of the internal resonance of the sign. It will become more clear what is meant by the negation of the time of reading if it is considered that the graphic art of the Orient expressed in the carpet (an object present more than once in the artistic itinerary of Eva Marisaldi) has a strong link with writing, but precisely in terms of negated writing. The utilization along the borders of the carpets of pseudo-Cufic characters, of inscriptions without meaning, determines the installation in the decoration of that silence of "illiterates" in which writing, the first simulacrum of reasoning thought, is deprived of its power of making noise. Thus it is a question of an absence of sound which passes right amongst the signs of interior resonance precisely with the purpose of reducing them to silence: it is a zero-state conquered by a process of subtraction. And the fact that these are the conceptual passages subtending these works, veiled by the lightness of the gauze and the dust from the pieces of chalk, is demonstrated to us by the successive decorations, in which the linotypes in printing lead are lined up upon the walls, in long rows of a's, of t's, of n's… This is why the sound exists but the sense is negated. An Oriental eye, accustomed to decorative writing, would presumably not even begin to read the borders of the carpets, but we Westerners, confronted with the linotypes that are symbols of the press and therefore of writing that is understood as an instrument of communication, cause those n's and those a's

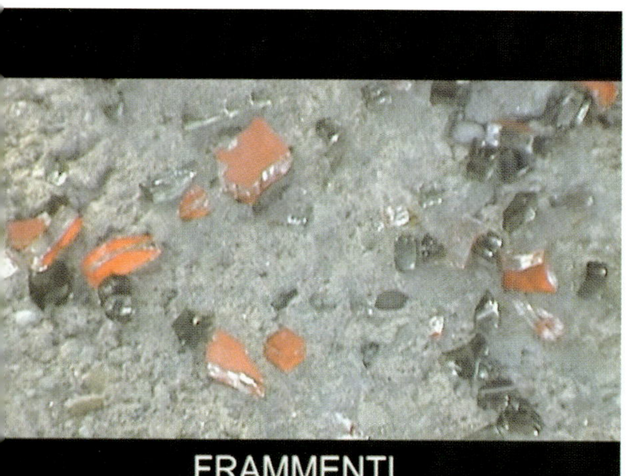

FRAMMENTI

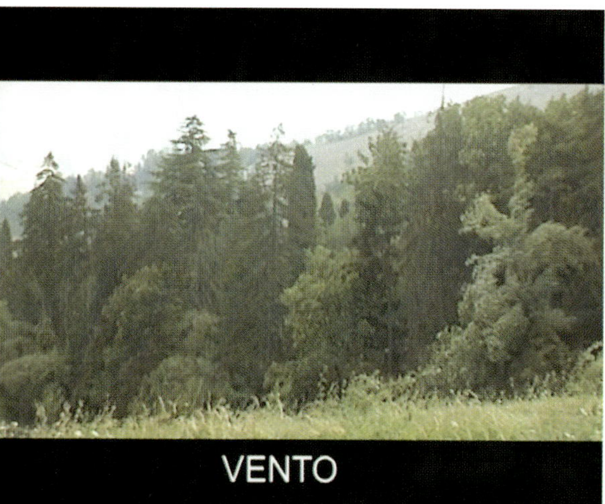

VENTO

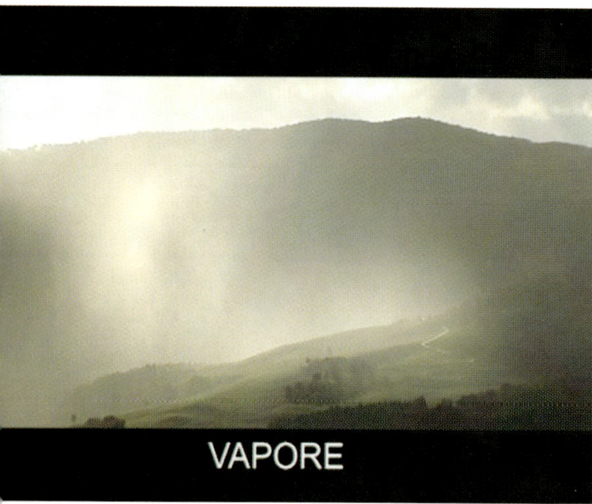

VAPORE

to resonate for an instant, and if it is not in the long line-words that we will find meaning, then we will attempt to seek it in the entire composition of the lines, and only afterwards will we submit to the evidence that letters are capable of simply serving to say nothing at all and of recounting silence.

If there exists, as we have said, a thought of the second element, the uproar around the uproar, then there also can exist a violation of the meaning of the second element. We find it in a work from 1990, *Senza titolo* ("Untitled"), composed of Olivetti alphabets, the radiating characters of several Olivetti typewriters. The subsiding of writing into silence passes from the negation of the legibility and interior resonance of the letters to the negation of the functionality of the machine as an instrument of writing. If it be added here that the fringe decoration of alphabets is visible only by means of a mirror which reflects the characters placed upon an old bracket, then the staging of the non-intelligibility of writing becomes almost as labyrinthine as its infinite echoes of meaning. And yet, also in this work, sound remains in all its flagrancy: the typical hammering of the characters upon the cylinder cannot be separated in our minds from the vision of even an utterly skeletal Olivetti, and the mirror remains under the threat of being shattered with a loud noise in face of the hysterical and rapid movement of a tiny hammer suddenly restored to its functioning.

A subtle sense of danger is not excluded for that matter from other works in the vicinity of these ones. The wallpaper made with repeated groupings of surgical basins hung upon the wall, or the same tweezers of the monotypes arranged in a row, take away from the ornamentation the fullness of a distensible character more typical of decorative production. To attain the zero-state of writing just as of visual art, to silence the perennial uproar of thought, does not necessarily mean to appease its meaning. Silence is not always the silence of peace, all the more if the route towards the essential is born of the disquiet at the heart of all chattering. This will perhaps explain the cruelty of a work such as *Senza titolo* ("Untitled"), consisting of eight knives and dating from 1993, with brief texts incised onto the steel blades of the eight knives which have been deprived of their handles. Certainly this work is included at the formal level in the vast production of texts incised upon aluminum, texts which in the colorlessness and chillness of the material have the same worth as the many designs in black and white, in other words they move once again towards the subdued, towards the minimal, in a process towards the essentiality of every form. They are equivalent to the A4 sheet with regard to which Eva says, "Less than that there is nothing." But at the same time, the violence of these blades makes it impossible to look at them without one's mind turning for a moment to Artaud, to his protest against the letter, in the dream of a graphic style that is not separate from the body: "As far as I was concerned, the problem was not to find out what might manage to worm its way into the structures of written language, but into the web of my living soul. By which words entered like knives in lasting carnation…" Antedating the work with the knives by only a year is *Controfigure* ("Counter-Figures"), where Eva Marisaldi portrays herself in dislocatable puppets in wood which break into pieces upon being touched and thereby reveal their own skeletons made of razor blades. Writing will then return to the cutting function one year later in *Corano sottolineato* ("Underlined Koran"), 1994, where the underlined sentences are clipped out. "Sometimes paper cuts," says Eva Marisaldi with respect to this work.

The wallpaper and the decorative language reemerge in an exhibition from 1995, *Il corso tace* ("The Course is Silent"), where the wallpaper is decorated with the impressions left by a tennis ball that was thrown against the wall. We make mention of this because of the clear presence of a sound, only the visual trace of which remains but which is at the same

time so overbearing as to disallow that the sign grows ultimately and utterly mute. This work
was flanked by a room in which some molded shapes of animals were covered by shrouds,
like the furniture in houses that have been abandoned for a long time. The white shrouds
cover the evidence of the molded figures, bring to silence the symbolical and allegorical
meanings of each covered animal, but the shapes are extremely precise and also, for
whoever desires to do so, identifiable — a horse, some deer, some stags, a parrot. The
extreme specificity of this zoo and the infinite iconographical references which are possible
cause the white shrouds, as in other works the powder, in others the moss, in still others the
subtlety of the pencil-stroke, to be constant negations of a presence of meaning, but of a
starkly delineated meaning, of a nucleus of signification that remains beneath everything,
like sound, lulled but not annulled.

Silence, emptiness, powder and gauze all represent possible forms of the veil of Maya,
which presides over the possibility of a thought which would not be an investigation of truth
but rather a dwelling place of mystery, a reminder of the impossibility of understanding.

Close to the decorations and wallpapers, there take shape a series of "carpets" that follow
Cervello. In 1991 Eva realizes three: *Tappeto rosso* ("Red Carpet"), *Tappeto con puzzle*
("Carpet with Puzzle"), *Tappeto bianco* ("White Carpet"). The first one continues the close
relationship between decorations and writing instruments: there is a large ink pad suffused
with the color red. The second presents an ornamental design made with pieces of a puzzle.
The public was able to recompose sections of the puzzle by fitting pieces together and taking
them away upon leaving. The link with the tradition of the Oriental carpet becomes clear in
the reference to the carpet of Mohammed, which was to be divided upon his death and
distributed among his closest followers. The work is directly inspired by a narrative of Pietro
Citati, *La primavera di Cosroe* ("The Spring of Cosroe"), a text which is a literary
reconstruction of the tale of the Persian prince Cosroe II, who had commanded a carpet to
be woven as large as the floor of the throne room, intertwined with precious stones and
subdivided into rectangles in conformance to the model of the carpet-garden furrowed by
the geometrical courses of rivers, an image of the lost golden age. The spring of Cosroe was
a perennially flowering garden, conceived so as to warm the throne room during the cold
winter days. His fate was to be dismembered into rectangular pieces at the end of the
dynasty, which happened shortly after the death of Cosroe at the hands of his son. Such is
the tale which inspired Eva, but it is difficult to imagine something more distant from the
cold and sharp light of this carpet of gems than the intentional poverty of the carpets
realized by her, marked as are all her works by the desire to remain hushed and subtle. This
can be well understood in *Tappeto grigio*, realized two years later and displayed in the
exhibition *Una ragazza materiale* ("A Material Girl") from 1993. The *Tappeto grigio* is
composed of tatters colored by floors, by wear and tear, in the irregular gray of dust. And
this can basically recall the *abrash*, an effect that is typical of natural tincture which leaves
zones of color with varying intensity and which, far from being considered a sign of
imperfection, as would be logical according to the culture of Western manufacturing, serves
as proof of the genuineness and authenticity of the work. This represents a further aspect in
full harmony with the poetics of imperfection present in the work of Eva Marisaldi.

Once when she was flipping through old notebooks full of annotations, short phrases and
quotations that had been snatched (*soufflées*) here and there from overheard conversations
or from films and books, Eva said to me, "Listen to this: 'It is not the perfect and fully
completed things which encourage, satisfy and give energy.' I really believe that." This
would perhaps be a fitting title for an essay dedicated to her entire oeuvre, or it could
perhaps serve as the title for this essay if it had not been imperative to review the diverse

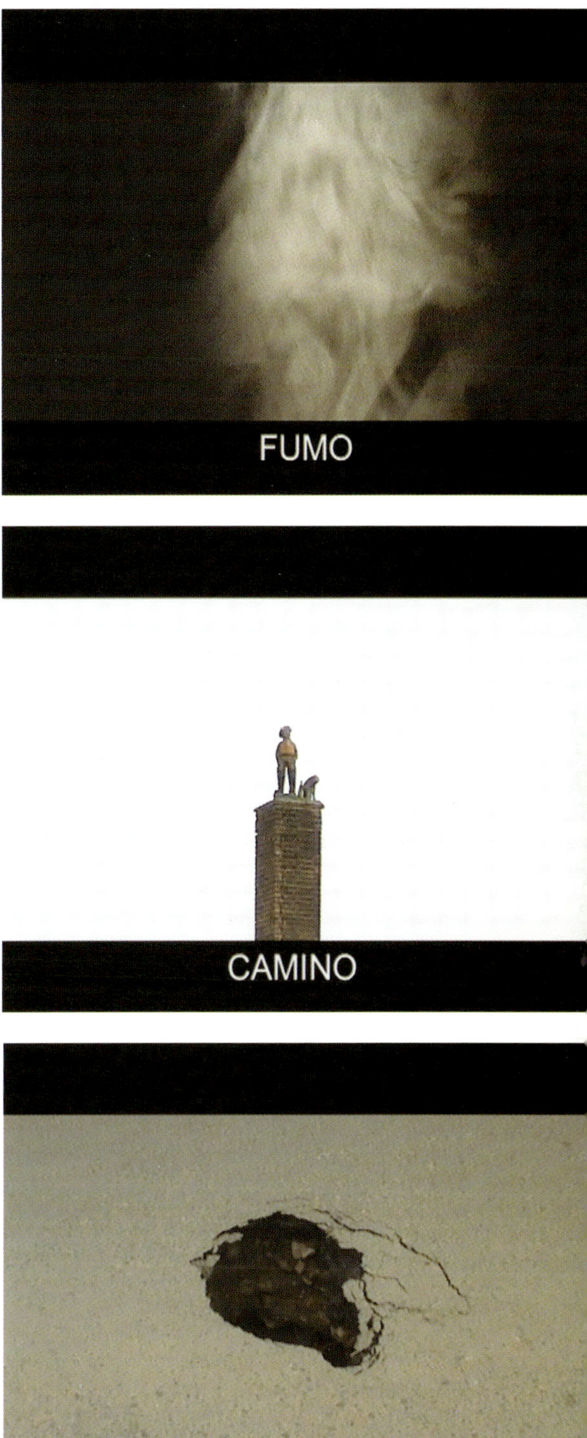

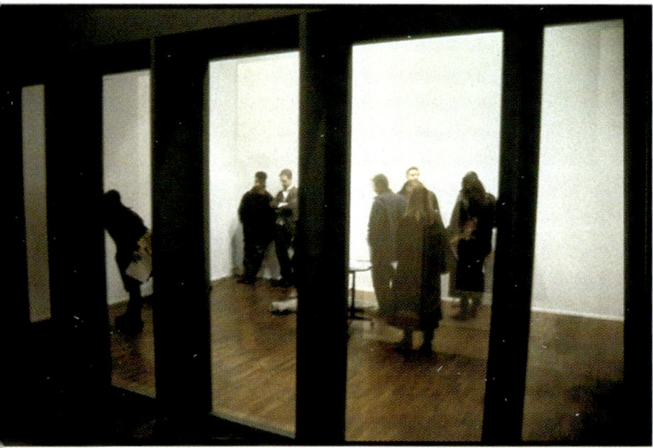

works in search of the emergence of sound, of silence and of the oral nature of thought. With the gray carpet it is not only the powder that determines the "subtone," reducing to its minimum terms the process of tincturing, but also the decision to display it rolled up "out of shame" – as Eva says. A rolled-up carpet is a closed-off thought. Every carpet signifies the extension of a territory; Cosroe's carpet symbolized the entire space of the cosmos. If it is a territory, the carpet is a mental territory where passage is equivalent to thought. It is perhaps because of its value as spiritual space that Robert Musil, when describing in *The Man Without Qualities* an encounter in one and the same room of all the greatest geniuses of an era, a situation quite close to a "tempest of brains," to which the title of this exhibition is related, has recourse to the image of the carpet:
"Each and every one of the men gathered at Diotima's that night was a vessel of the whole, and that was a lot all at once. […] Countless remembered experiences, myriads of criss-crossing vibrations of the spirit, were gathered in these heads, which were stuck like a carpet weaver's needles in a carpet extending without seams or edges all around them in every direction and somewhere, at some random place, creating a pattern that seemed to repeat itself elsewhere but was actually a little different."

During the same period as the carpets, Eva realizes a video, *Territorio* ("Territory") from 1992, taking up the movements of the watchpersons in a museum. The diverse trajectories of their pathways and the locations of their pausings form fields of mental energy that teem with the hubbub of their thoughts. The approaching and receding of their areas of influence, divided room by room, portrays a spatial tension which anticipates the contrast of the brains which is present in our exhibition in Turin, in the form of encounters between fields of influence. The final two installations of *Tempesta* are contained in close succession in the same expositional space. In this joint presence, contrasts are amplified and turbulent fields of action intersect each other. A guitar enters into resonance with its own amplifier and creates whistling feedback as an image of the infinite echoing of thought which thinks itself, and as an apotheosis of the deafening impossibility of ascertaining meaning or ceasing the search for it, while two polishing machines are engaged in battle within the restricted space of a square. Just as in a car crash, they move without direction or discernment.

The image of the carpet returns in 1997 with the creation of several carpets made of powder, upon the occasion of the exhibition in Bologna entitled *Molte domande non hanno una risposta* ("Many Questions do not have an Answer"). The carpets were conceived as a reaction to the question: Baby? Eva Marisaldi traces out the presence of a desire in the glitter of the colored sands arranged upon the ground in bands of abstract landscapes.
We ask ourselves whether this work might not represent a place of continuity between, on the one hand, the presence of the powder and of the pieces of chalk in the works which have already been described and which are directly linked, by means of the decorative elements, to cultures of orality and silence and, on the other hand, to the succeeding works in which the powder becomes an autonomous expressive element with respect to the decoration but in which it seems able to mark out the permanence of such cultures of silence, of orality and of annulled writing.
The sand carpets are fundamentally gardens, just as are Persian rugs; this is true especially if it is permitted to bring them to touch upon the aesthetics of Zen gardens, where the fine gravel is *written* and at the same time *mute*. Once again the sign retains the sense and with it the sound. In *The Empire of Signs* already cited, Barthes publishes a photograph of a Zen garden with his own annotation upon it: "Jardin Zen: nulle fleur, nul pas; où est l'homme?

Dans le transport des rochers, dans la trace du râteau, dans le travail de l'écriture".

And this *écriture*, this writing in powder and fine gravel, is designed to allure us. It would be possible to discern in the work of Eva Marisaldi an even more intimate link between powder and written words as well as spoken ones. This is nothing more than a suggestion, but one that is hard to let go of. The work which could serve as a point of departure for establishing this connection goes back to 1992. It presents masks of white paper, like those used in laboratories or ambulances, upon which are written short phrases. It is as if the words pronounced while the mask was upon the face had remained entrapped in the paper tissue, as if they were formed out of powder and vapor of a sort which could not pass through the filter but which were constrained to remain entrapped and obliged to be silent, to be extinguished within the trace — and indeed powder, in many works of Eva Marisaldi, represents a trace, a residue, the silent remainder of a thought.

Citati recounts that opposite Cosroe, in the throne room, whoever entered was required to wear a pure white handkerchief across his mouth, like the one which keeps the priests from desecrating the sacred fire through their breath. Once again from contemporary literature there comes another suggestion full of possible references to the principal themes of the *Tempesta*. It is Jeanette Winterson who offers it to us with such clarity that it seems worthwhile to quote directly the excerpt from *Sexing the Cherry*:

"To escape from the weight of the world, I leave my body where it is, in conversation or at dinner, and walk through a series of winding streets to a house standing back from the road. The streets are lit and the distance from one side to the other no more than the span of my arms. The stone crumbles, the cobbles are uneven. The people who throng the streets shout at each other, their voices rising from the mass of heads and floating upwards towards the church spires and the great copper bells that clang at the end of the day. Their words, rising up, form a thick cloud over the city, which every so often must be thoroughly cleansed of too much language. Men and women in balloons fly up from the main square and, armed with mops and scrubbing brushes, do battle with the canopy of words trapped under the sun.

The words resist erasure. The oldest and most stubborn form a thick crust of chattering rage. Cleaners have been bitten by words still quarrelling, and in one famous lawsuit a woman whose mop had been eaten and whose hand was badly mauled by a vicious row sought to bring the original antagonists to court. The men responsible made their defence on the grounds that the words no longer belonged to them. Years had passed. Was it their fault if the city had failed to deal with its overheads? The judge ruled against the plaintiff but ordered the city to buy her a new mop. She was not satisfied, and was later found lining the chimneys of her accused with vitriol.

I once accompanied a cleaner in a balloon and was amazed to hear, as the sights of the city dropped away, a faint murmuring like bees. The murmuring grew louder and louder till it sounded like the clamouring of birds, then like the deafening noise of schoolchildren let out for the holidays. She pointed with her mop. I saw a vibrating mass of many colours appear before us. We could no longer speak to each other and be heard."

"Where is humanity?" Barthes asks himself in front of a Zen garden. "Where are the persons?" asks the raven of the enigmatic week in an animated video of Eva Marisaldi, *Il Corvo* ("The Raven") from 1998. A video in black and white, one would say, but with a definition of diffuse and powdery gray, without polished blacks and whites. The enigma of the raven, searching for humans in a silent and deserted city, ends among the clouds, in the Milanese mist. At the base of the *Pirellone*, a substitute symbol for the *Duomo*, there appear men riding upon large brooms of millet, and higher up, the scene of the dustmen from

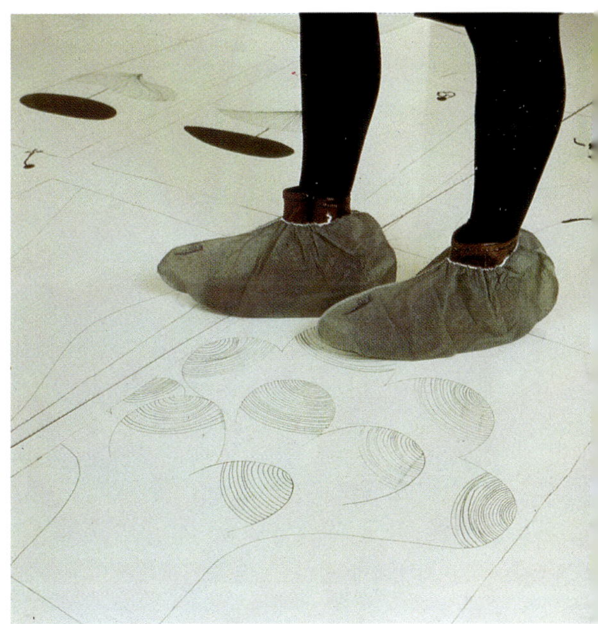

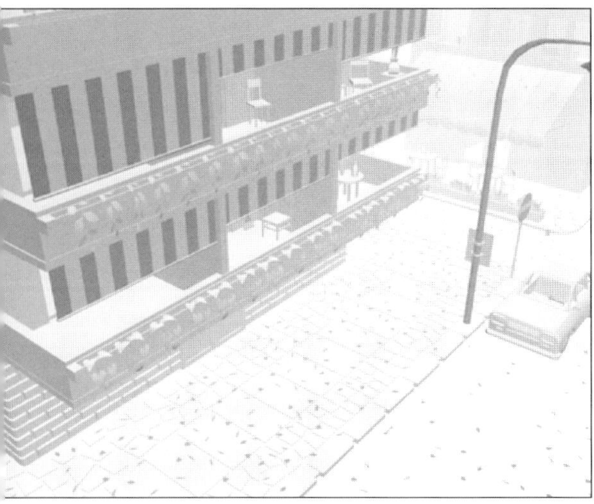

Miracle in Milan by Vittorio de Sica repeats itself in the fog, transported from the gray cobblestones of the Milanese plaza to the gray smoke of the mantle which enfolds the metropolis. The flight from the heaviness of a world consisting of objects in *Il Corvo* and the flight towards the heavens in the company of the word-cleaners recounted by Winterson evince surprising analogies.

The dust of thoughts, the residues of words resonating in absolute interiority, are the two "eye sockets" of volatile graphite placed upon the wooden easy chair of *Altro ieri* ("Another Yesterday"), an installation from 1993.

Powder of glass and clay is what flows upon the paper river of *Minima arteria* ("Minimal Artery"), an installation from 1995, accompanied by a soundtrack that scratches and screeches as much as the glass powder, a chorus of embarrassed smiles in view of the difficulty of attributing meaning to what is exhibited, a chorus in which Eva Marisaldi joins as part of the group, as a subject who declares a situation where intelligibility is lacking.

Minima arteria is a work in which the presence of sound coincides with the presence of a soundtrack, but the prelude to such an introduction is again to be made out in the preceding works. A work representing a connection between the suppressed sound (of the carpets and the decorations) and the grafting of the sonorous element into the work itself is probably *Udire* ("To Hear"), created shortly after the making of the carpets. Two little writing tables typical of university lecture halls and conference rooms, separated from the seats to which they are normally anchored, are displayed intertwined beside two pillars. Upon one is written *differire* ("To Defer"), and upon the other is written *polso vuoto* ("Empty Wrist"). The first term refers to the particular auditory concentration which arises when taking notes and by means of which, amid a mode of listening that is utterly involved in ardent transcription, one part of comprehension is postponed to the time of a subsequent reading. One writes while listening, but with no interior resonance with regard to the written words. *Polso vuoto* enunciates another type of emptying meaning which is typically Japanese and was mentioned by Barthes in the quotation of an extract of Philippe Sollers out of *Concerning Materialism* from 1969, an extract to which Eva Marisaldi makes precise reference in this work. The *polso vuoto* is that state of concentration which the drawers of ideograms are supposed to strive after in order to attain perfection. The hand must grant free flow to the tip of the feather and allow the ink to flow onto the sheet of paper in a single stroke issuing from the hollow wrist of the designer, who becomes an image of the void of the vertical columns where the ideograms will proceed to flow from the top towards the bottom.

Hearing is also a cardinal element of another work displayed along with *Udire*, namely *Scatole da imballaggio* ("Packing Boxes"). For this work, Eva chose a series of short texts and sentences which she carried about with her inside the "assembly box." During the exhibition the public could approach the box and engage in a brief dialogue with the artist. After some exchange of remarks, Eva could decide to read to her interlocutor some of the sentences which she had brought according to their appropriateness to the ongoing exchange of words.

The exhibition featuring *Udire* and *Ascolto* ("To Listen") also included *Changing Bags*, in which writing was for the first time carried out in the present as a place of meaning's being expressed and not of its drifting into drowsiness. In contrast to the clear two-dimensionality of the carpet and the wallpaper where writing flattens itself into a dumb sign, in *Changing Bags* the closed interiority of a bag functions as an interior mental environment, as a second brain in which the expression of resonance is allowed. The public was invited to take a seat and to stick its hands into the bag, to grab hold of a pen and to write down their particular thoughts in a notebook. Thus a direct passage was tried out from one closed space, the mind, to another closed space, the bag. The element of vision lacking in this act of writing attenuated the process of rationalization inherent to the transcription of one's own thoughts. Springing over the objective space linked to the sense of vision, it was easier for the hand in the dark to have the courage to more faithfully create an echo of the vibrations of thought. In the already mentioned exhibition *Una ragazza materiale* there was a video with the name *Vicino* ("Neighbor") in which a man, in unbroken solitude, passes through the deserted outskirts of a city, always carrying with him a turned-on transistor radio, a sort of objective alter ego of the individual's own "interior radio transmission," an image quite close to a more melancholy one in the film *Midnight Cowboy*, where the protagonist takes a trip from Texas to New York accompanied by the uninterrupted chatter of the radio which he refuses to let go of even during his walks upon the streets of New York as he tries to earn money as a prostitute. The structure of the entire exhibition represents experimentation concerning the substitution of oral for visual information. At the entrance of the exhibition, an inscription gives notice that the space is divided into two different areas. The public is invited to visit only one part of the exhibition and to have other visitors tell about the other part or simply to give up knowing what is in the other part. The experiment was born of the recognition that when something is recounted to us, or when we fashion an idea of it on the basis of fragmentary information gathered while walking about, we put together in our minds an idea concerning the fact or the object not directly known that is often greater, increased as it were by the void through which we must join together the dispersed traces that are available to us. The mental image of a thing maintains the grandeur which arises from the subjective aspect, where the acts of completing and defining have not already intervened to carry out their process of redimensioning. *Una ragazza materiale* is an attempt to convert an exposition space into a mental space, returning the work to the creative process of its formation.

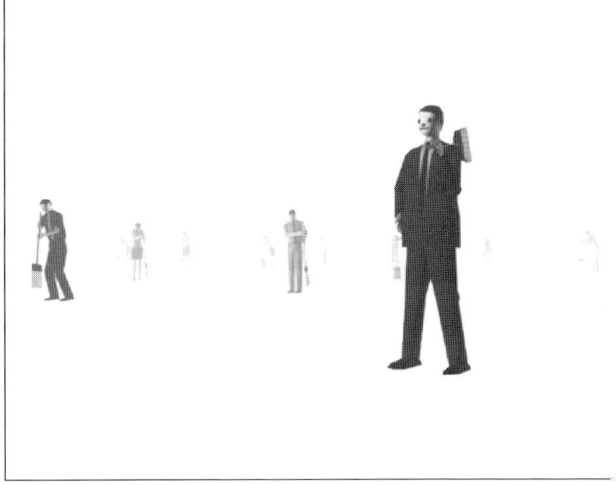

Estate ("Summer") from 1994 is a work in which a recorded soundtrack makes its first appearance, to be listened to by means of the headphones of a Walkman attached to a wall beneath a little roof of rosemary. What may be heard is an alienating song, the obsessive and continuous yelling of a man heard through a wall. After the talking of Eva shut up in a packaging box, it is not surprising that the first thing recorded is the sound of an interior song, so intimate and idiomatic that it is only possible to seize it through the filter of a wall, without which that dimension of amplified interiority which solitude imparts to thought, right up to the limits of the room, would inevitably come to be broken and the song would quiet itself, returning to take refuge in the closed space of the mind. This closing, however, is not necessarily unity; speaking loudly represents the splitting up of thought which is at work in writing, the risk of the stratification of meaning.

"In soliloquy as in dialogue, to speak means to hear oneself," writes Derrida, again in *Writing and Difference*. "From the moment that I am heard, from the moment that I hear myself, the 'I' which hears *itself*, which hears *me*, becomes the 'I' which speaks and takes up the word, without ever taking it away, from the one who believes himself to be speaking and to be heard by his name." Right in that same year there is a performance realized in a bookshop in Trent in which, on successive days, a man constructs within the public space of the bookshop a private mental space built up little by little, just as in India it is not rare to see a house being built where, to a wooden board resting upon the ground, there are added with the passage of time some vertical supports, some horizontal ones, a light roof, and so forth.

A sense for the decorative element and an explicit recalling of Oriental art characterize one

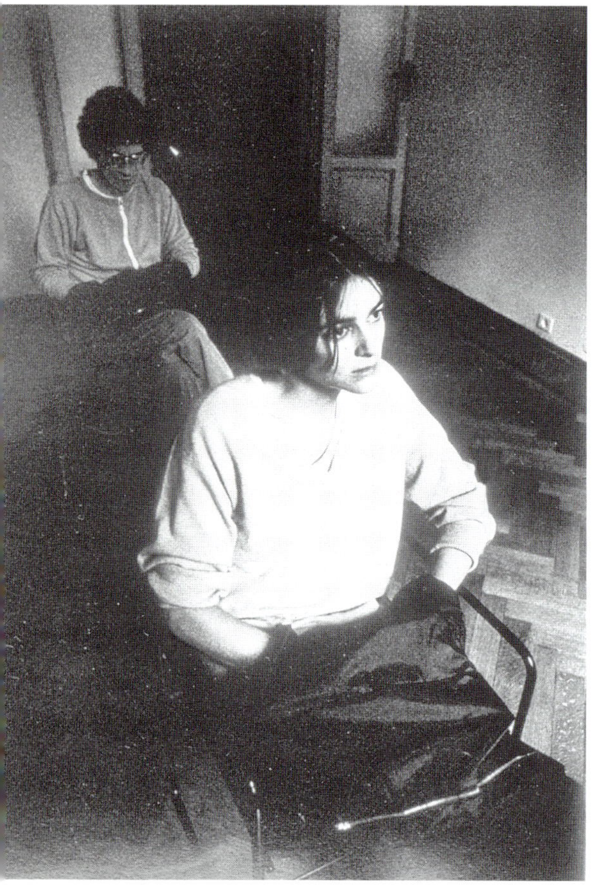

of the most beautiful works with sound that Eva Marisaldi has ever produced. *Wanderer*, from 1996, is an installation composed of a curtain embroidered in a perfect Japanese style. The white design upon a black background outlines a classic landscape in which in utter solitude a man traverses a countryside stirred by rivers, moving towards the distant peaks of some mountains that are separated from the rest of the design by means of an empty space in which is represented fog or clouds. There are not intermediate passages between the first and second planes. The mountaintops are exposed, as if by a sudden swell of wind. There are not spatial levels that are intermediate and measurable, in contrast to what is prescribed by Western rules of perspective. Everything occurs upon one single plane. The void serves to catalyze the attention to focus upon various parts of the design whose distribution in the space, however is emotional rather than geometrical, so that the emergent parts of the mountains acquire great relevance precisely by means of the void, the interruption and incompleteness of the sign. In Japanese figurative art the void – thus writes Gian Carlo Calza in *Japanese Style* – functions as a harmonic sounding-box for the images and is transmitted by the instrument of clouds or fog which for us, in contrast, would only be an element of the picture.

Thus there is a return of the relationship between design and sound which emerged in the first decorative works, but to this is added in *Wanderer* actual sound reproduced by two speakers placed beside the embroidered curtain. The soundtrack, with an apparent illusionistic function, resembles the sounds of a pond, croaking and aquatic noises, whereas in fact it is nothing other than the quintessence of that voice which coincides with the body itself and which does not know the separation of writing as much as that of the resonance of its own words themselves. It is in fact a recording of the gurgling of a stomach, of a subsequent negation of language as a significatory locale, the ironic inversion of a ventriloquist's performance.

In 1996 Eva creates another work with sound, *Una ragazza senza un gioiello* ("A Girl without a Jewel"), consisting of two large photographs in which are reproduced and enlarged two parts of a surface covered with powder and flanked by audio headphones with a recording of the sound of wind among the steel rigging of a sailboat. The powder recalls the color of sand, or perhaps it is in fact sand. The sound of the steel rigging leads us, on the contrary, to the concluding sentences of the text *Giovani Uomini* which Eva wrote for the exhibition *Film* around which are ideally arranged a series of works entitled *Giovani Uomini* ("Young Men") and *Uomini al lavoro* ("Men at work") which are among the most beautiful of all the works of Eva Marisaldi:

"The young man comes back with a radio. Turned off.

One of the others gets up. He says: – Ready to go?

Now they are out of sight.

A vision along the pier where are moored sailboats which we do not see. All that may be heard is the noise of the wind among the metallic rigging of the boats."

Tempesta has as its point of departure, not a sonorous work, but rather the silent essentiality of the drawings upon A4 sheets of paper, where white and empty spaces function as a reverberation of the concentration of thought and of its contrasts enclosed within the black lines. Nonetheless, the mental space does not remain confined to the walls. The molded, three-dimensional shape of a carp, covered with geometrical-ornamental motifs, introduces us through immersion into the world of thought. Wishing to play with the symbols, we can recognize one of the ornamental motifs of Japanese culture here. A carp which passes over a gate with a single leap is an image of attained immortality, or we can

48 Veduta della mostra / Exhibition view *Changing Bag*, 1992
49 *Vicino*, 1993

relate it to the fish that swims within an oneiric space swirling in perpetual tempest, like the fish with two eyes on the same side in *Arizona Dream* by Emir Kusturica, whose sudden apparitions outside of a normal context come to remind us that that which we are seeing is a mental space, a flowing expanse of dreams and not a contrivedly realistic illusion. This immersion in the oneiric element leads us to a room of incubi where a cloth puppet stretched out upon a little cot sleeps in an Egyptian position in order to drive away the evil spirits that whir about in the form of sounds from organic nature, menacing like unknown insects. From the more profound interior of an Egyptian chapel lost among the labyrinths of an architectural geometry, a passage is made to the panic exterior of a forest, the scene for a video in which the rock rhythms of a set of drums from offscreen accompany the frenetic movement of the white lights of a concert, while in a close-up shot a stick suspended in the void dips and twirls.

In the final room, past the two installations of the guitar and the clashing encounter of the polishing machines, of which mention has already been made, Eva Marisaldi presents a curious work: a fireplace in the form of the head of a cat in whose mouth, gaping in an irreverent yawn, is lodged the empty space of the chimney. This seems to be an ironical and domesticated version of the medieval representations of the Apocalypse where fire issued from the gaping gullet of a lion-gorgon. Out of the depths of the flue emerges a mewing voice that hums fragments of songs while listening to a Walkman. It is the case here of a strange type of mental concentration. We are not immersed in the interiority of a sound, but instead we witness the excrescences, at once unexpected and comical, of an interiorized music that is "suggested" and "stolen." The fireplace as a domestic site engendering soporific thoughts in front of the fire is clearly present in our cultural tradition, not to mention the sooty philosophical smoke that willingly wastes away from the heat of the fire. It is easy to think of the sedentary vivacity of the protagonist of *Me and My Fireplace* by Melville, charged with protecting the venerable hearth in the company of his pipe, immersed in a cloud of soot where there fly about together the remains of wood, the remains of tobacco and the remains of his thoughts. But in front of the flame of the fireplace is created the intensity neither of reflection nor of struggles and contrasts. Instead a torpor settles in not far removed from the tenor of some of Eva's preceding works (let us recall here *Progetto Torpore* ("Project Torpor"), with exercise books of drawings that are supposed to be completed on the themes of Sunday atmosphere and free time). However centrally the cat is associated with this particular form of the drowsiness of the senses, it seems clear upon further consideration that this image represents only one aspect of the vast literature concerning this animal. Let us conclude by simply recalling a passage of Pietro Citati from his *Profile of a Cat*:

"The domestic cat, that amiable attendant spirit which protects our houses, hides itself beneath our furniture and, brushing past our hands, knows a most profound boredom. […] But no one, I believe, not even the great splenetics and romantics of literature, consumed with ennui down to the depths of their very organisms, were ever so utterly bored. […] Look at a cat after it has slept. You will immediately recognize that while asleep it has traversed vast and dense stretches of boredom, that it has lived, inhabited, penetrated ennui, and that it has allowed itself to be penetrated by it, as the ocean assents to be dwelt upon during a long circumnavigation of the world."

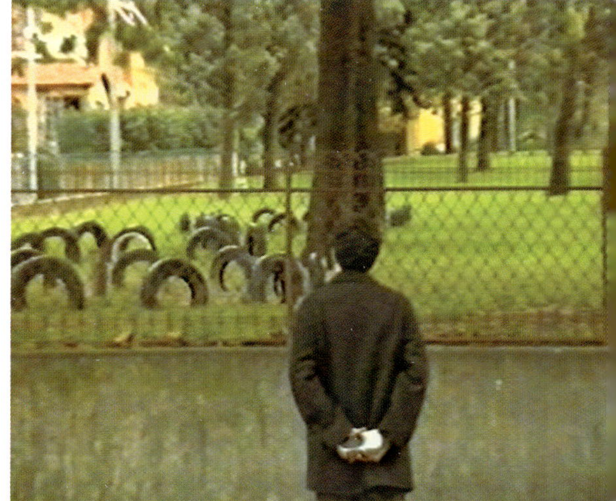

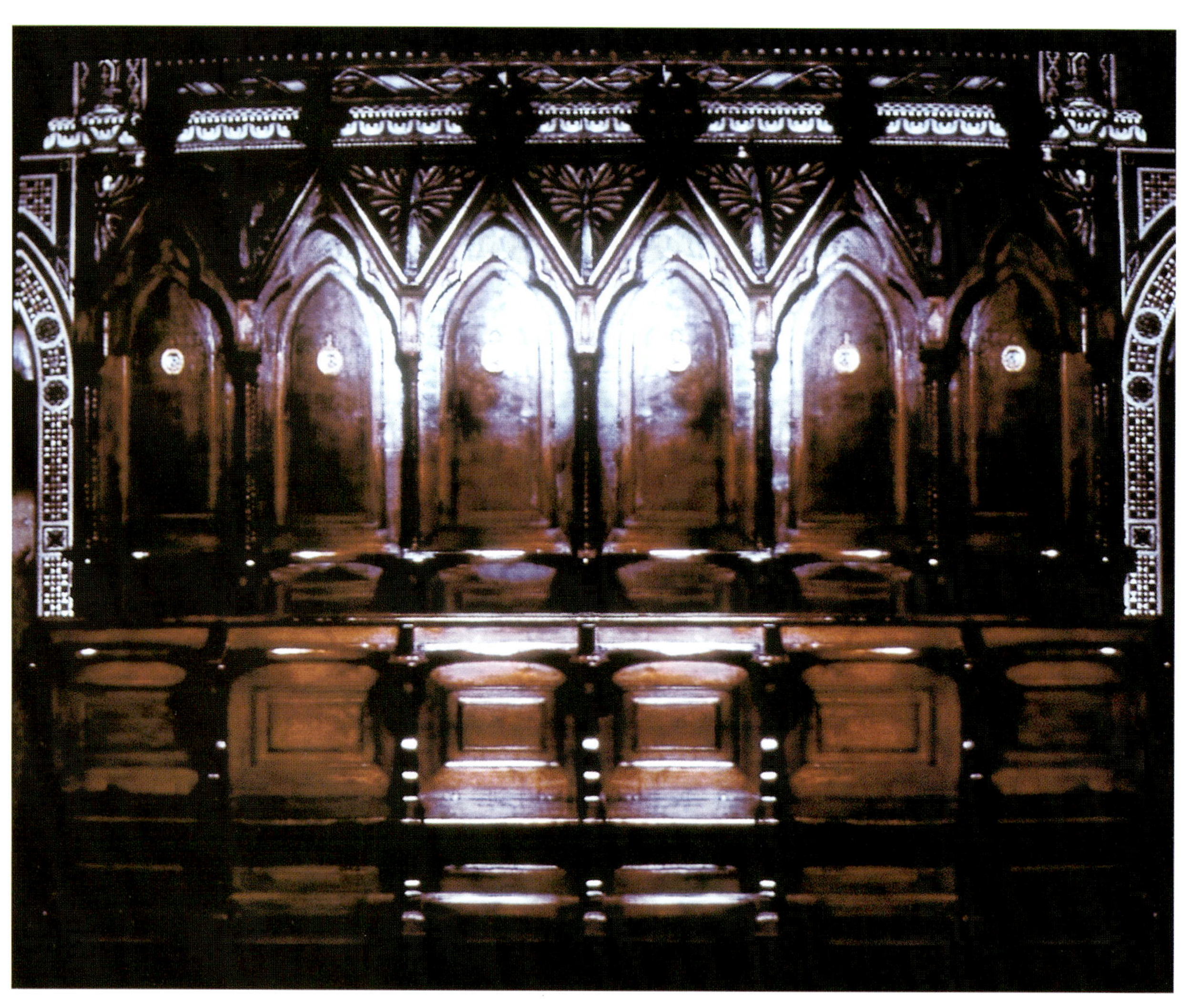

50 *Per esempio 1*, 1994
51 *Per esempio 2*, 1994

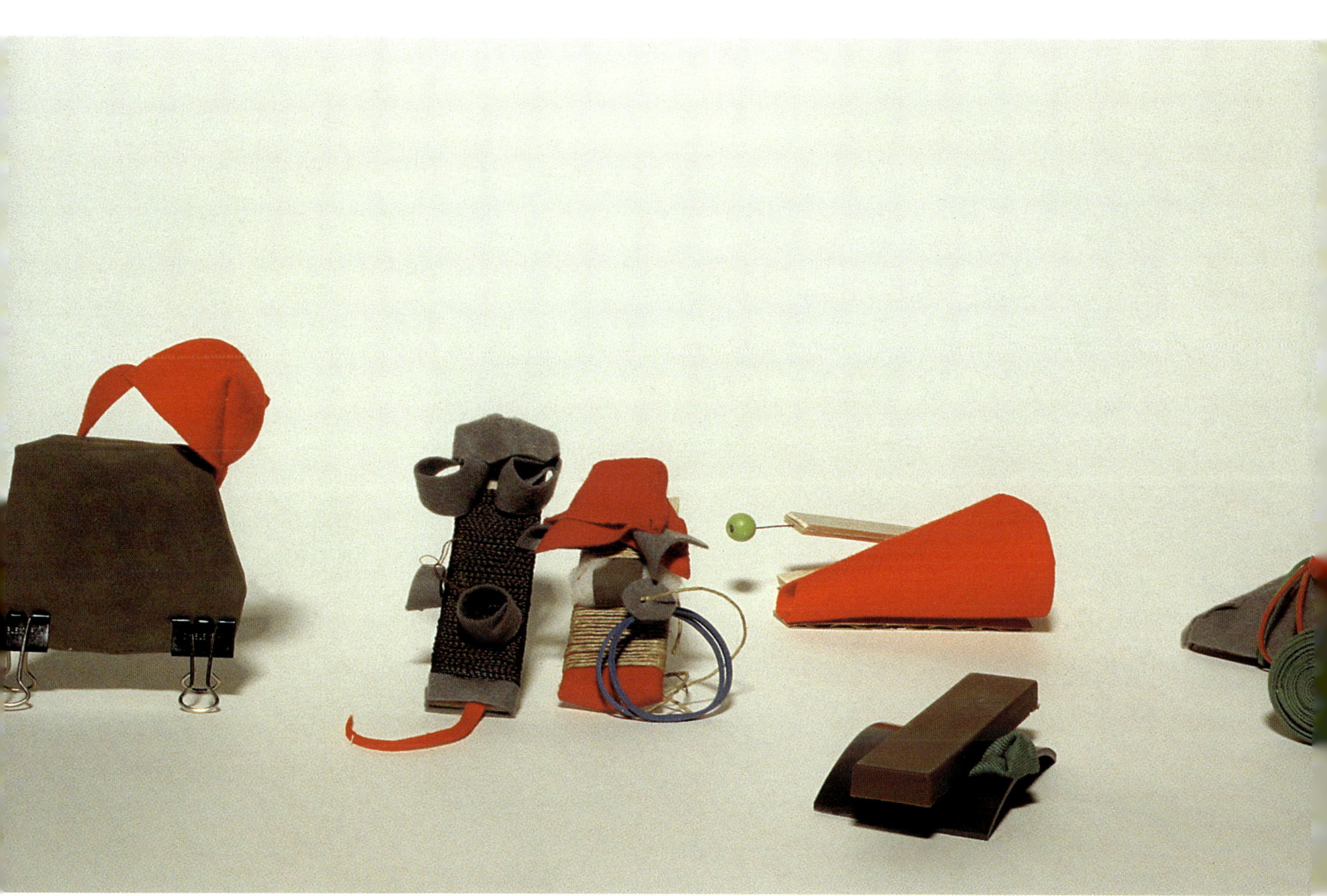

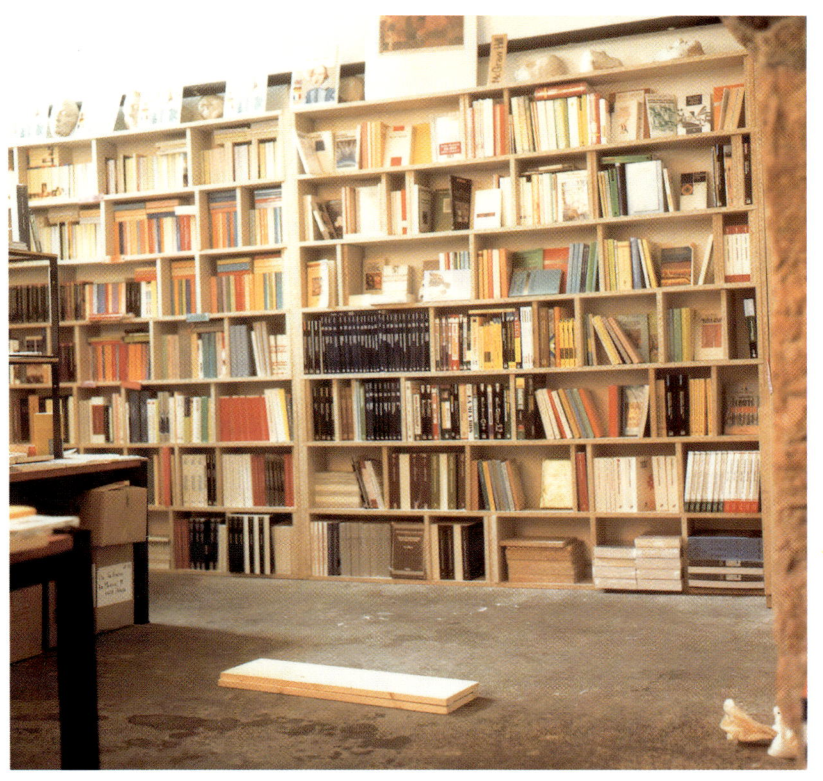

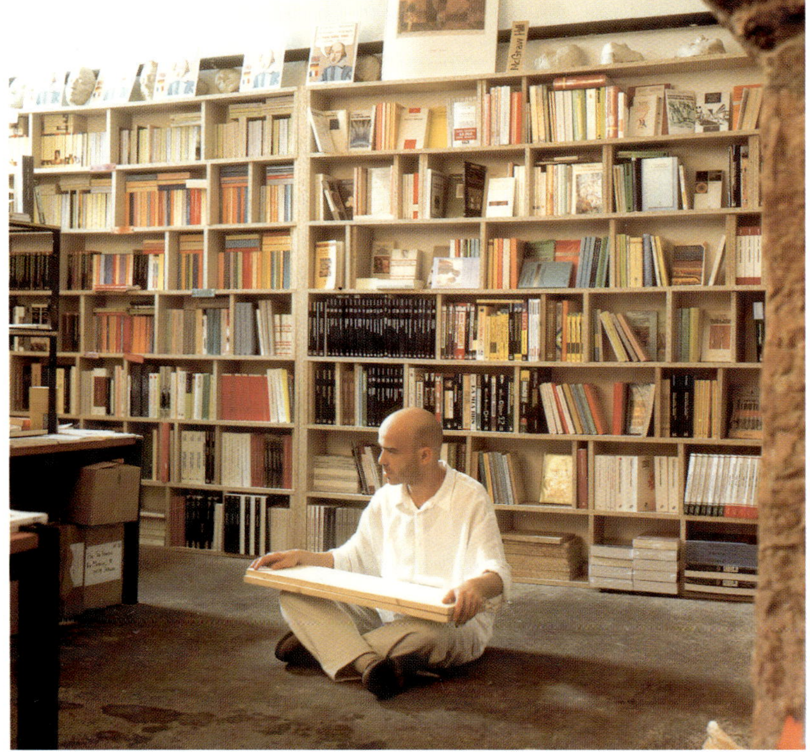

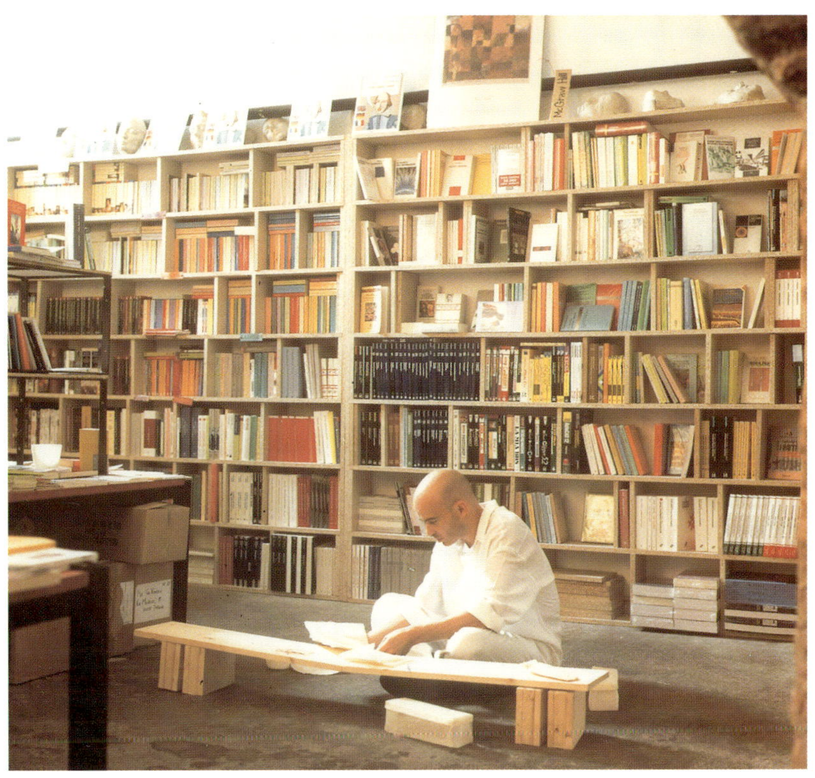

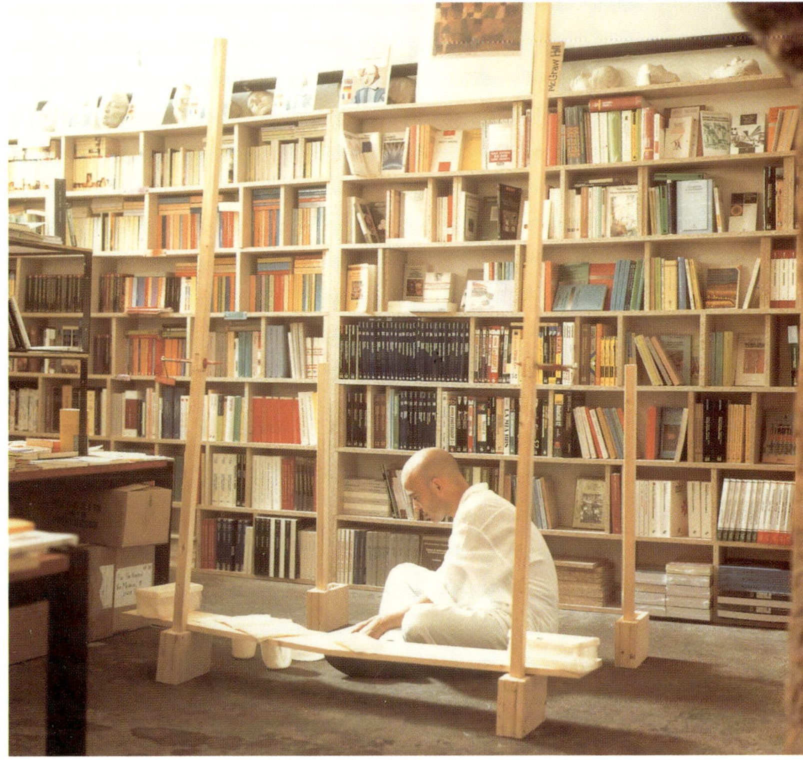

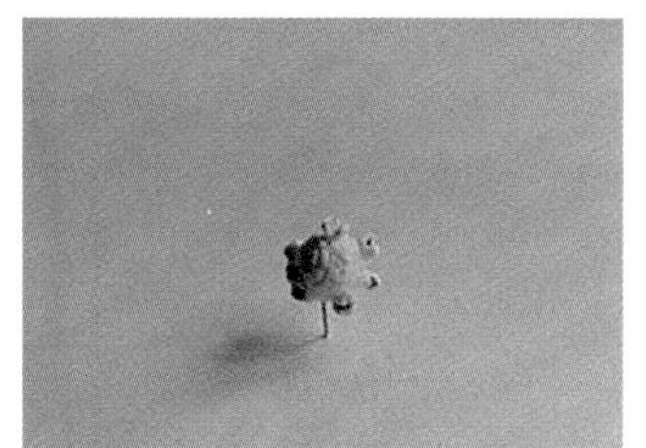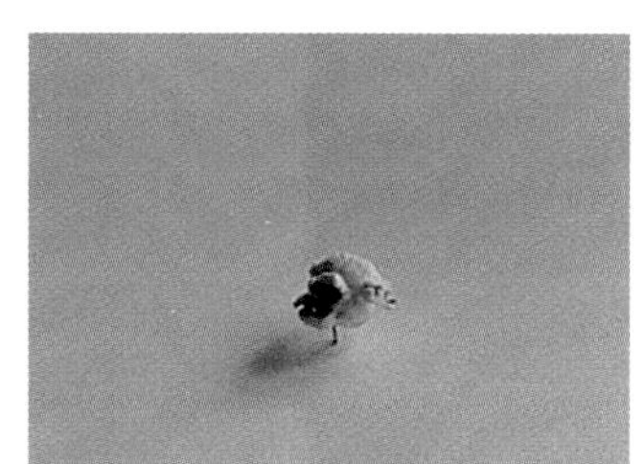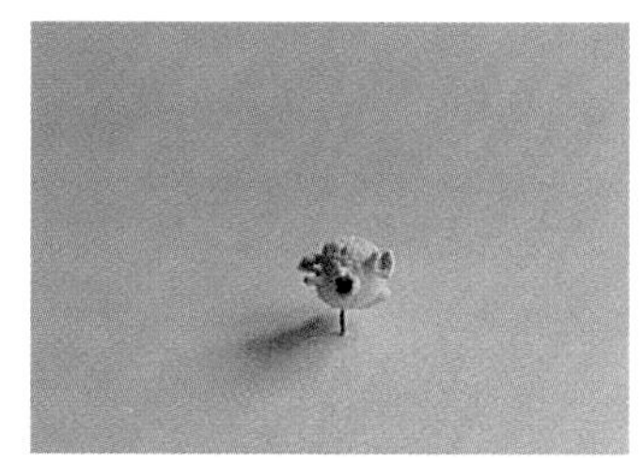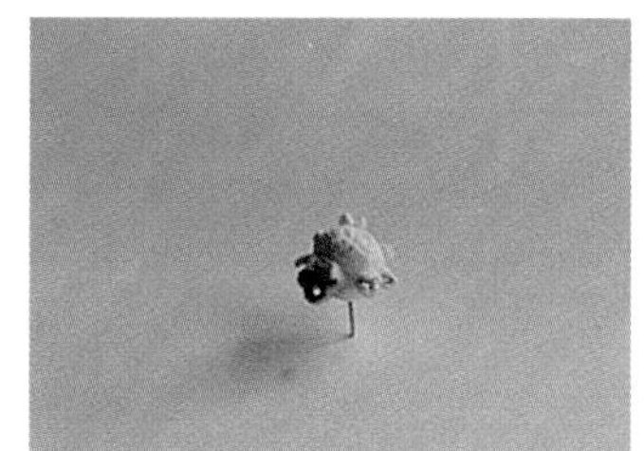

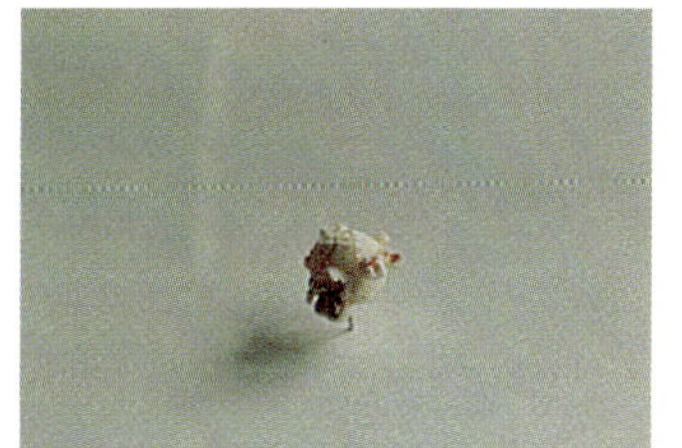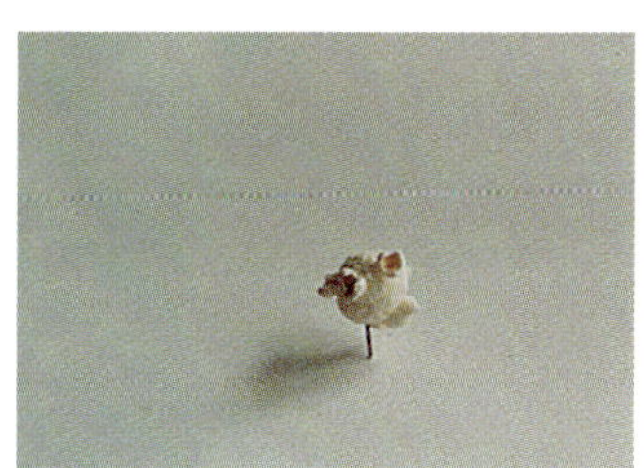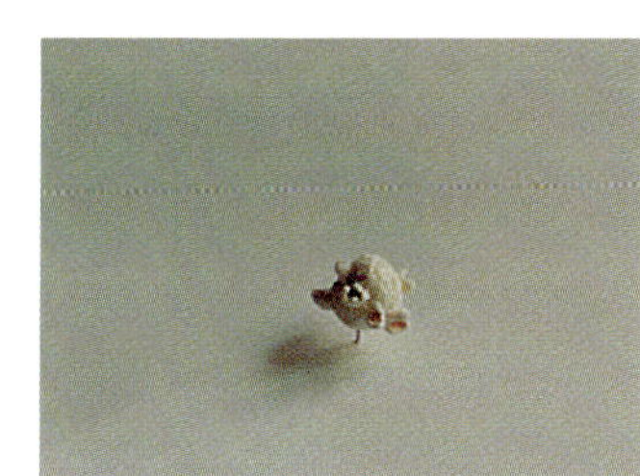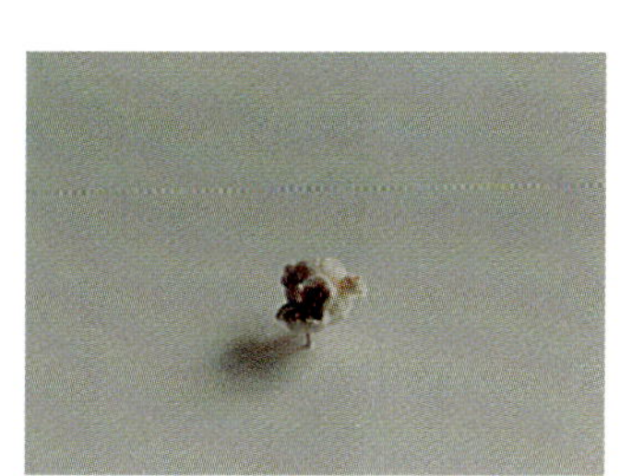

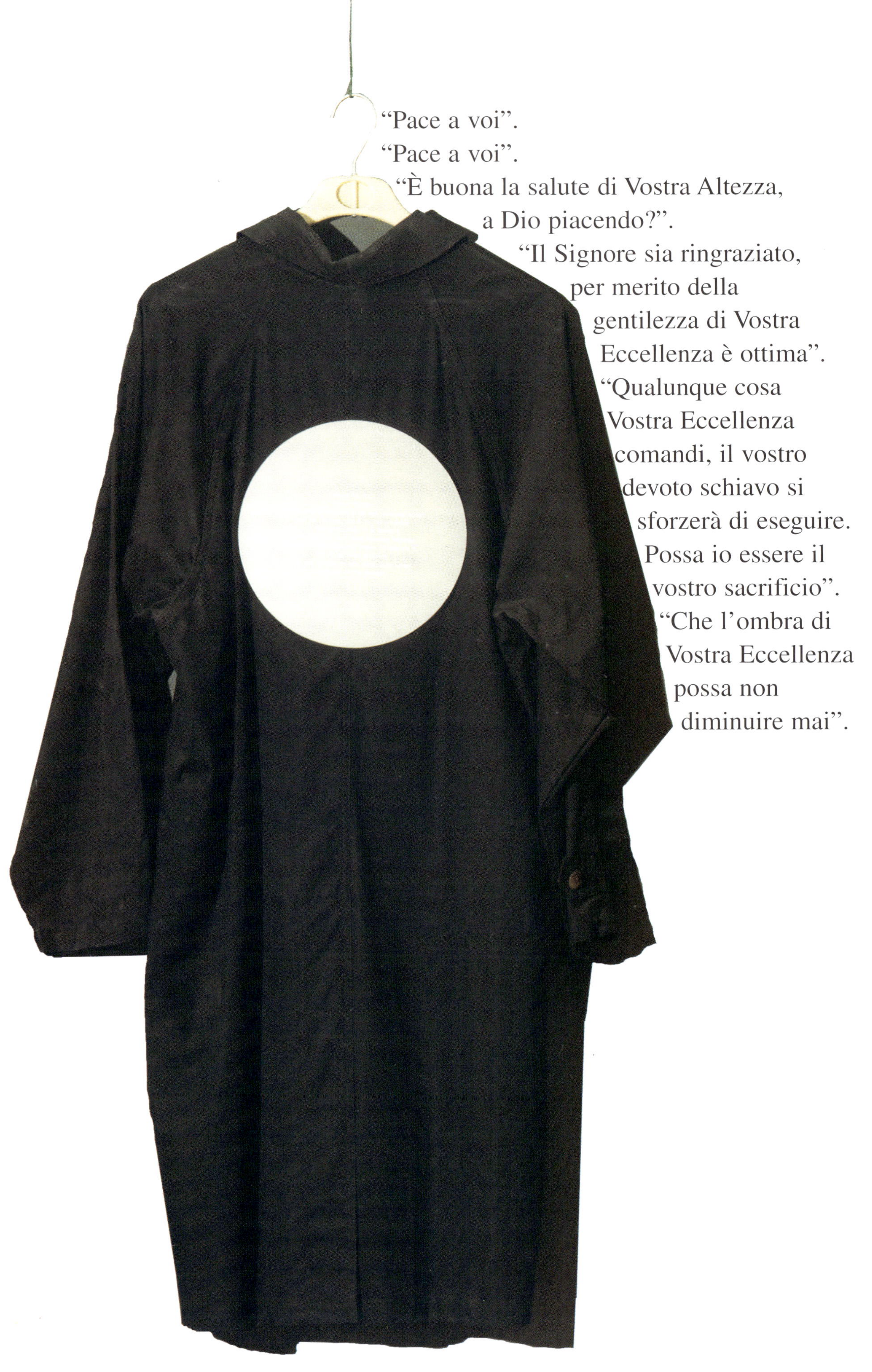

"Pace a voi".

"Pace a voi".

"È buona la salute di Vostra Altezza,
a Dio piacendo?".

"Il Signore sia ringraziato,
per merito della
gentilezza di Vostra
Eccellenza è ottima".

"Qualunque cosa
Vostra Eccellenza
comandi, il vostro
devoto schiavo si
sforzerà di eseguire.
Possa io essere il
vostro sacrificio".

"Che l'ombra di
Vostra Eccellenza
possa non
diminuire mai".

Giovani Uomini

Eva Marisaldi, 1994

Se la vista del mare vi turba, significa che non vi siete ancora concentrati a sufficienza sugli allenamenti.
Yukio Mishima

Un camion procede lungo una strada bianca, perde alcuni sassi di ghiaia. Una grande insenatura sul mare, sotto c'è la spiaggia sgombra.
Solo alcuni cumuli di alghe secche. Il mare grigio, non c'è il sole, non è estate e nemmeno inverno. C'è un forte vento. Arriva un'auto, ne
scendono quattro giovani uomini. Passano accanto ad un vecchio furgone Volkswagen. Sul cruscotto ci sono due teste di capra come trofei.
Lontani e piccoli sono scesi alla spiaggia. Da vicino vediamo il loro modo di fare i passi nella sabbia. Hanno qualcosa di militare. Tre si
siedono. Nessuno parla. Mai.

Io non ho compreso gli ultimi tre anni.
Il mare davanti.

> C'è il vento   anche in questo caso   siedo scomodo su una trave di ferro   ho un'idea di
> cattiveria della natura   fischi   dondolio di una rete di metallo   umidità   è estate   ma fa
> freddo. Sopra una collina   dall'alto   dove mi trovo   comincio a mettere a fuoco. Due cani
> bastardi   uno bianco piccolo con il pelo sottile che vola ed un altro nero grande con le
> orecchie a punta   infreddoliti cercano riparo l'uno con l'altro. Si muovono un poco restando
> sdraiati   aprono la bocca   si danno colpetti col muso. C'è foschia e poca luce.
>
> Vedo più apertamente il pascolo con i ciuffi d'erba e mi chiedo se i cani non siano erba.
> Anche nella semioscurità ho un'impressione di colore beige dato dall'erba secca. Ricordo di
> averla pestata verde   piacevolmente fresca la sera prima. Un colle spelacchiato   tornando
> ai cani mi sembrano più credibilmente un grande uccello grigio   non ne vedo il capo. Lo
> immagino nascosto in una cavità del terreno. Sono sicuro   che sia un volatile   forse una
> specie di grande rapace. Ha le zampe grosse   nodose. Come posso avere visto dei cani
> prima? Dolore agli occhi. Riguardo sono i cani di prima   si muovono. Sta facendo giorno
> ma è ancora buio   la luce è importante perché si tratta soprattutto di un effetto visivo   una
> immaginazione però. Più volte vedo i due soggetti   confondendomi e risolvendomi per l'uno
> e per l'altro. Entrambi si muovono per illudermi maggiormente. Cani   uccello   cani. Male
> agli occhi. Una stanchezza infinita. Con il sole si rivelano pietre.

Una gamba addormentata mi scuote.
Uno dei giovani uomini respira più profondamente.
Il mare davanti.

Come si indicano gli odori nei film?

> Un sentiero   terra nera ai lati   ciclamini   una borsa buttata   specchietti retrovisori   un
> comune gruppo di alberi. Odore di matite temperate. Un tavolo in una cucina   io e mio
> fratello. Guardo la tazza   il latte   spazi   vedo due capelli.
> — Che schifo   guarda.
> — Cosa? Lui non li vede. Non ci sono. Ma io li vedo ancora. E lui no.

Sempre questo giovane uomo si sposta sulla sabbia, cambia assetto.
Nei sentimenti umani sono estremista.

> Un atrio di sala cinematografica anni sessanta ancora pretenzioso. Vicino un negozio di
> giocattoli. Una giornata umida. Attraverso la strada. Faccio una telefonata di lavoro. Arrivo
> in una via coperta sopra da chiome d'alberi a grandi foglie. Cammino dritto   eseguo gli
> ordini   sono spedito isolato. È un funerale privato   un dispiacere indicibile. Una svolta. Non
> è morto nessuno. Eppure sì. Nella carta per la sopravvivenza consigliano di non tornare
> indietro per la stessa strada. Non stavo tornando. Non è possibile.

Fa freddo, ma non importa.

> Mi vedo seduto al cinema   al buio. Un cinema confortevole. Una freccia nella schiena   un
> balzo in avanti. È stata una contrazione muscolare o il pensiero di qualcuno?

Guardo le suole di corda gonfie. Le palline verdi pungigliose vegetali attaccate alle scarpe e ai pantaloni. Mare. Desiderio di far male   non a qualcuno genericamente al posto di un altro. Rifiuto di provare queste emozioni. Eliminare il problema.

Il mare. La sabbia non è asciutta in profondità, non vola, il ragazzo costruisce un riparo.

Tappezzeria, invisibilità, condizione buona.

Ci sono certi giorni che sembrano fatti per lavorare.

Un'idea di Germania, anche qui.

Un amico di un amico passeggia accanto a me è uno scrittore. Io non ho ancora letto niente scritto da lui.

– Faccio una vita da pensionato   vado al cinema di pomeriggio. Mi dice. Non ho più avuto modo di parlargli dopo averlo conosciuto. Quando posso anche io vado al cinema di pomeriggio.

Mare.

Sono vuoto.

Il quarto giovane uomo torna, si allaccia, si chiude, si copre. È camminando che fa queste operazioni, gli altri lo guardano. Uno degli altri lo vede scacciare con le braccia lente qualcosa. Involontari movimenti coreografici. Insetti invisibili che comunque non ci sono.

Un bambino nella vasca   un bagno bollente uscito e avvolto nel telo caldo   sviene.

Forse potrebbe piacermi una dipendenza, ma non da sostanze eccitanti. Il ritorno dall'anestesia, un dolce alibi per non partecipare alla vita della stanza. Per un po'. Gli stivali di tela.

Lo stesso bambino sfoglia le pagine dell'enciclopedia dell'arte per indugiare sulle riproduzioni dove compaiono corpi nudi.

Quando dico – non importa, non ha importanza – a volte è vero, ma non sempre. Così mi guido verso quello che ci si aspetta da me.

Un brano di documentario scientifico sul letargo di alcuni mammiferi.

Questo giovane uomo si toglie le scarpe e si massaggia i piedi ancora nelle calze.

Un altro giovane uomo vede muoversi pochi fili d'erba.

La sorella   al lavoro   nella stanza degli armadietti   insinua il braccio ed estrae una cosa per volta dalle borse delle colleghe. Osserva attraverso gli occhiali spessi. Sa che non lo deve fare   ma è più forte di lei. Si vedono i due fratelli fianco a fianco. La vedo poco distante   sulla spiaggia vicino a noi. Lei scherza e dialoga   con qualcuno   si vergogna   stringe gli occhi   ride sotto la sciarpa. Non c'è nessuno   ma per lei sì. Come altre volte. È molto reale   divertente.

Insistendo con lo sguardo sulle dune di sabbia se ne vede la lenta trasformazione nei colli verdi astratti del paesaggio fondale di "Piero". Questi devono essere come reali ma sintetici, ci si deve poter muovere intorno, attraverso. La superficie in certi punti può ricordare l'argilla durante la modellatura dei vasi al tornio. La vegetazione minuta è di muschio piumato. Ci sono cani addormentati. Camminando si ascoltano frasi pronunciate da una stessa voce, né maschile né femminile, ma umana.

– Ti accompagno?
– Non importa.
– No è lo stesso.
– Aspetta, parliamo ancora.
– Noooo…
– È una vita che avrei voluto incontrarla perché mi sputasse tre volte sulla spalla*
– Ma tu vuoi che resti?
– Non lo so.
– A cosa pensi?
– A niente.
– E poi bisogna sapere a chi si dicono certe cose.

Il giovane uomo torna con una radio. Spenta.

Uno degli altri si alza. Dice: – Andiamo?

Non si vedono più.

Una visione lungo il molo dove sono ormeggiate barche a vela che non vediamo. Si sente solo il rumore del vento tra i cavi metallici delle imbarcazioni.

*Tratto da *Un anno con 13 lune* di R. W. Fassbinder.

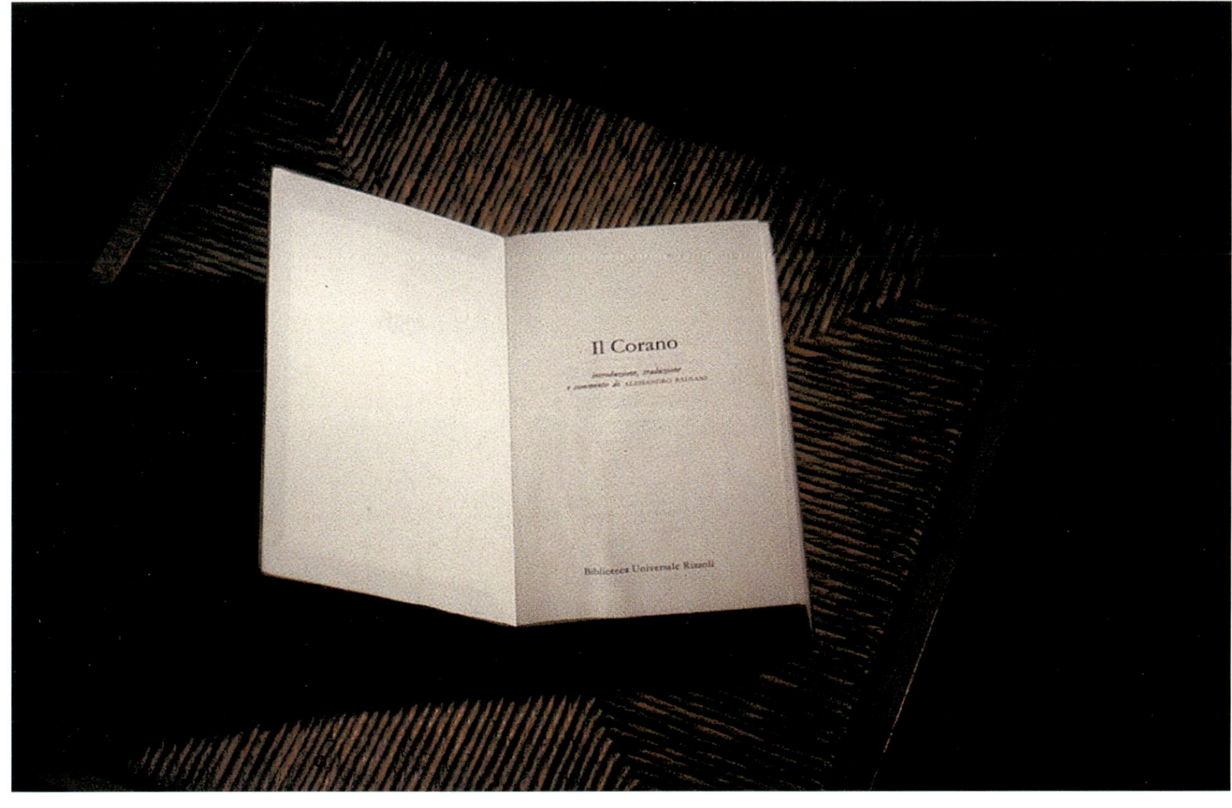

Il Corano
introduzione, traduzione
e commento di ALESSANDRO BAUSANI
Biblioteca Universale Rizzoli

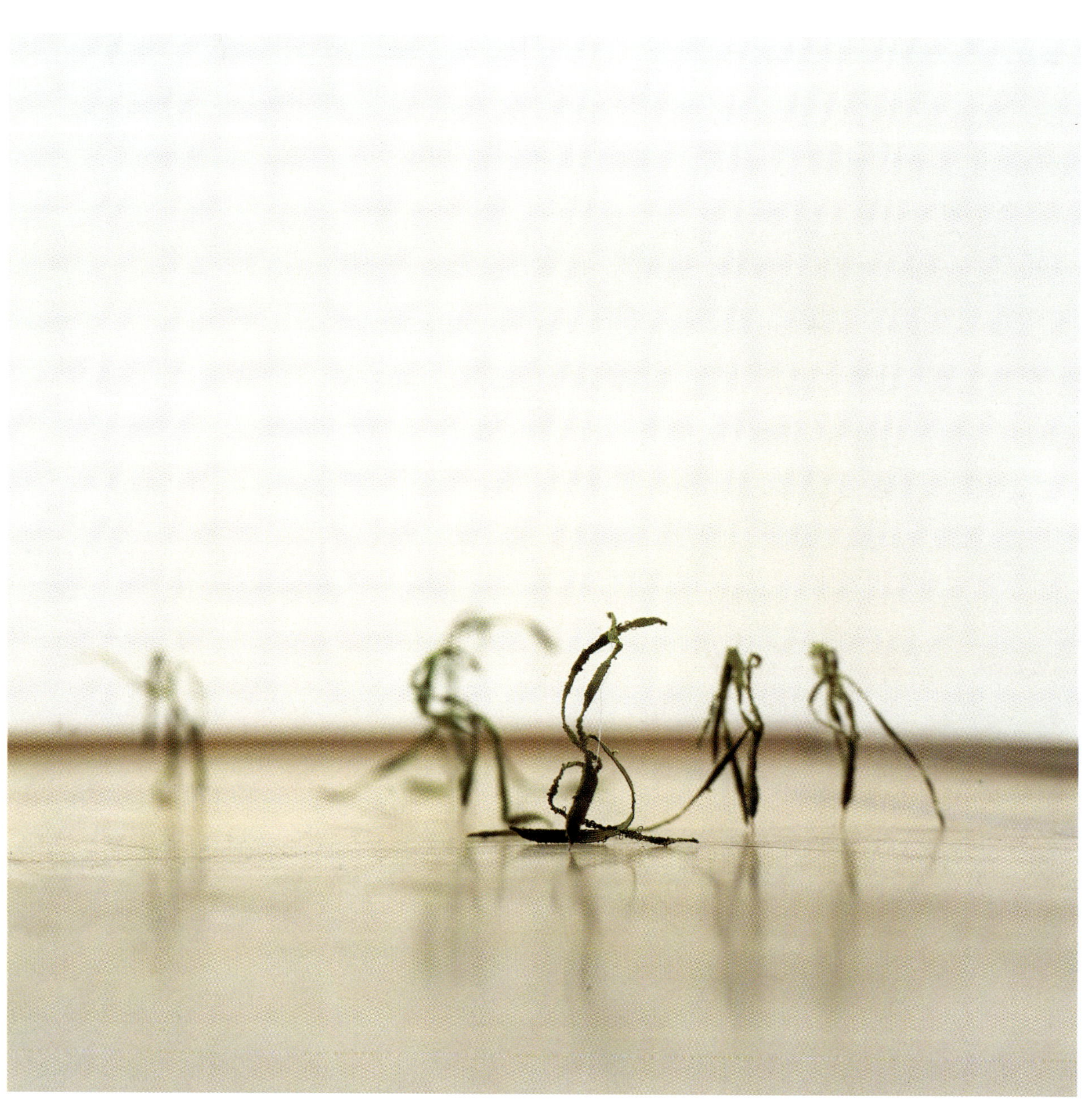

56 Vegetare, 1994
57 A un'ora, 1994

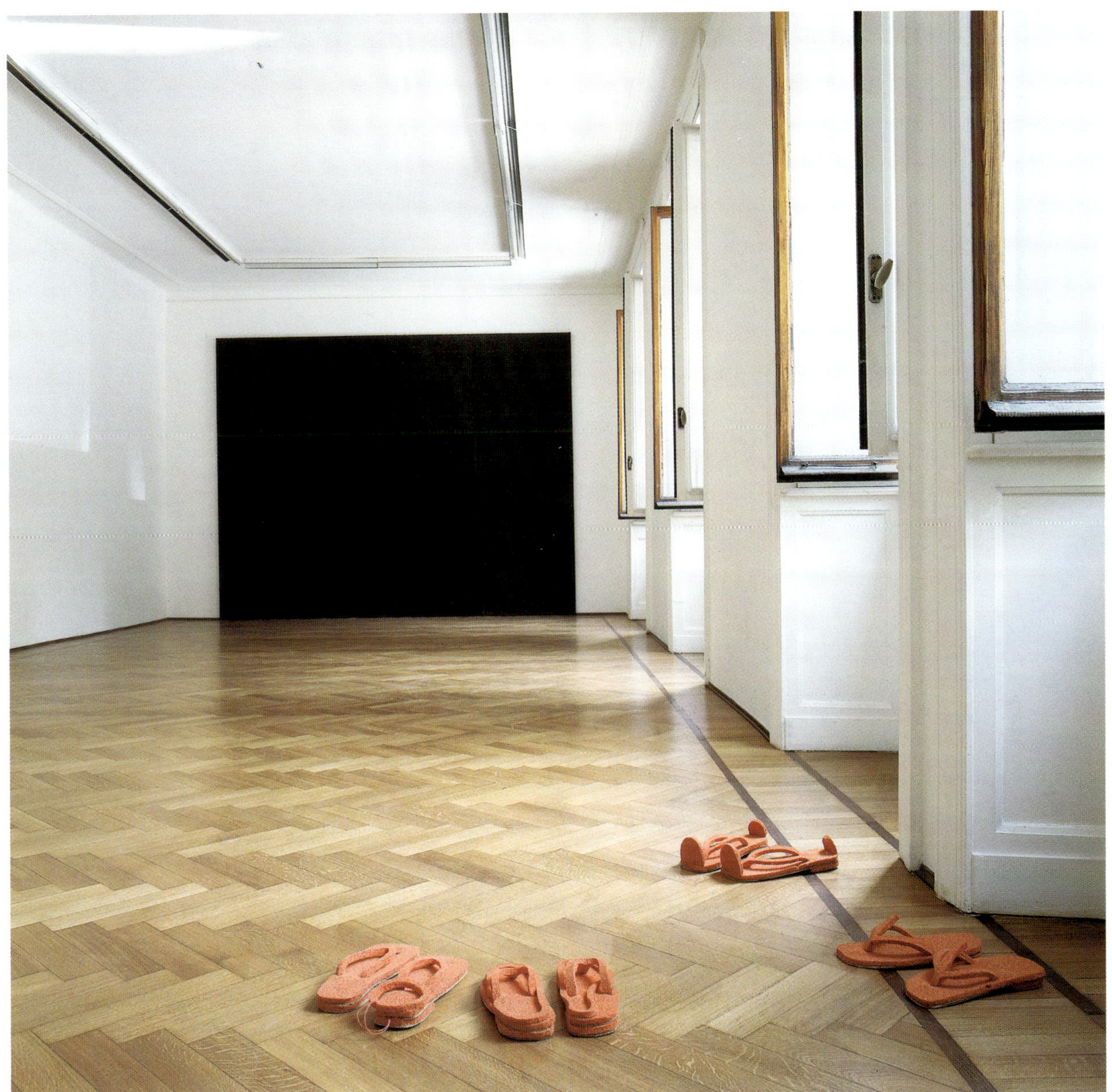

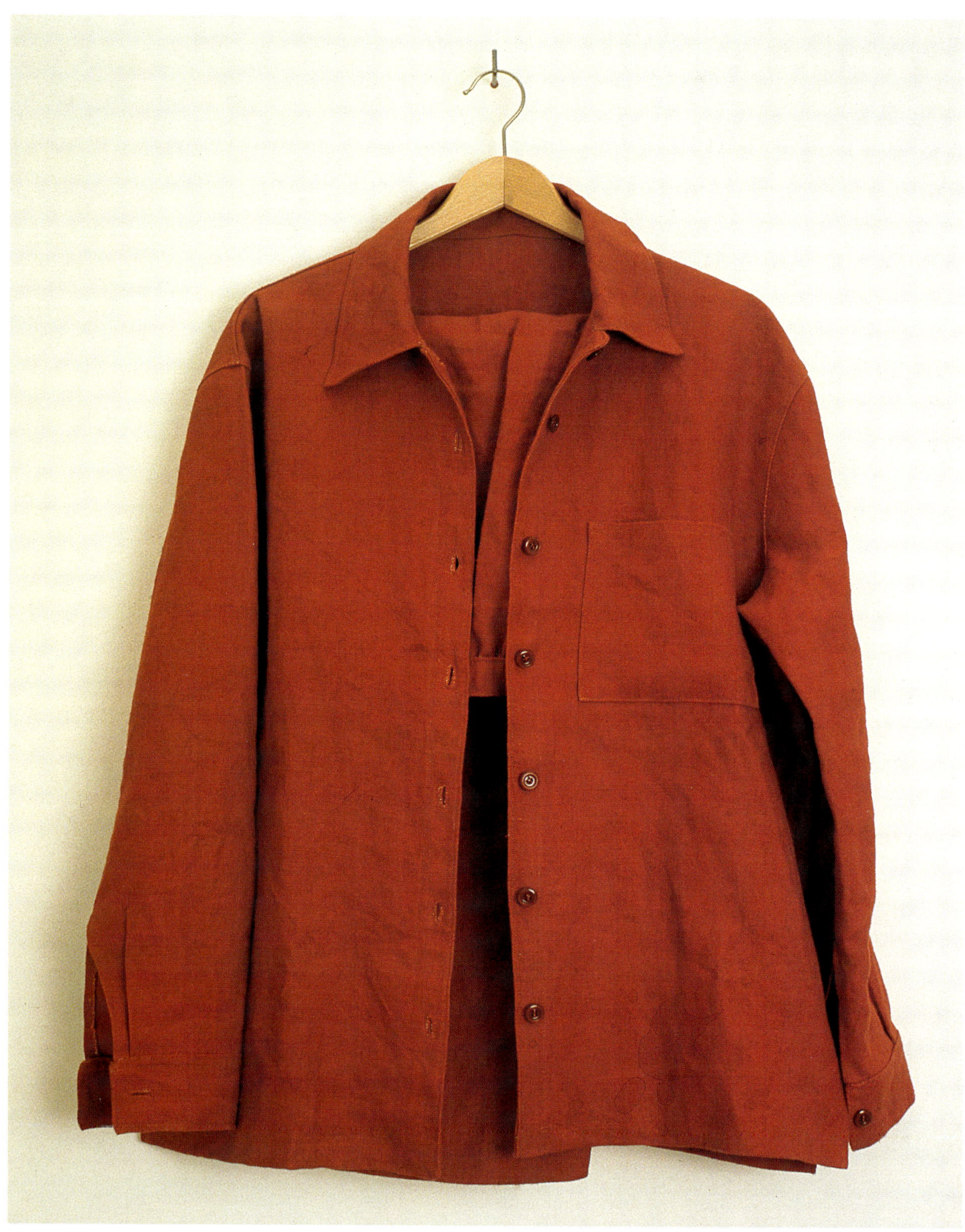

58 *Divisa,* 1994

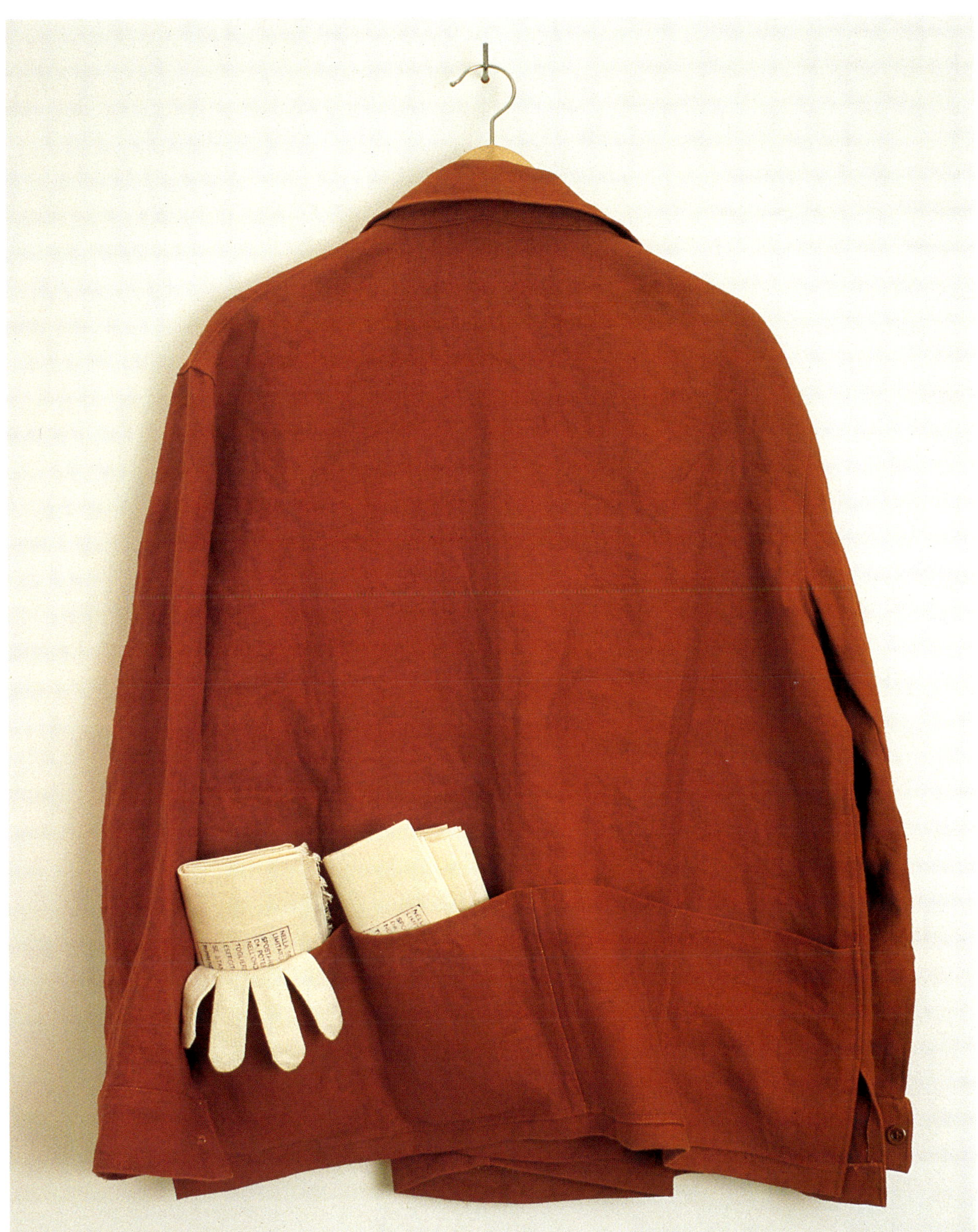

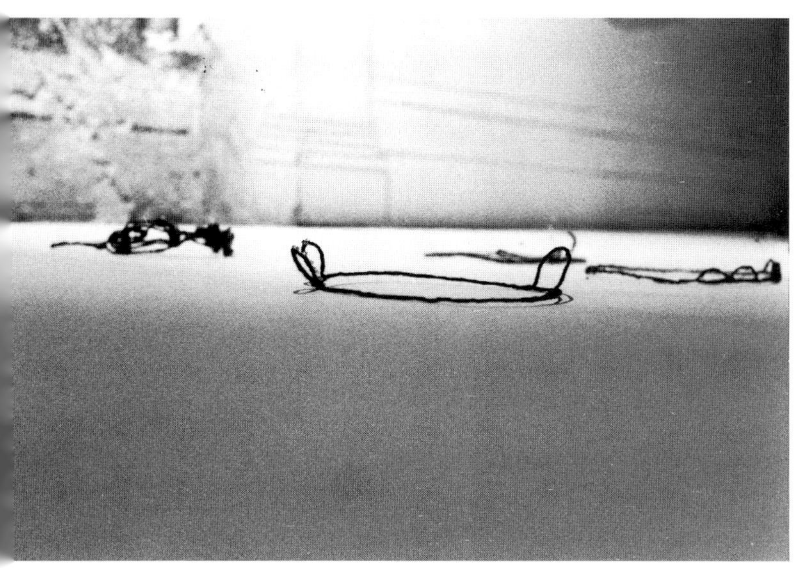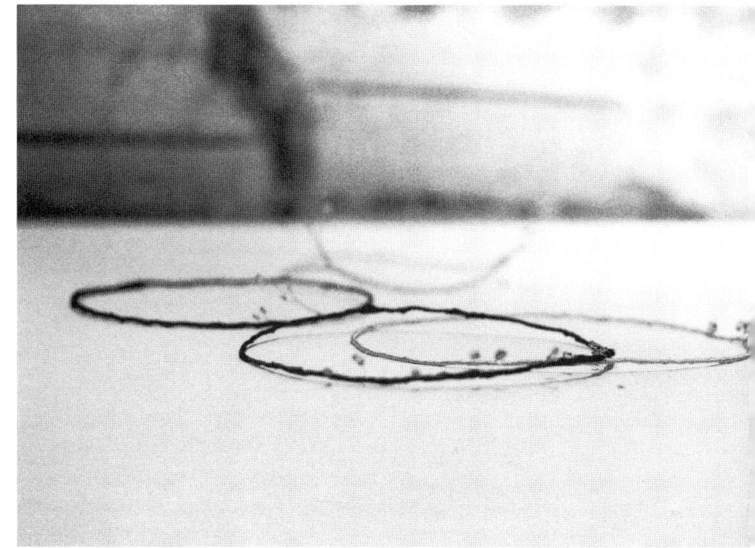

59 *Crash*, 1994

Young Men

Eva Marisaldi, 1994

If the sight of the sea disturbs you, it means you have not yet
sufficiently concentrated on your training.
Yukio Mishima

A truck goes down a dirt road. A few pieces of gravel fall from it. A large inlet on the sea, below is an empty beach. Only a few piles of dry algae. The sea is gray, no sun, it is neither summer nor winter. There is a strong wind. A car comes up and four young men get out. They walk by an old Volkswagen van with two goat heads for trophies on the dashboard. They are far away now and small, down on the beach. From close up we can see how they walk in the sand with a military gait. Three of them sit down. None of them speak. Ever.

I have not understood the past three years.
The sea before me.

> The wind blows in this case too I sit uncomfortably on an iron beam I have an idea of the nastiness of nature whistles wire net is swinging humidity it is summer but cold. From the top of a hill I start to focus. Two mutts one small and white with a thin coat of hair that flies in the wind and one large and black with pointed ears they are cold and seek shelter in each other. They shift their bodies a bit while still lying down they open their mouths nudge each other with their muzzles. There is mist and not much light.

> I see the pasture more openly with tufts of grass and I wonder if the dogs are grass. Even in the twilight I have the impression of the beige color of the dry grass. I remember treading upon it green pleasantly cool the night before. A hill with bare patches looking at the dogs again they seem more credibly to resemble a large gray bird I cannot see its head. I imagine it hidden in a hollow of the ground. I am sure it is a winged animal perhaps a sort of large bird of prey. It has large gnarled claws. How could I have seen the dogs before? My eyes hurt. I look again the dogs are there again they move. Morning has broken but it is still dark the light is conspicuous for it is mostly a visual effect the imagination anyway. Several times I see the two figures   I merge and turn into one and then the other deciding on one or the other. Both move to delude me all the more. Dogs bird dogs. My eyes hurt. Infinite fatigue. Stones are revealed by the sunlight.

A numb leg disturbs me.
One of the young men breathes more deeply.
The seafront.

How are smells told in films?

> A pathway black soil along the sides cyclamens a thrown away bag rearview mirrors a common group of trees. The smell of sharpened pencils. A table in a kitchen   me and my brother. I look at the bowl   the milk   spaces   I see two hairs.
> – How disgusting – look.
> – What? He does not see them. They are not there. But I still see them. And he doesn't.

Always the same young man moves on the sand, changes position.
I am an extremist when it comes to human sentiments.

> A lobby of a movie theatre from the 1960s still pretentious. Nearby there is a toy store. It is damp outside. I cross the street. I make a telephone call for work. I come to a street vaulted by trees with large leaves. I walk straight I follow orders   I am promptly isolated. It is a private funeral   unspeakable sorrow. A turning point. No one is dead. Yet they have died. On the survival map they suggest not going back the way you came. I was not going back. It is impossible to.

It is cold, but it doesn't matter.

> I see myself sitting at a movie theater in the dark. A comfortable movie theater. An arrow in my back a leap forward. Was it a muscle contraction or the thought of someone?

I look at my soles made of swollen rope. The prickly green balls attached to my shoes and
pants. The sea. I want to do harm not generically to someone in place of someone else. I
refuse to feel these emotions. To eliminate the problem.

The sea. The sand is not dry deep down, it does not blow away, the young man builds a shelter.
Wallpaper, invisibility, good condition.
There are certain days that seem made for work.
An impression of Germany, here too.

A friend of a friend walks by my side he is a writer. I haven't read anything of his yet.
— I live the life of a retiree I go to the cinema in the afternoon. He says. I haven't had a
chance to speak to him since I met him. When I can, I too go to the cinema in the afternoon.

The sea.
I am empty.
The fourth young man returns, he buttons up, closes himself, covers himself while he is walking. The others look at him. One
of the others sees him driving something away with slow arms. Involuntary choreographic movements. Invisible insects they
anyway are not there.

A child in the tub out of a steaming bath wrapped in a warm towel   faints.
I could enjoy an addiction, but not to stimulants. The return from anesthesia, a sweet alibi for not participating in the life of the room. For
a little while. The canvas boots.

The same child turns the pages of an art encyclopedia to dwell on the reproductions where
nude bodies appear.

When I say — it doesn't matter, it is not important — sometimes it is true, but not always. So I lead myself to that which is expected of me.
An excerpt from a scientific documentary on the hibernation of certain mammals.
This young man takes of his shoes and massages his stocking feet.
Another young man sees a few blades of grass move.

The sister   at work   in the locker room   slips her arm in and takes out one thing at a time
from the bags of her co-workers. She watches through thick glasses. She knows she
shouldn't do it but she can't help it. The two brothers can be seen side by side. I see her
near us on the beach. She jokes and converses with someone she is ashamed squints her
eyes   laughs under her scarf. There is no one   but for her there is. Like other times.   It is
very real   amusing.

Insisting with the glance on the sand dunes the slow transformation can be seen on the abstract green hills of the background landscape
by "Piero". These should be like real but synthetic, you have to be able to move around it, through it. The surface in certain points might
remind of clay when a pot is being thrown on a wheel. The minute vegetation is feathery moss. There are sleeping dogs. While walking the
phrases spoken by one voice can be heard, one voice that is neither male nor female. But human.

— Shall I come with you?
— It doesn't matter.
— No it does not matter.
— Wait, let's talk some more.
— Noooo…
— For ages I have wanted to meet you so you would spit on my shoulder three times*
— Do you want me to stay?
— I don't know.
— What are you thinking about?
— Nothing.
— And then you need to know who to tell certain things.

The young man comes back with a radio. Turned off.
One of the others gets up. He says: — Ready to go?
Now they are out of sight.
A vision along the pier where are moored sailboats which we do not see. All that may be heard is the noise of the wind among the metallic
rigging of the boats.

*Taken from *In a year of 13 moons* by R. W. Fassbinder.

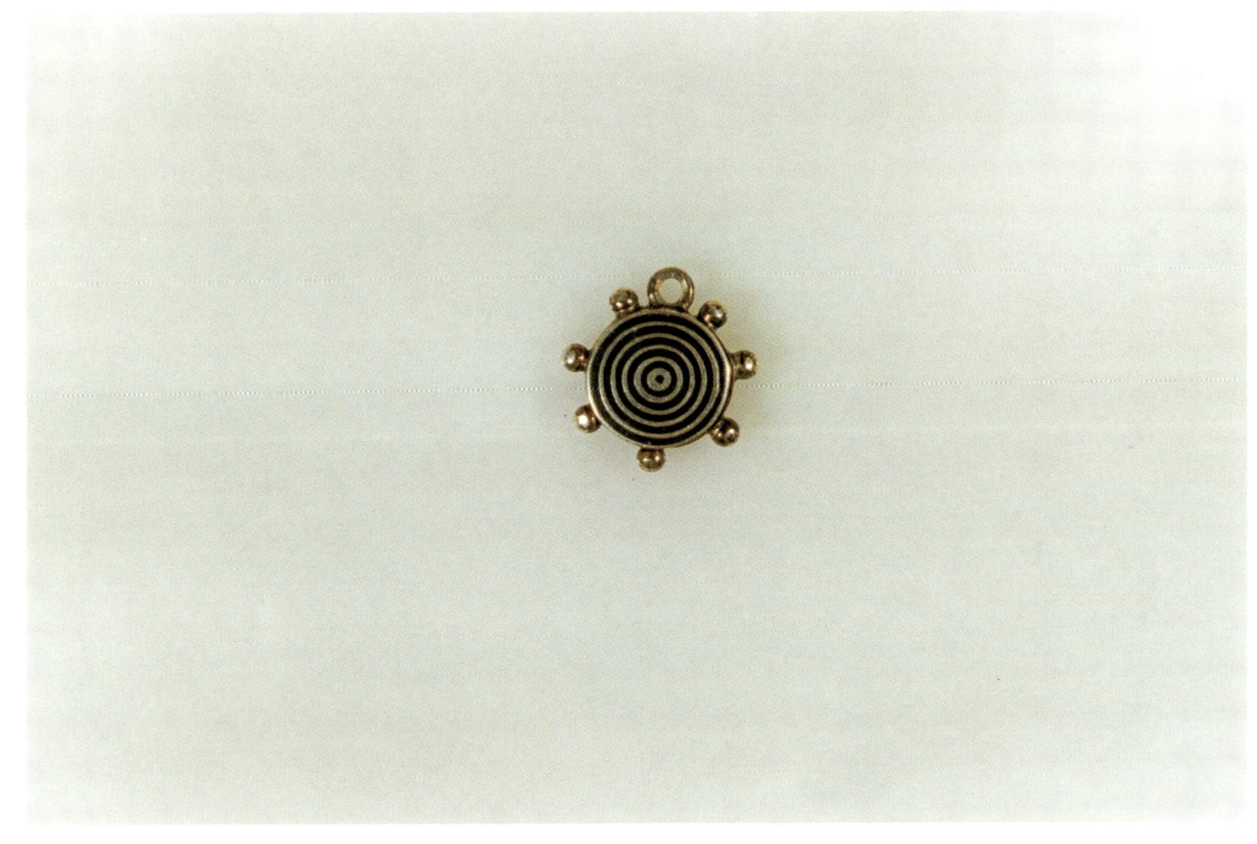

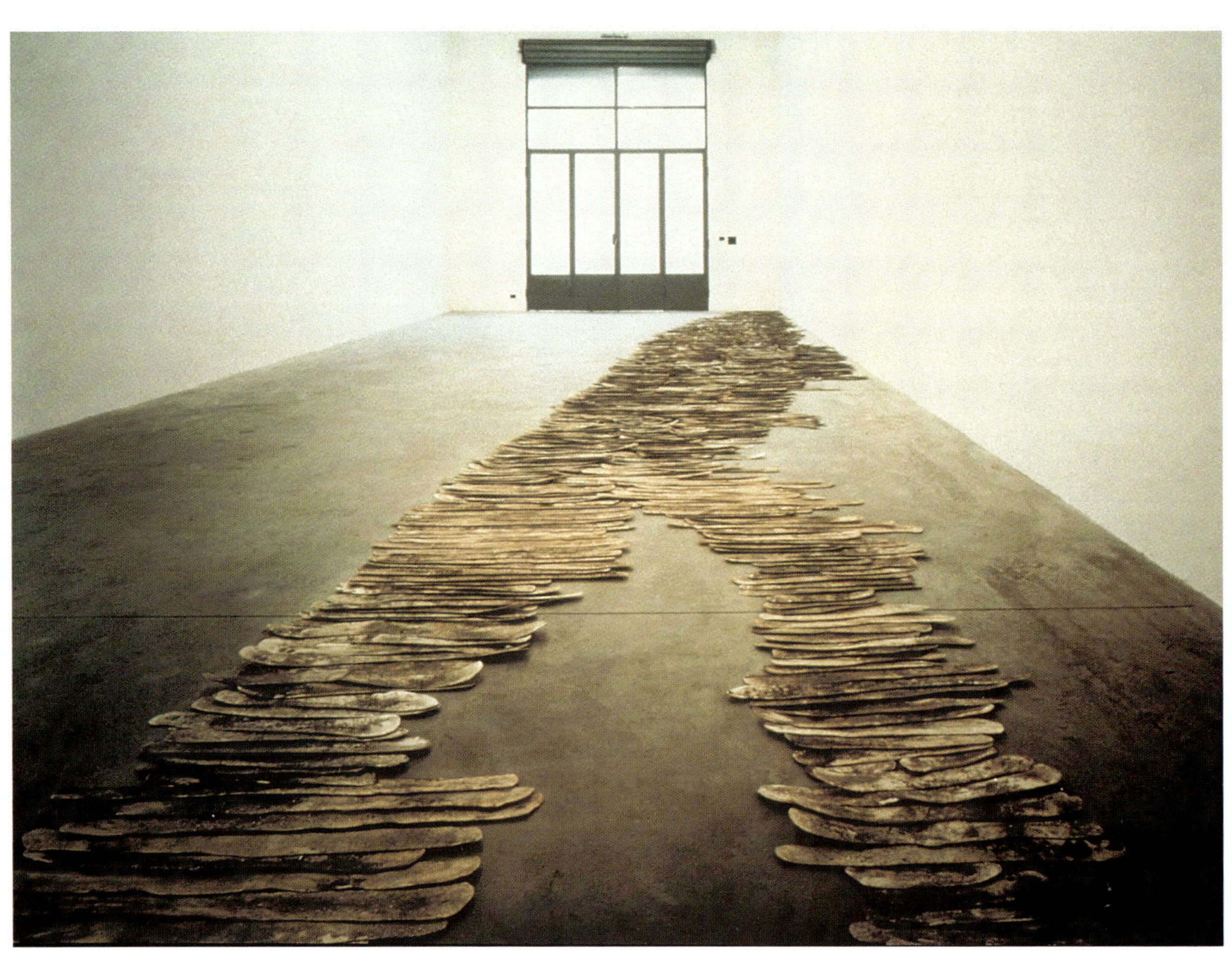

61 *Minima arteria*, 1995
62 *Giovani uomini*, 1996

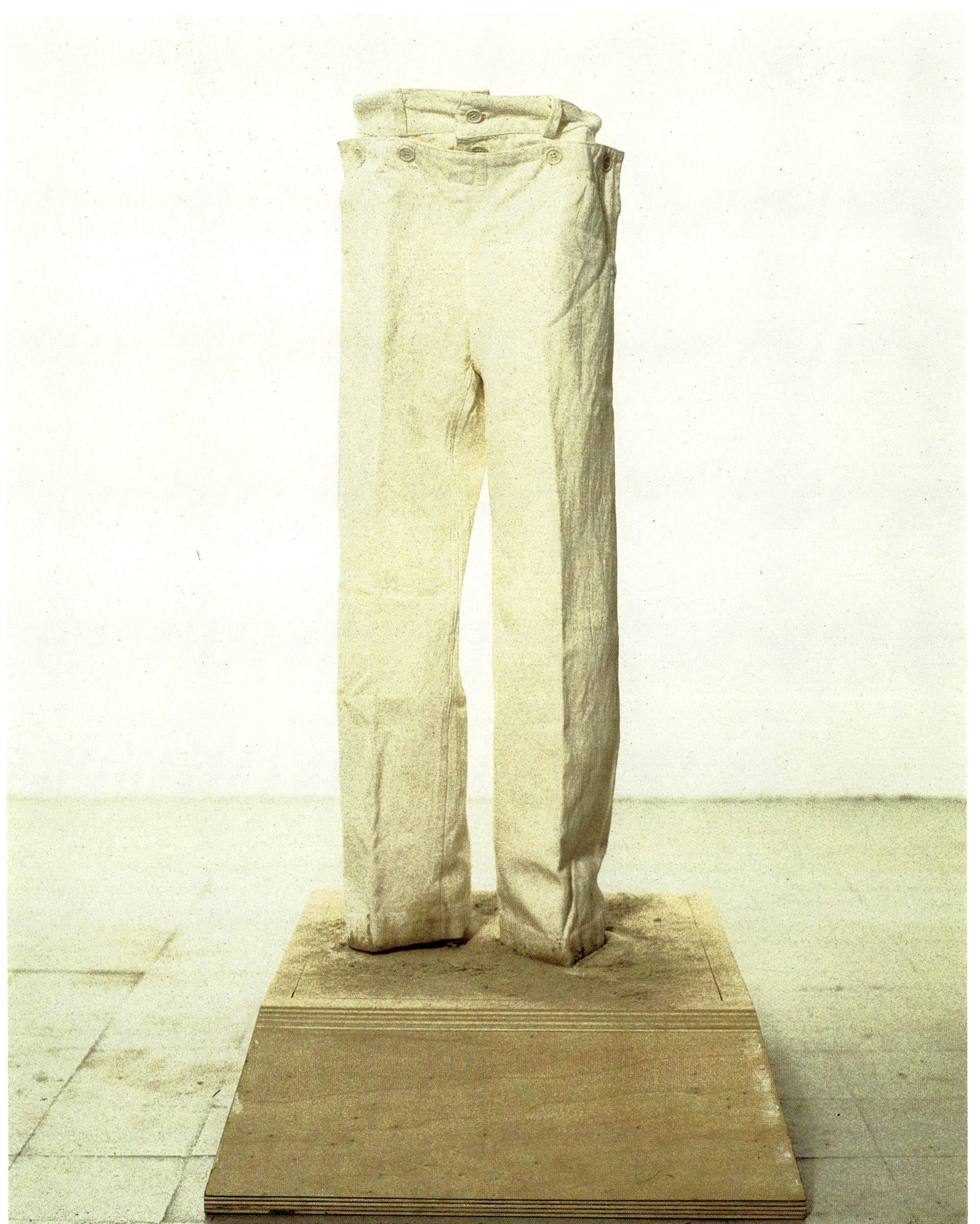

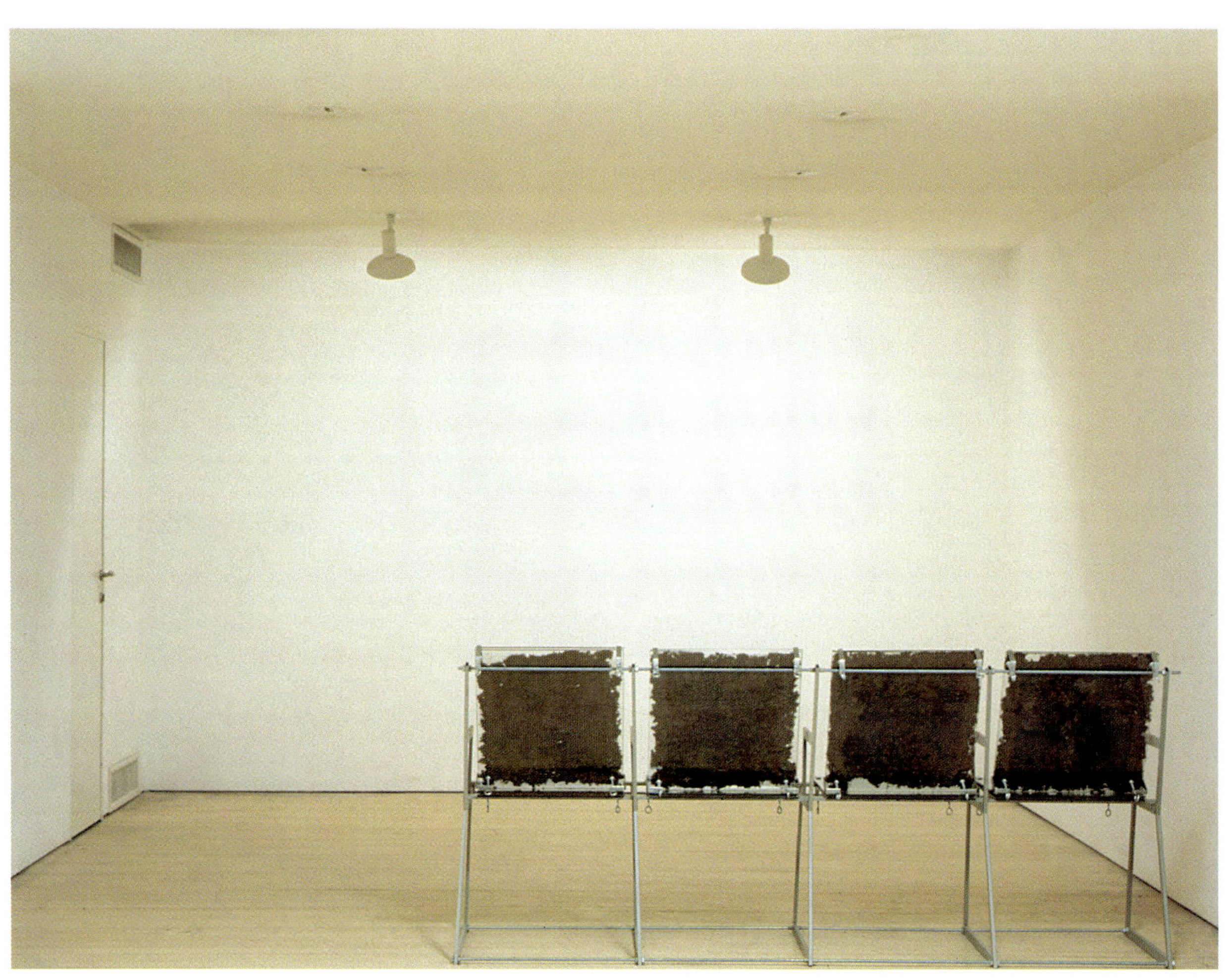

63 *Maestri*, 1996
64 *Una ragazza senza gioiello*, 1996

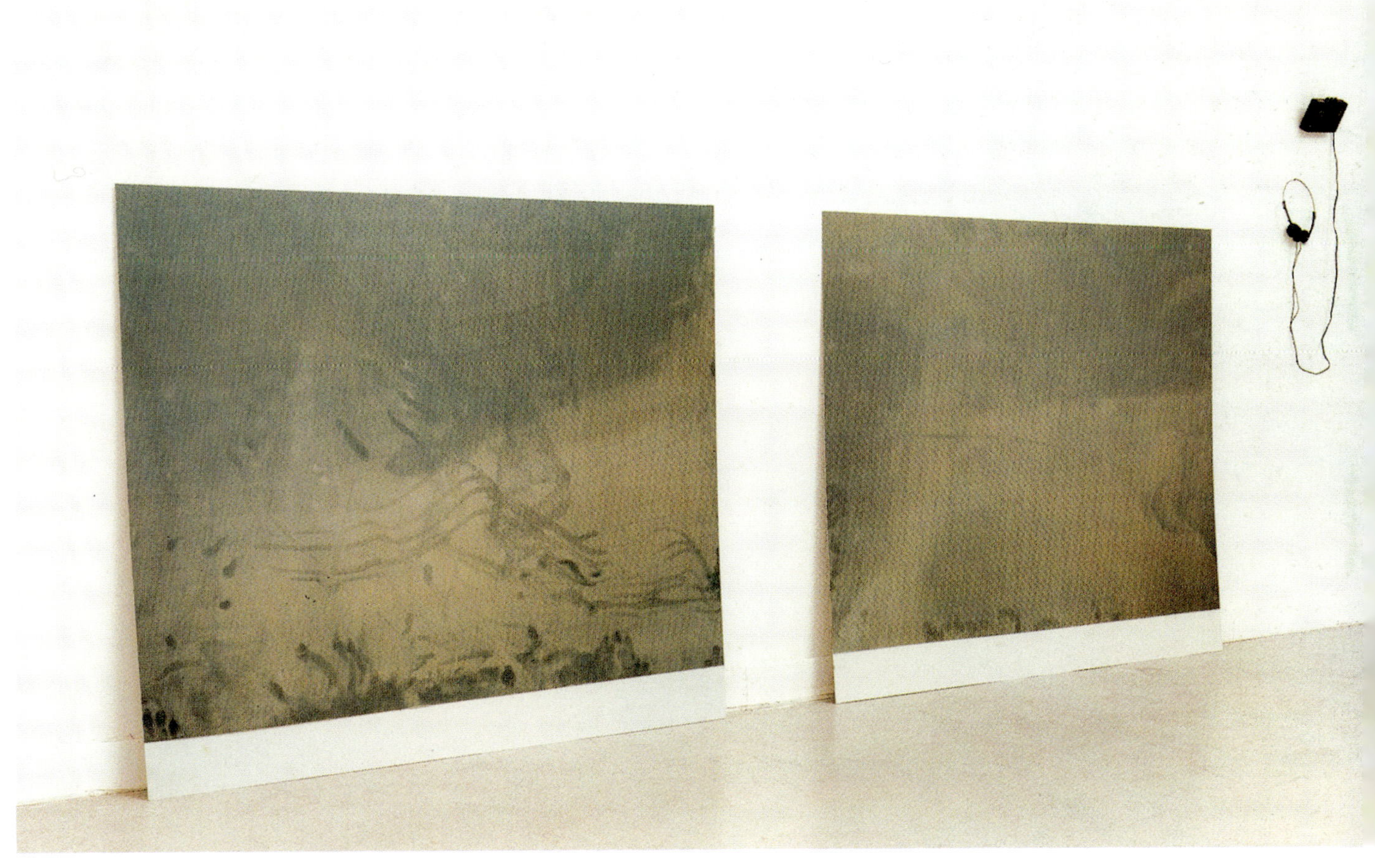

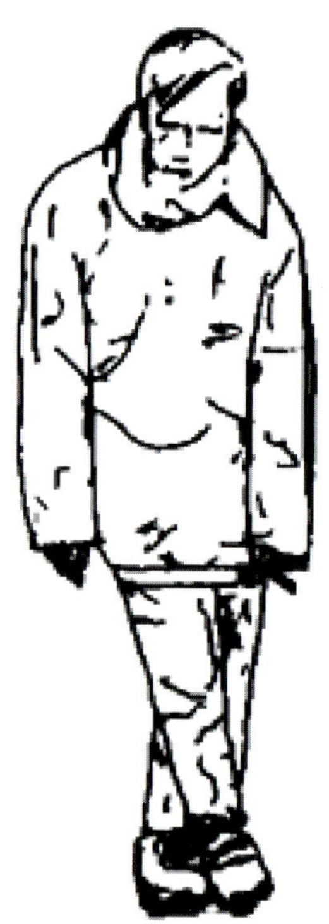

65 *Angolo,* 1996
66 *Wanderer,* 1996

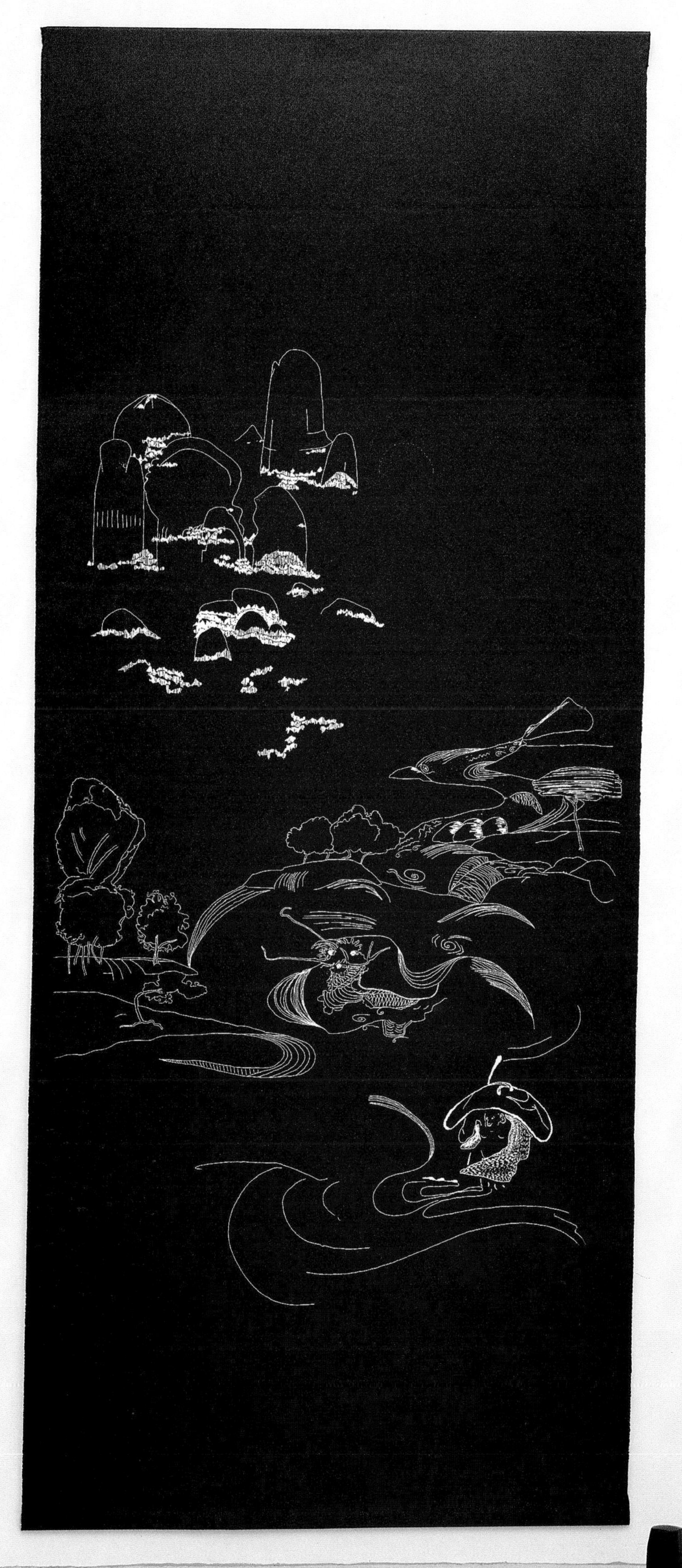

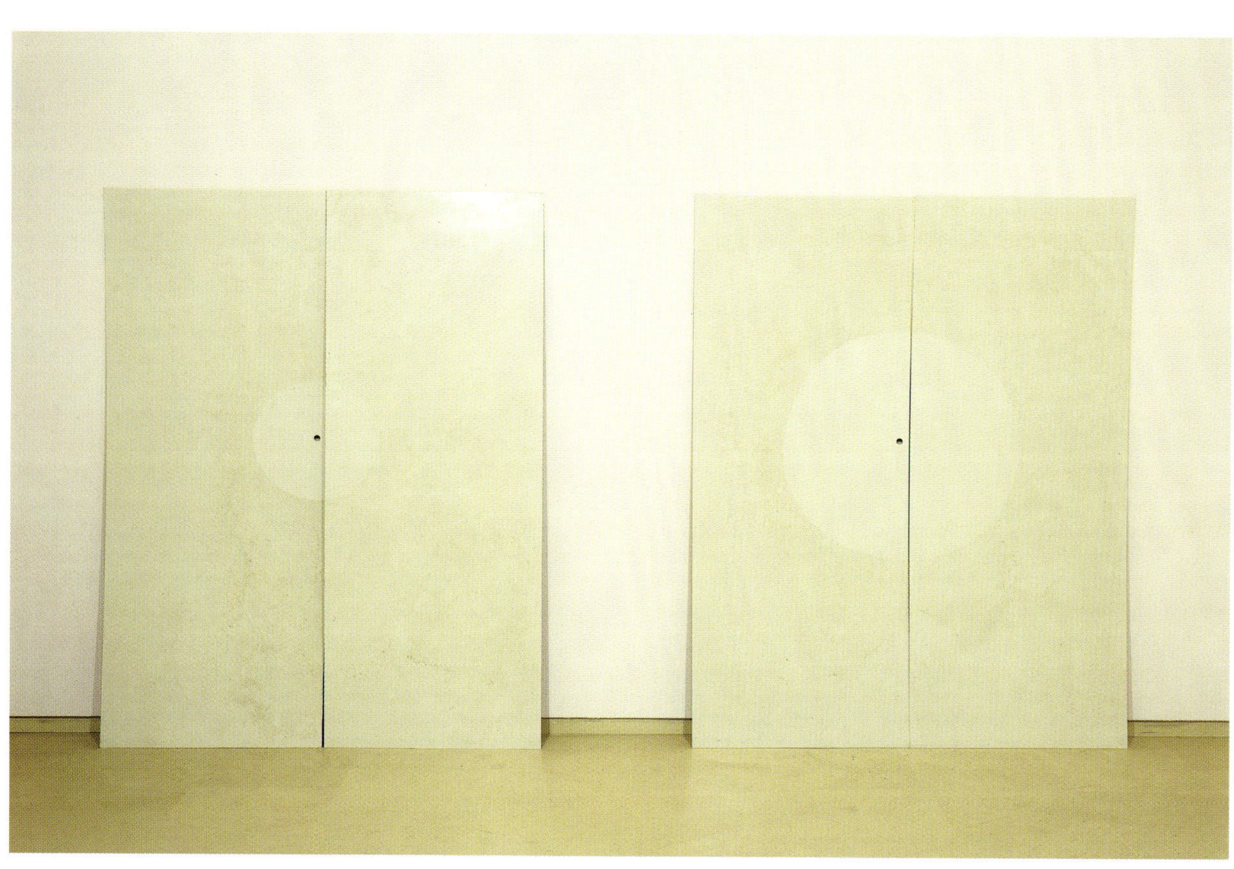

67 *Uomini al lavoro*, 1997
68 Veduta della mostra / Exhibition view *Indifferentemente*, 1998

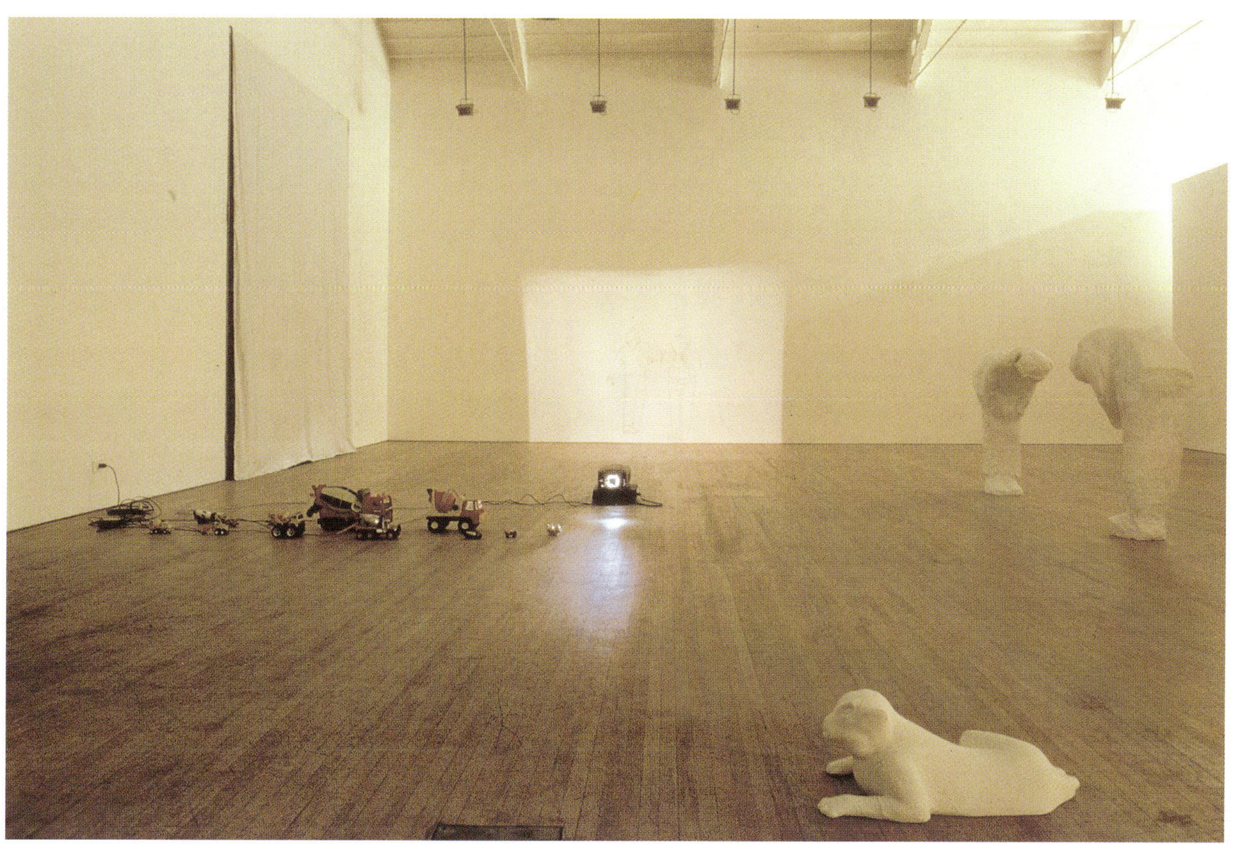

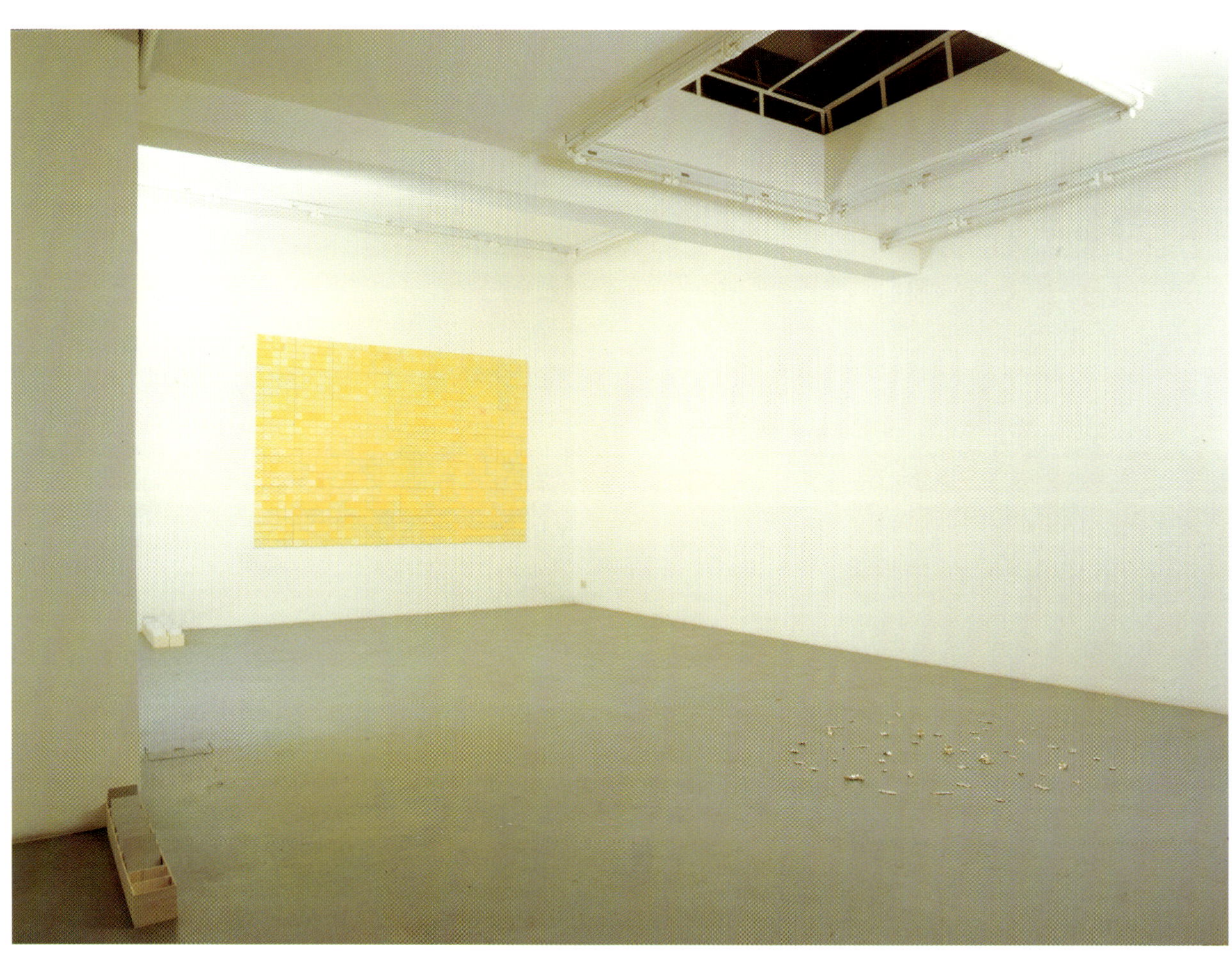

69 Veduta della mostra / Exhibition view *Omissioni*, 1998
70 *Omissioni*, 1998

pagine successive
71 *Monologo*, 1999

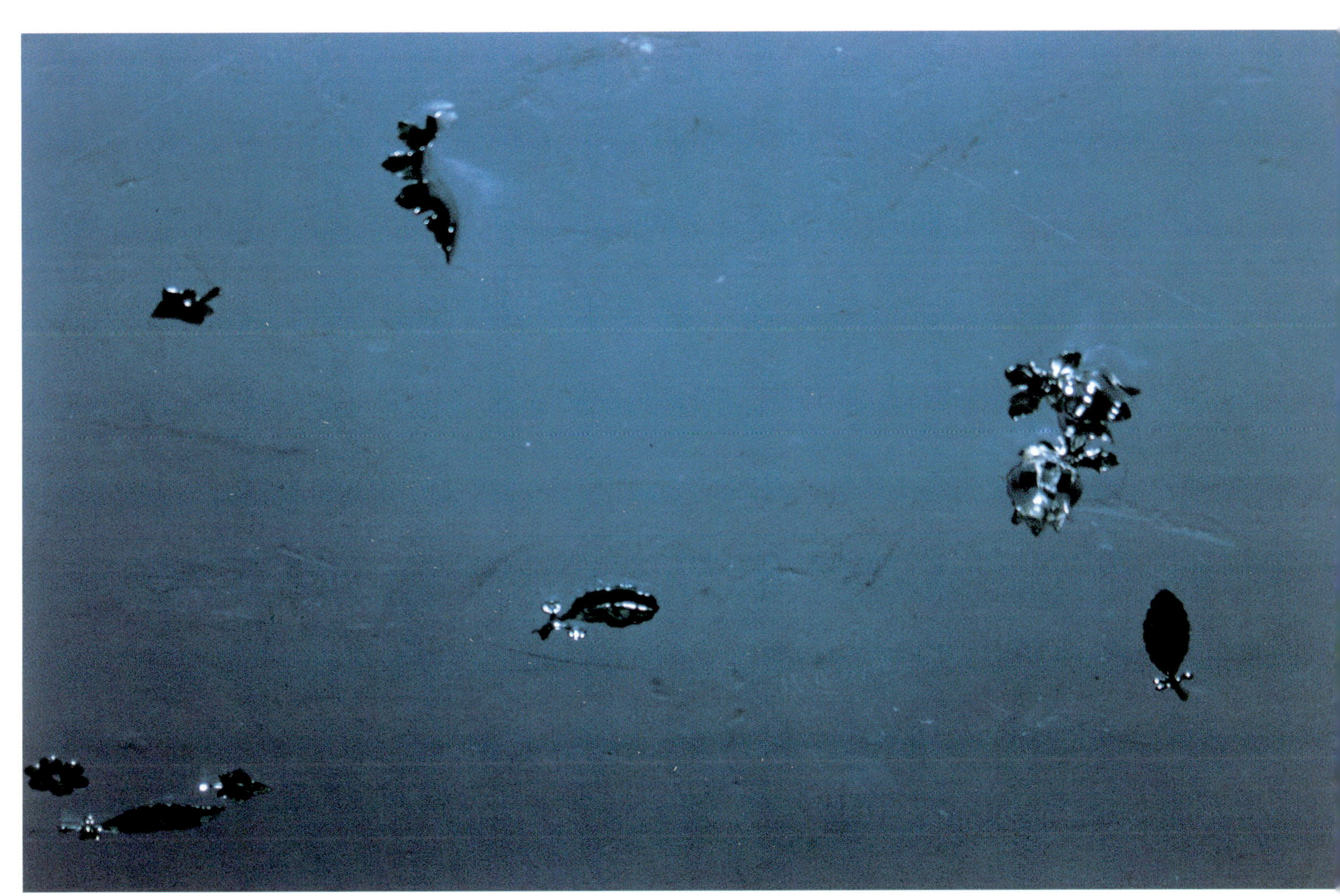

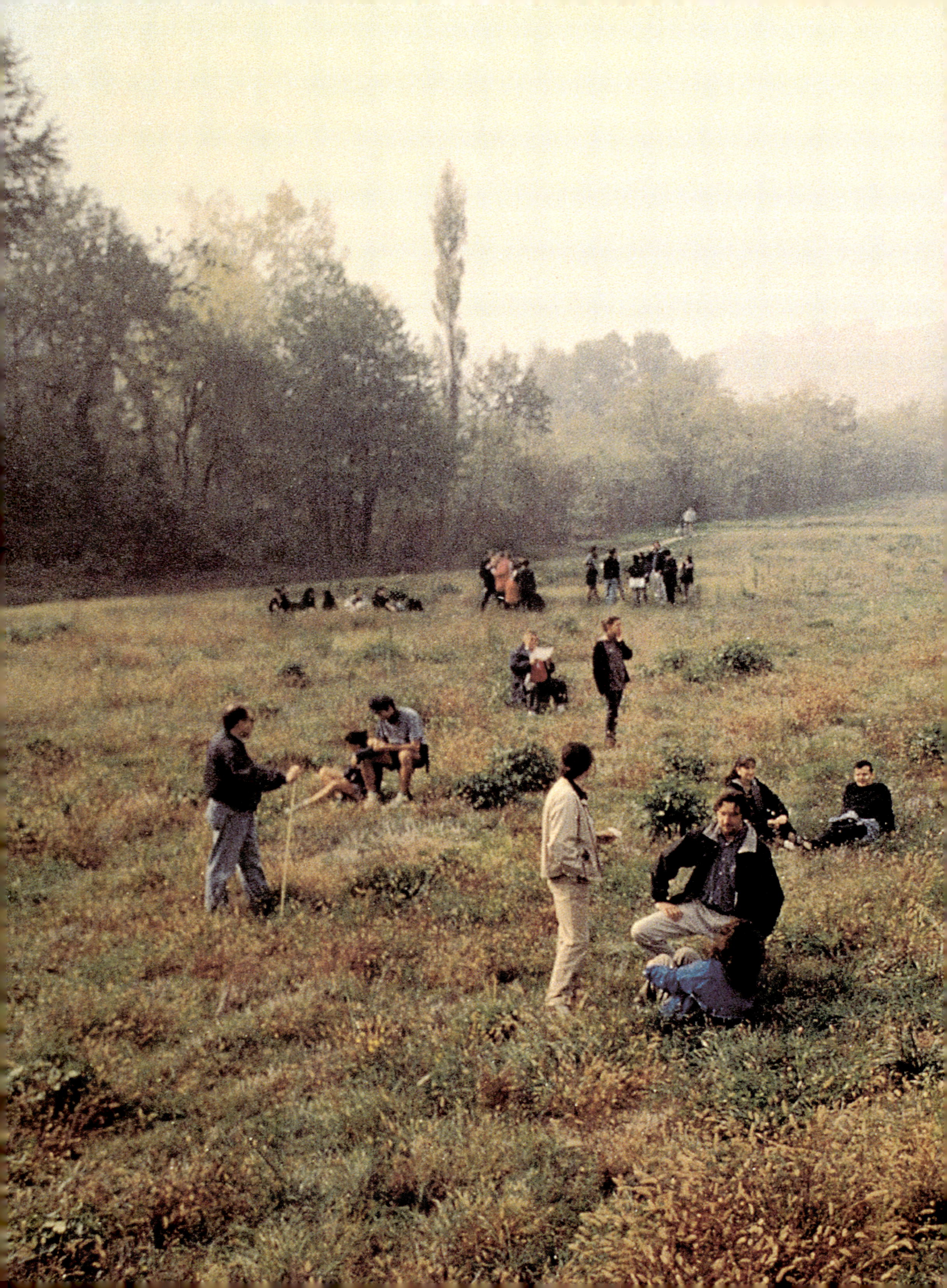

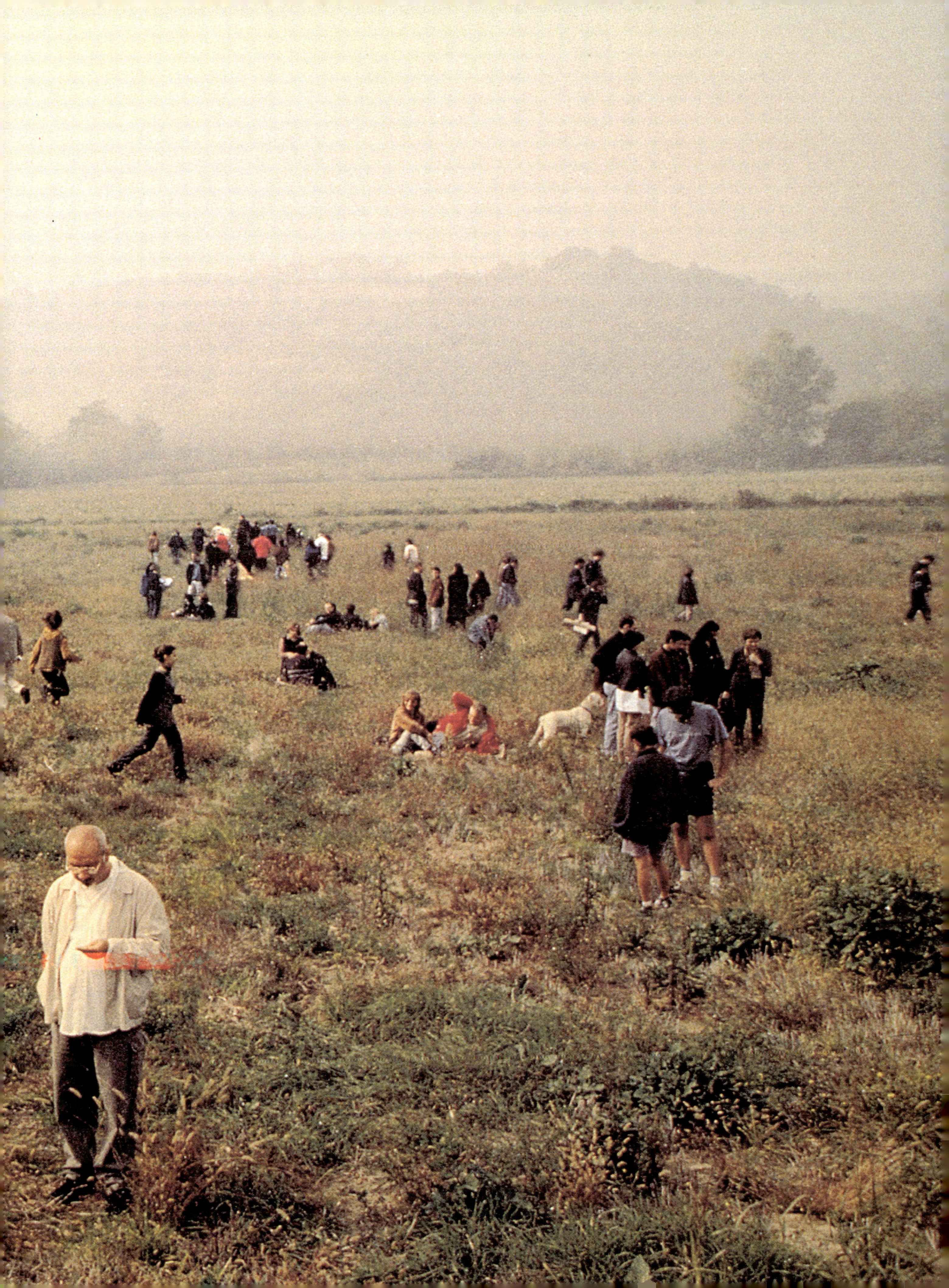

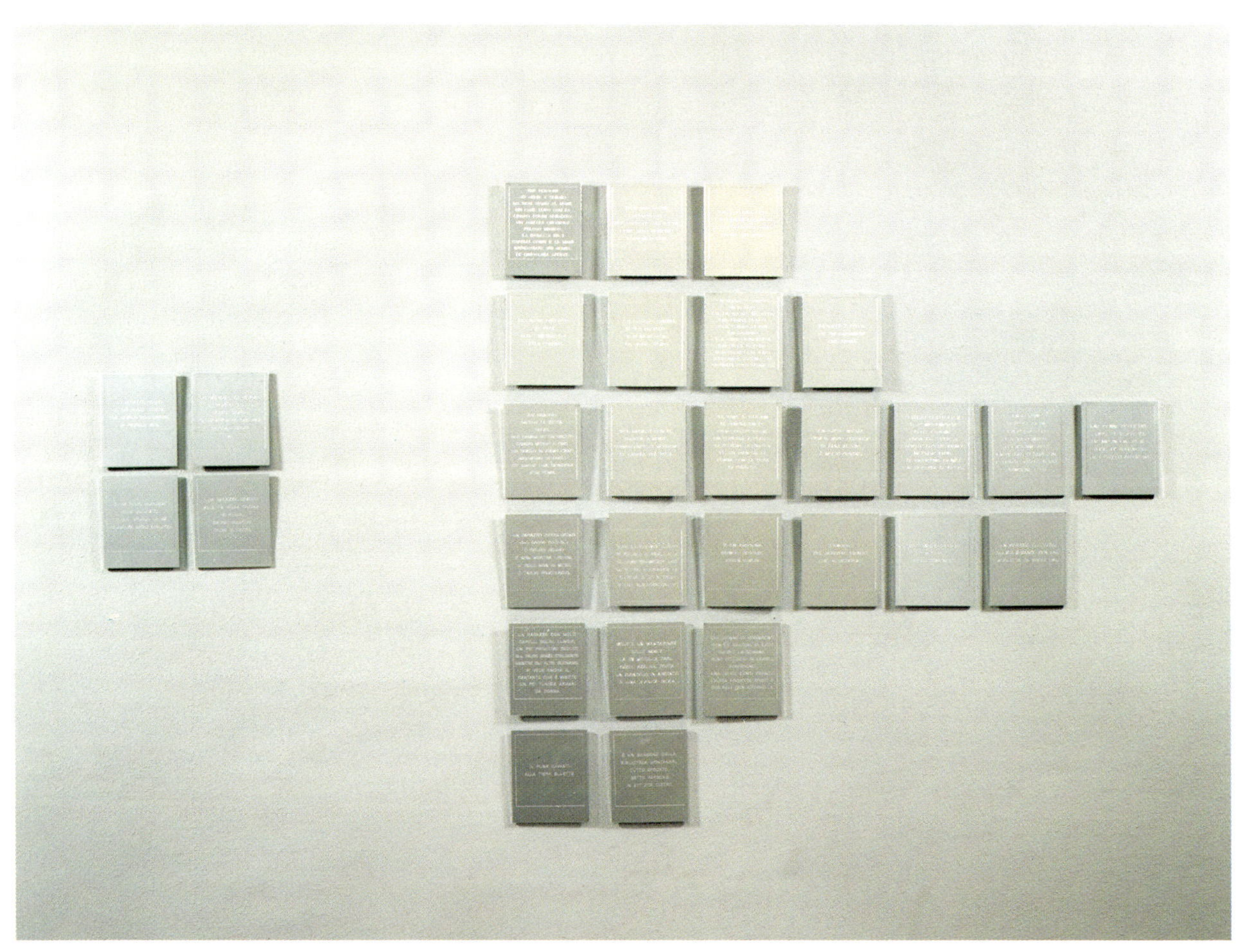

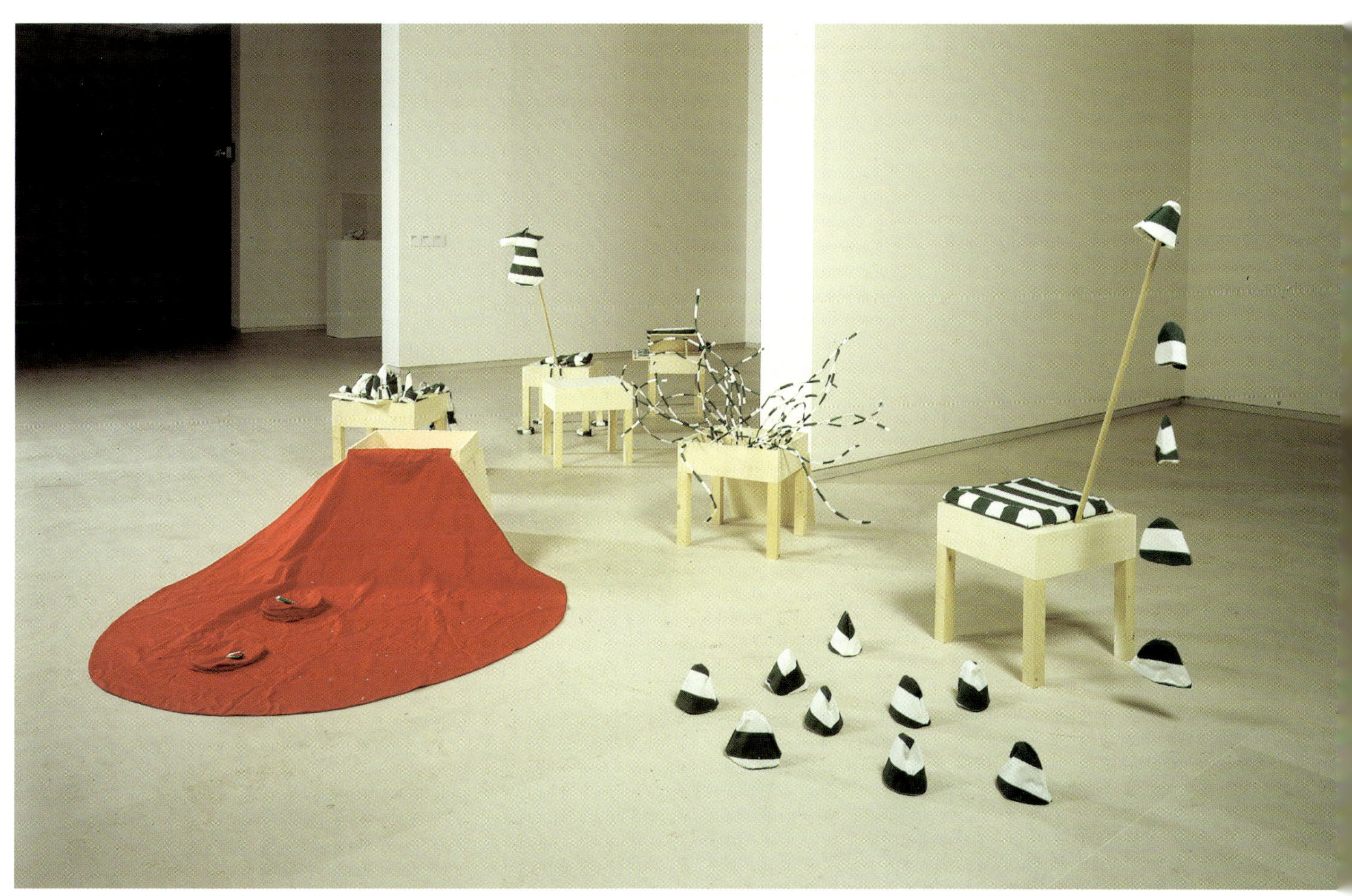

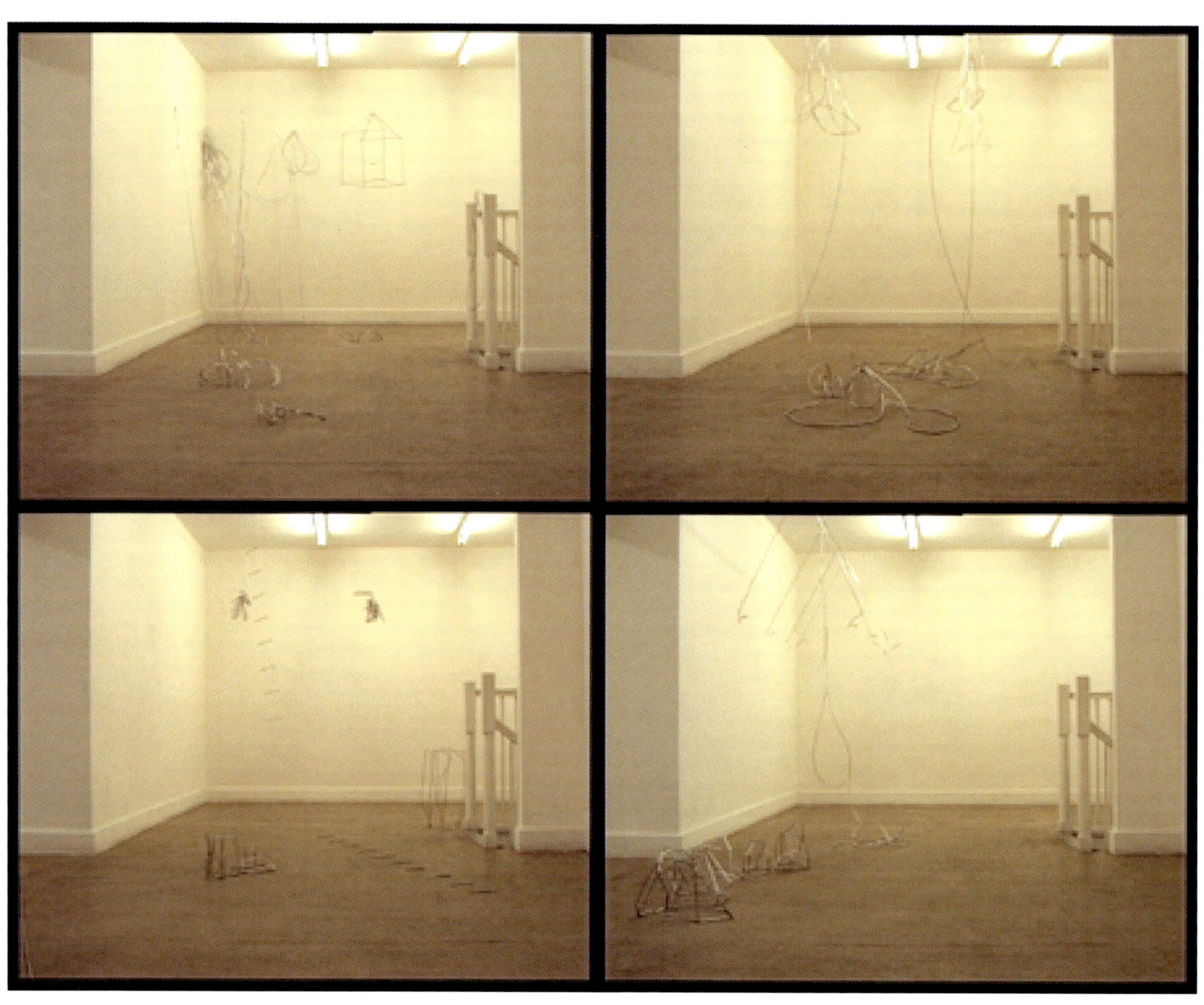

74 Il bosco di Claire, 1999
75 Remake, 1992 particolare /detail

CODICI DEL PRESENTE

Rosalba Paiano

La mostra alla GAM di Torino di Eva Marisaldi, che da alcuni anni lavora con il musicista Enrico Serotti, riconferma la maturità e la rilevanza di una ricerca sempre ricca di invenzioni, di increspature e trasparenze.

Ricordo l'impressione che mi fecero i suoi lavori la prima volta che li vidi, nel 1991: una punta di irritazione – forse per quell'ariosità che tanto spazio lasciava alla dimensione dell'assenza o per l'atteggiamento pianamente colloquiale – subito accompagnata dal riconoscimento che in essi erano mutati, e neppure così impercettibilmente, i termini e il senso stesso dell'operazione artistica. Non a caso la sua è stata in questi anni una presenza fertile di riferimento per i più giovani, fino a generare dei luoghi comuni, più o meno esterni, chiaramente riconducibili alla sua influenza.

Già allora si rivolgeva, con la stessa appassionata concentrazione, ai segni marginali, precari dell'esistente che veniva alleggerito in una sorta di ordine estetico sospeso, e ai modi della comunicazione, alle incongruenze e alle ambiguità del linguaggio che rimandano ad altrettante carenze del vivere, in una tensione dialogica che produceva una serie di risonanze.

Ma il dato di fondo, quello che alla fine degli anni Ottanta, al momento del suo esordio, segnava la differenza rispetto al clima dominato dalla transavanguardia e dagli ultimi esiti del concettuale, è il senso di una soggettività ridotta, limitata nelle sue possibilità di conoscere e di sentire, la percezione che sono le convenzioni culturali che orientano le nostre scelte, è il linguaggio che ci parla. Le cose d'altra parte, come già aveva avvertito precocemente Benjamin, si possono trasformare in qualcosa di leggero e incorporeo, senza per questo diventare immaginarie o irreali. La partecipazione al grande gioco del mondo sembra condizionata dall'abbandono di una identità forte e immutabile.

Anche nel progetto di Torino sono presenti i nodi fondamentali della poetica di Eva, ma a essi si aggiungono altri spunti sui quali converrà soffermarsi. Il progetto appare meno levigato rispetto a quello per il Centro per le arti contemporanee di Roma o a quello della Biennale, più ricco e articolato, segno forse di una urgenza diversa. È tutto incentrato sulla mente, sui pensieri, che si colorano di emozione e desiderio. La modernità ha distinto tre facoltà, capire, desiderare, sentire, e su ognuna ha istituito un territorio specifico, chiudendo l'arte nella sfera dell'estetico. Ma è raro che si dia il pensiero puro, così come è riduttivo escludere che l'arte sia una pratica anche conoscitiva o morale o politica.

Alle pareti un gran numero di disegni e di scritte introducono i temi della mostra. I disegni raccontano con brevi tratti di una grazia leggera tante storie, sospese nello spazio e nel tempo, di personaggi anonimi o di protagonisti di una cronaca ormai sbiadita. Anche le scritte sono tratte da libri di cui non si conoscono gli autori, da conversazioni banali o da riflessioni di amici. Sono pensieri inespressi o perduti, pensieri che si incrociano o si incontrano, pensieri sognanti, pensieri ciechi di violenza, pensieri che sono rimasti attaccati ai luoghi o che certi oggetti si portano dentro. Lo spettatore si trasforma in un sensitivo che avverte i frammenti dei pensieri del mondo. Introdotta dai disegni e accompagnata dal suono la mostra si snoda come una *Wunderkammer* domestica nella quale ogni oggetto ha un significato autonomo e nello stesso tempo è inserito in un percorso che si arricchisce di suggestioni diverse.

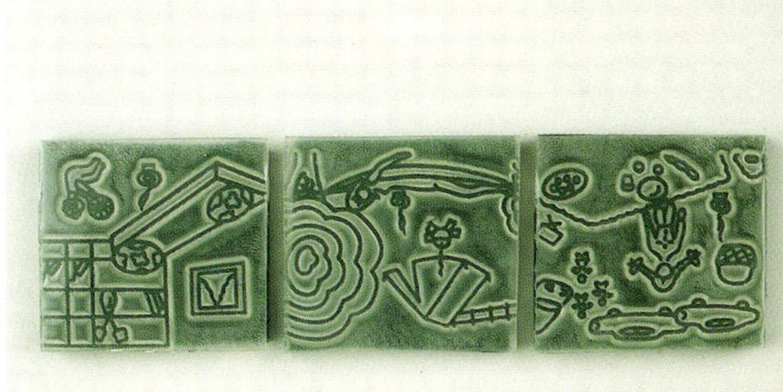

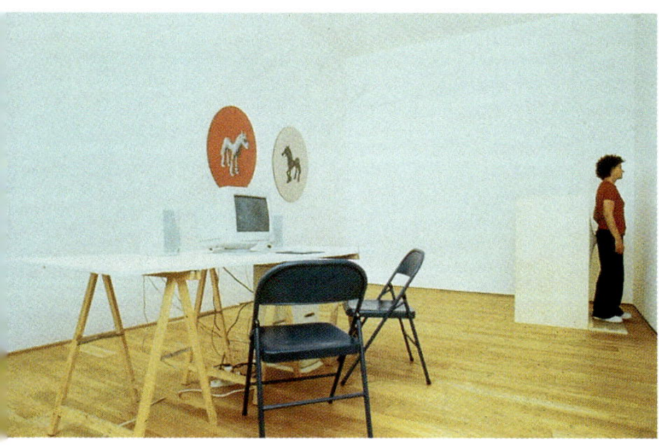

La prima figura che incontriamo è una carpa, colorata e silenziosissima, tutta chiusa nel filtro della sua afasia. Nella seconda stanza su un lettino di ferro è distesa una piccola silhouette in una buffa posizione. È Andrea, una delle figure ricorrenti tra i conoscenti, gli amici, i collaboratori ai quali Eva chiede di volta in volta di prestare, senza che rivestano mai un ruolo fisso, la presenza, la voce o i pensieri. Un modo per conservare, per far sì che l'intimità rimanga impigliata nell'arte, ma anche perché il progetto si animi da subito. Dunque Andrea ha ricordato che da piccolo, per scongiurare i sogni cattivi, prima di addormentarsi si metteva in "posizione egizia". Ma la sua scaramanzia forse non ha funzionato perché nell'ambiente si diffonde un rumore secco di disturbo. Nella terza stanza, sul video delle immagini di un bosco illuminato da luci che si accendono e si spengono al ritmo della batteria, un bastone disegnato al computer sale a compiere le sue evoluzioni imprevedibili e ipnotiche e poi scompare. Rappresenta il movimento della ricerca, il dispiegarsi del pensiero e ricorda gli *Holzwege* di Heidegger, quei sentieri nel bosco che hanno a che fare con la verità intesa non come qualcosa che si ha sempre a disposizione, come un sipario costantemente alzato, ma piuttosto come una radura che si apre talvolta e che richiede da parte nostra un atteggiamento di abbandono e di ascolto.

Collegato all'immagine del bosco c'è un caminetto a forma di gatto da cui esce la voce di Eva che canticchia. Cosa si può immaginare di più domestico e protetto dell'associazione di un caminetto con un gatto? Eppure Eva sente il bisogno di uscire da una posizione sicura, di esporsi in prima persona usando un linguaggio che non le è familiare. Anche qui una condizione di normale quotidianità viene illuminata da uno slittamento di significato.

La situazione successiva è rappresentata da un ring, una gabbia da combattimento chiusa in alto da una rete, in cui due lucidatrici gonfie d'aria, con sconci movimenti sussultori continuano pervicacemente a cozzare l'una contro l'altra. Per finire, una splendida chitarra elettrica, strumento per eccellenza della musica rock, si avvicina e si allontana dall'amplificatore innescando un larsen.

I pensieri rappresentano dunque quell'ambito privato e mobilissimo che continuamente si mescola con le emozioni e con la volontà, può trasformarsi in dialogo o rimanere inespresso, può manifestarsi nella bellezza delle sue articolazioni, abbandonarsi alla fascinazione della musica o venir meno nell'istinto di aggressione.

L'immagine dei due elettrodomestici impazziti è folgorante, il meccanismo della violenza è sempre lo stesso, che si consumi dentro o fuori le mura domestiche, segna il venir meno della ragione, il suo soccombere di fronte a una cieca determinazione che appare più inquietante quando è governata dall'esterno.

Nel caso della musica invece tutto il nostro essere si abbandona a una emozionalità diffusa in cui si confondono ricordi, rimpianti, desideri. Il potere della musica, secondo Oscar Wilde, può fare scoprire improvvisamente a un uomo che ha dietro di sé una vita perfettamente normale "che la sua anima senza che lui lo sapesse è passata attraverso terribili esperienze e ha conosciuto terribili gioie o selvaggi amori romantici o grandi rinunce".

La chitarra elettrica, i motivi accennati dalla voce di Eva rimandano alla grande stagione della musica rock e punk con i suoi famosi concerti, che rappresentò un fenomeno di irripetibile intensità, una forma di comunicazione alternativa e spesso provocatoria, in cui i giovani si sentivano protagonisti, accomunati da un nuovo modo di intendere il mondo e i rapporti.

Oggi i termini sembrano molto semplificati, si manifestano nella loro cruda evidenza, da una parte gli individui sempre più chiusi nel compito di costruire la propria identità, dall'altra lo spettacolo che ci condanna a essere tutti pubblico, della televisione, della pubblicità, della politica.

Sembra difficile trovare un'articolazione che leghi tra loro i racconti delle singole storie, sembra difficile trovare un varco in un impersonale che diventa così vischioso e inafferrabile da legittimare quasi il disimpegno. Perché si tratta di qualcosa che è incorporato nello stile di vita delle persone e che d'altra parte viene continuamente riconfermato dal modo in cui esse agiscono e si mettono reciprocamente in relazione.

Eva usa i codici del presente con una misura straordinaria, in una mimetizzazione quasi perfetta, senza neppure piegarli nell'ironia, lasciando che in essi si mostrino insieme la seduzione dello spettacolo e le false sicurezze di quell'impersonale che tutti conosciamo e in cui siamo coinvolti.

Le schegge di mondo, di voci, di pensieri, le ripetizioni differenti sono come tessere che è impossibile ridurre a unità, tracce o frammenti di isole sommerse. Ma nello stesso momento in cui si avverte così vivamente l'impossibilità di trovare un senso, non ci si può sottrarre a una pronuncia, sia pure minima, precaria o arrischiata.

Mi viene in mente un lavoro di Eva sui libri delle biblioteche pubbliche: si sottolinea un passo — violando così una regola precisa — perché quello che è scritto ci pare vero o emozionante, e per lasciare un segno a qualcuno che non si conosce, il lettore che verrà.

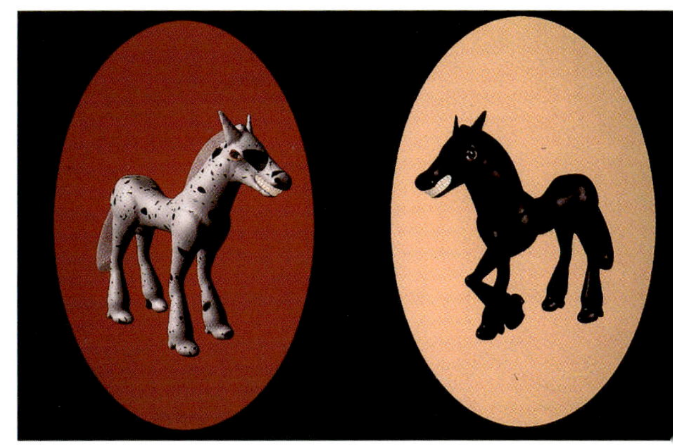

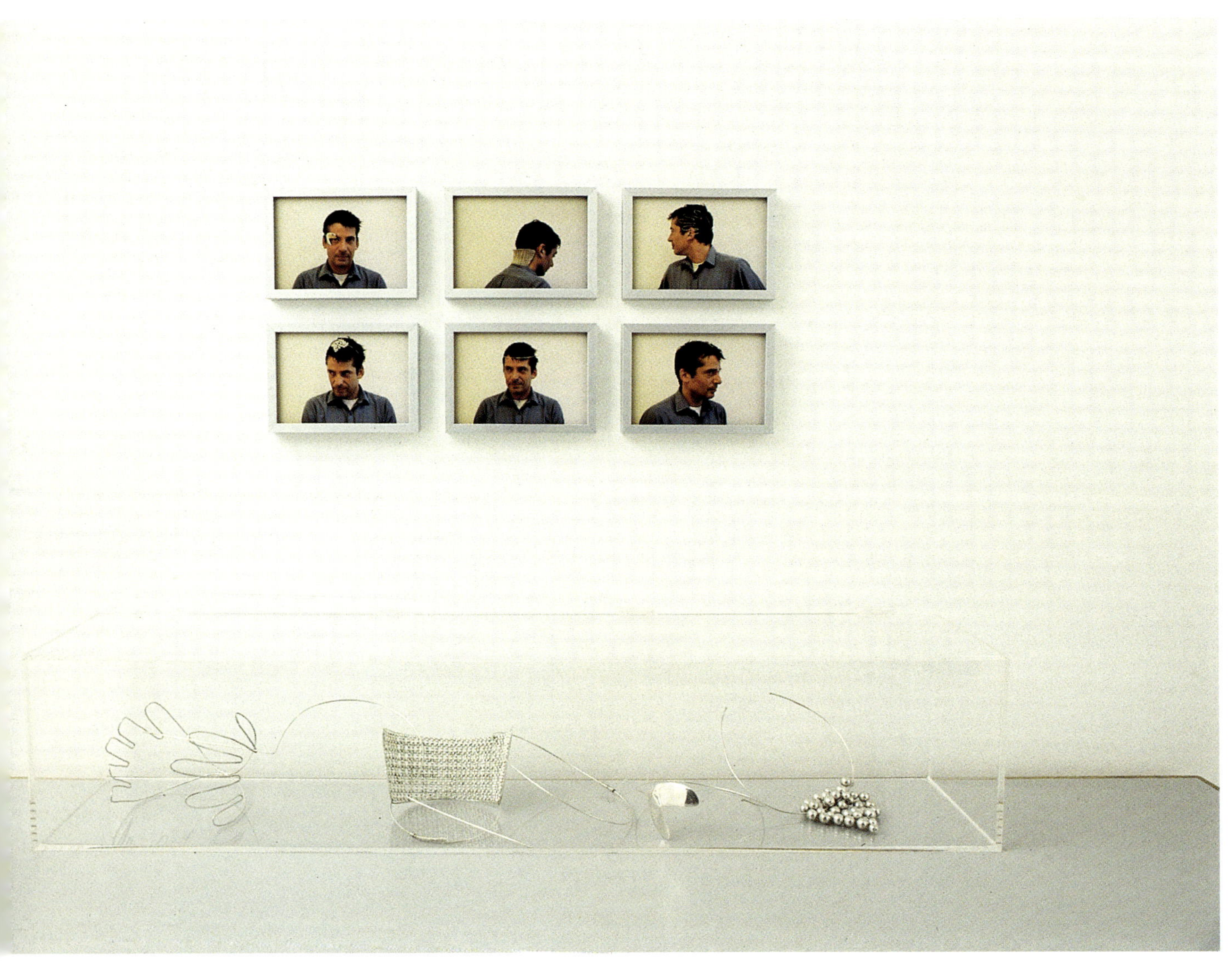

78 *Emicranie*, 1999
79 Veduta della mostra / Exhibition view *A4 extra*, 1999

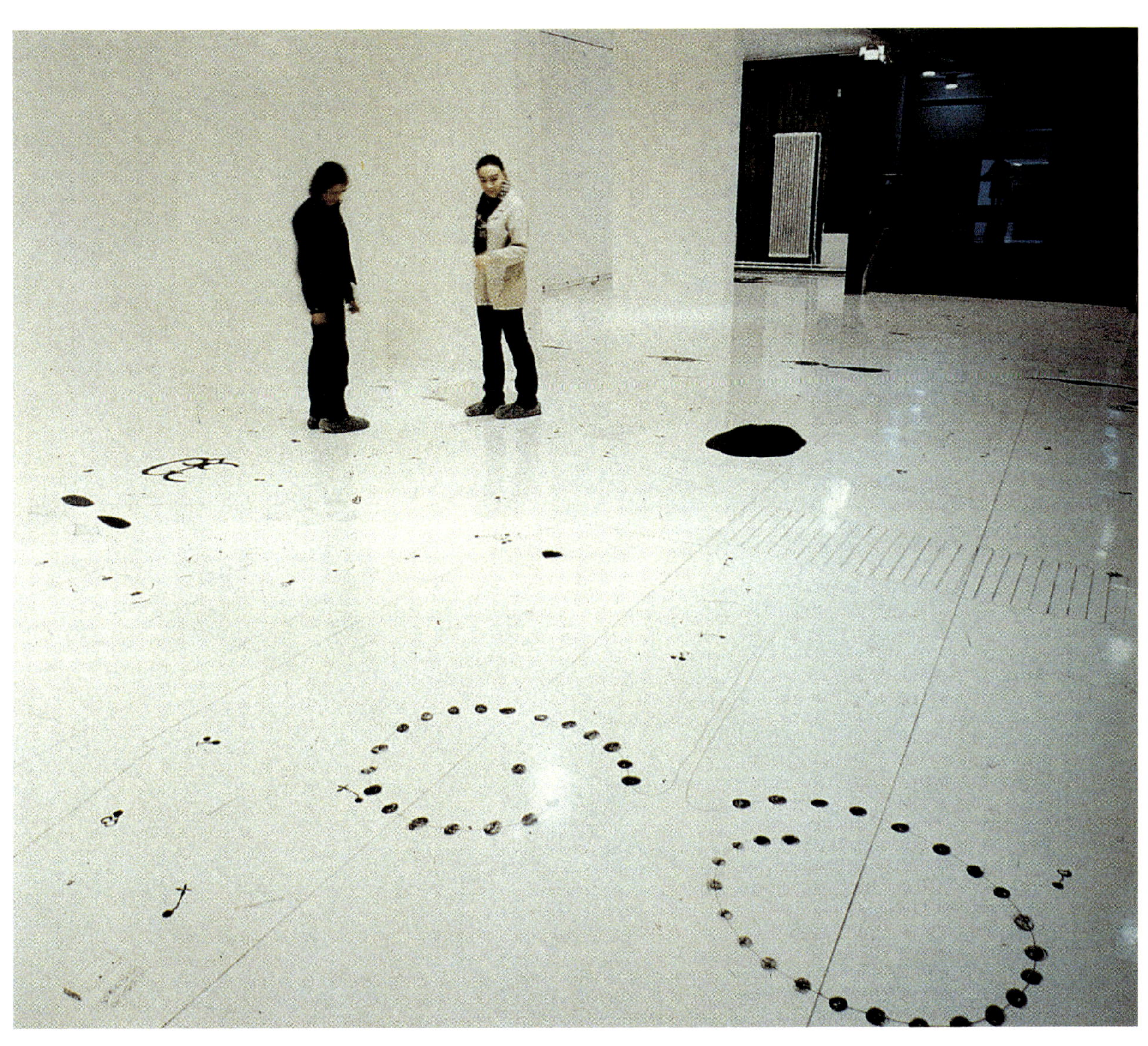

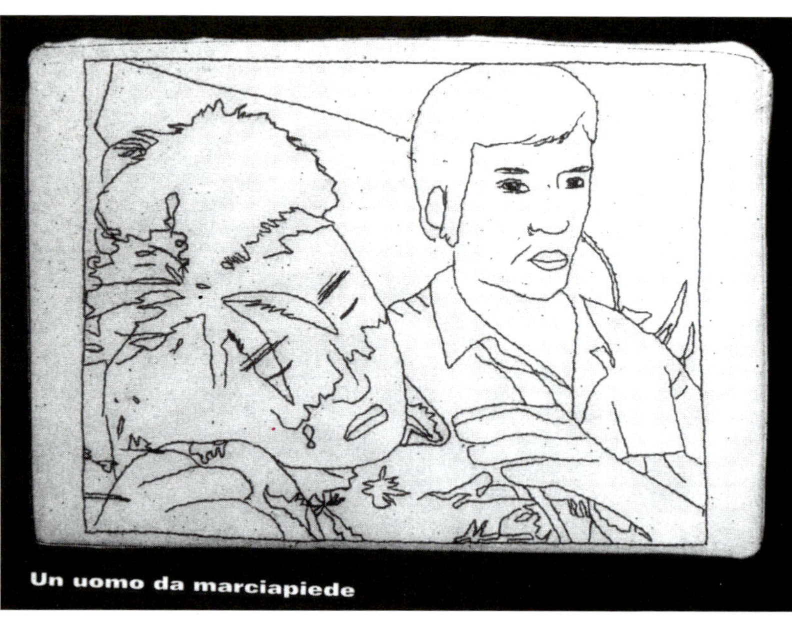

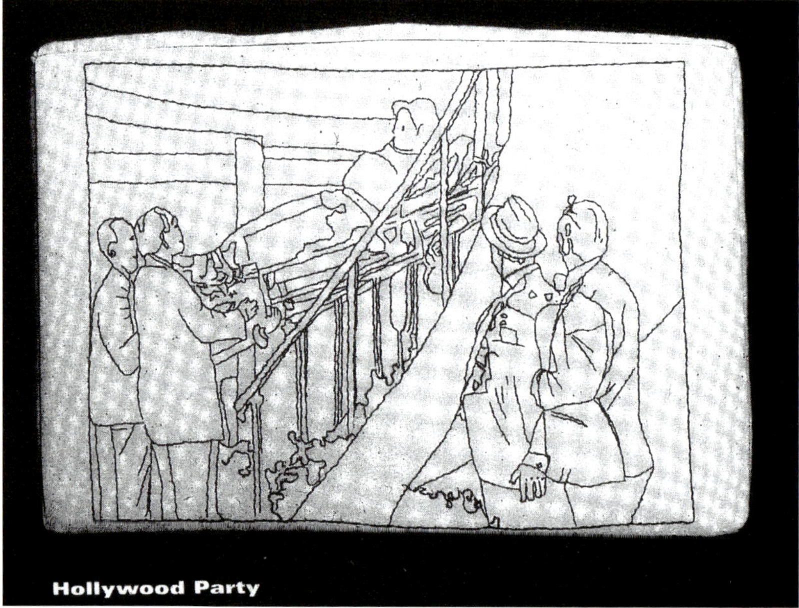

80 *Lieto fine*, 2000 particolari / details
81 Veduta della mostra / Exhibition view *Lieto fine*, 2000

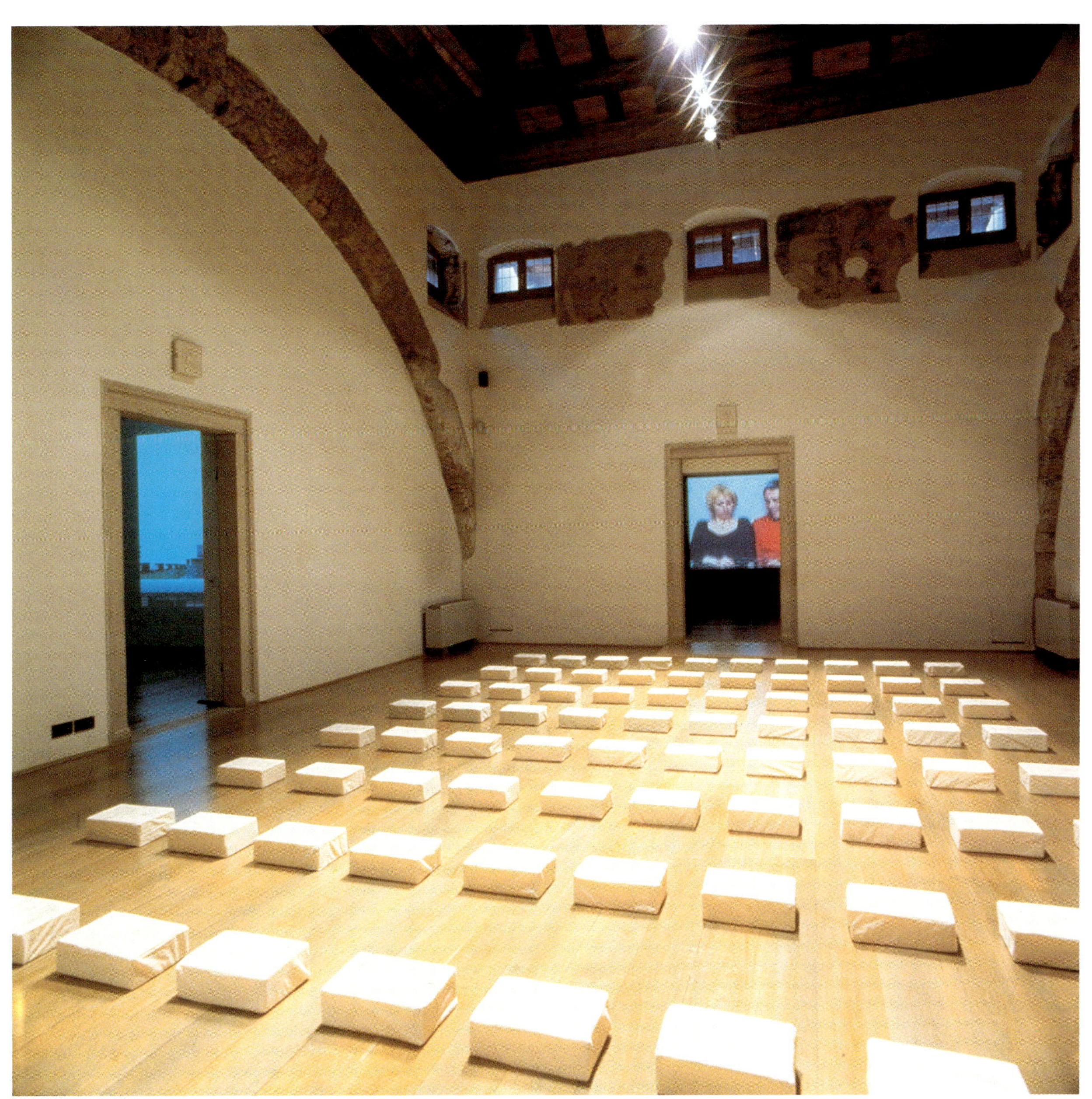

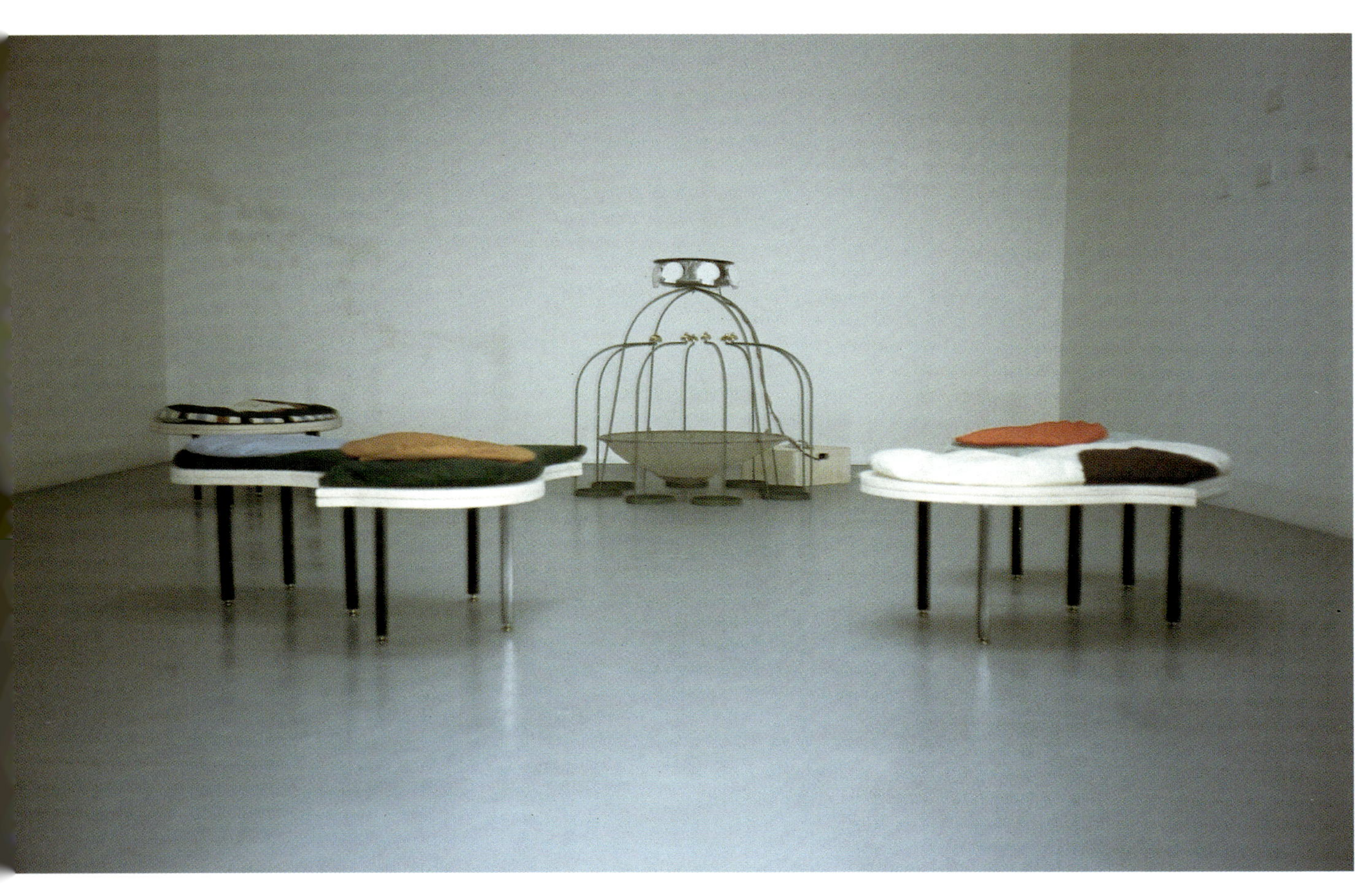

82 Veduta della mostra / Exhibition view *Roma,* 2000
83 *Senza Fine 1,* 2001 particolare / detail

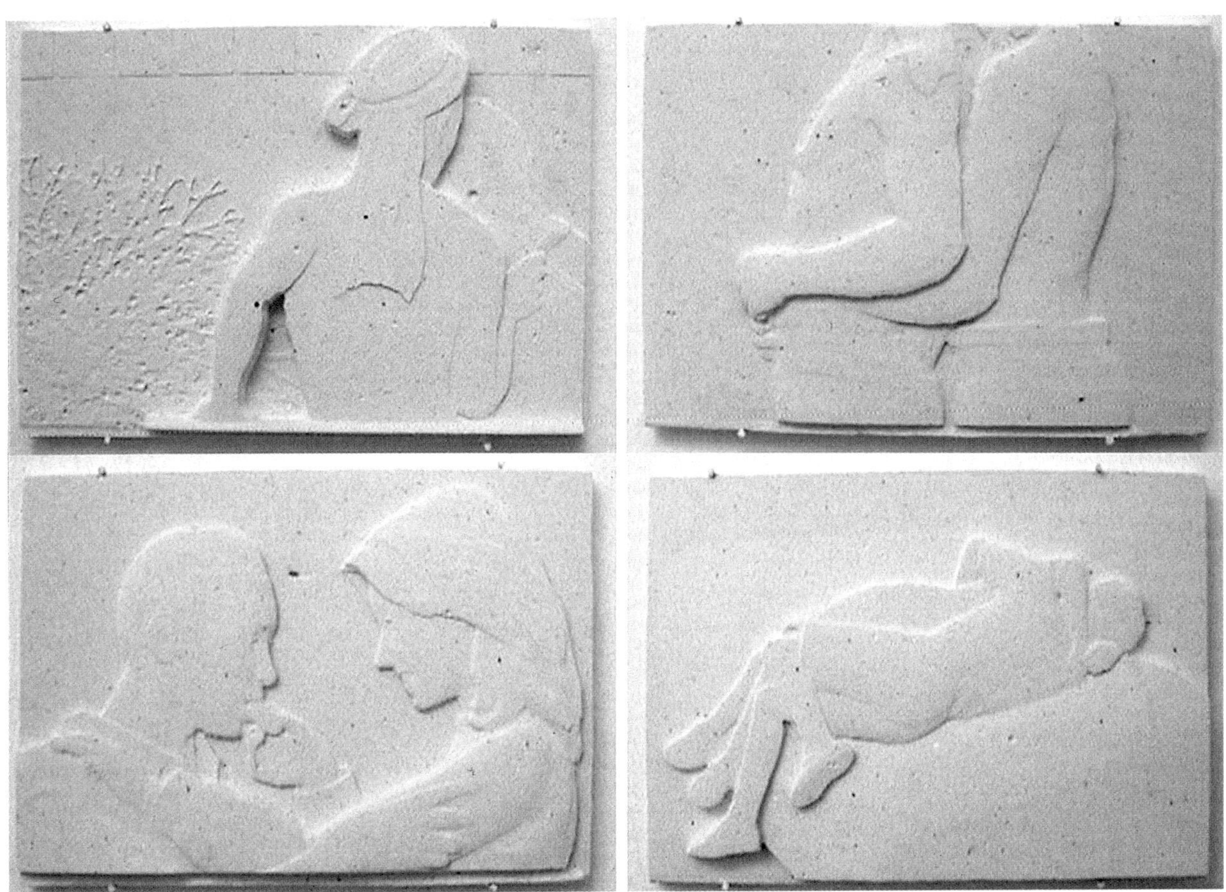

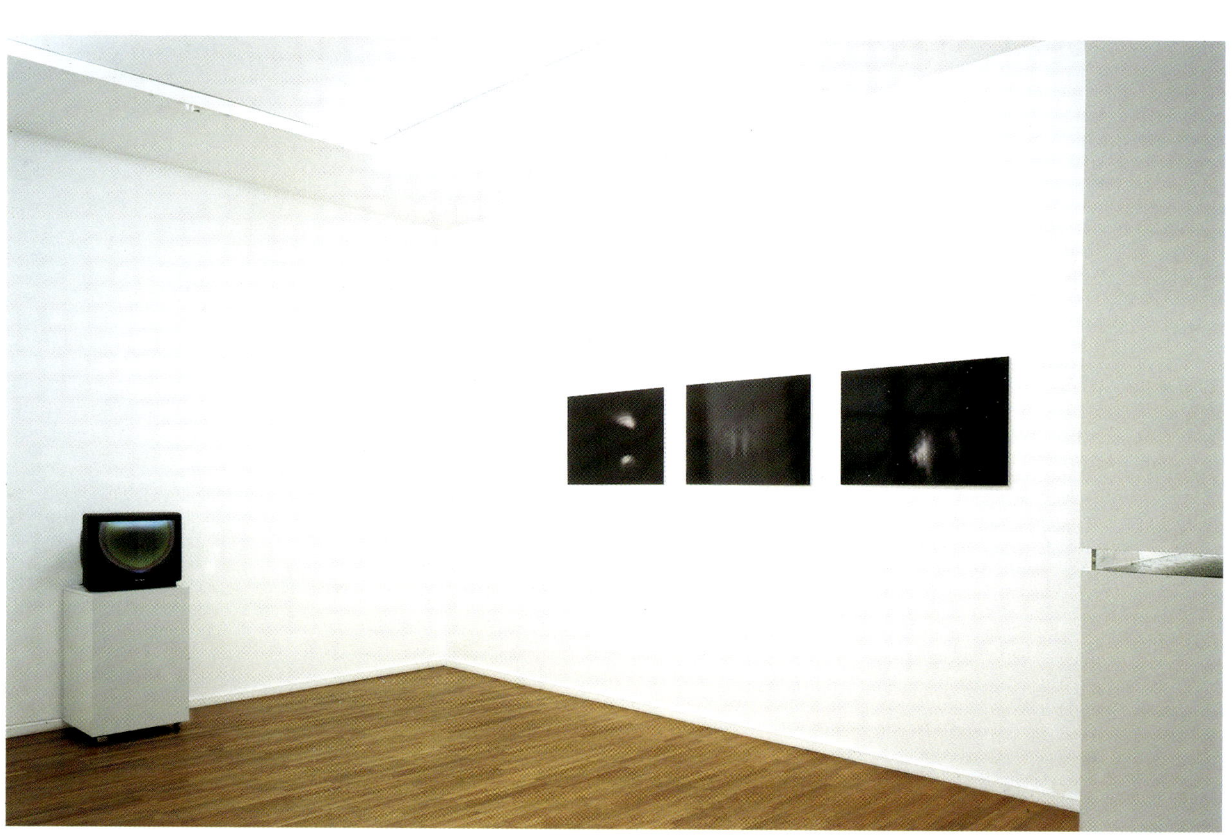

84 Veduta della mostra / Exhibition view *Luci,* 2001

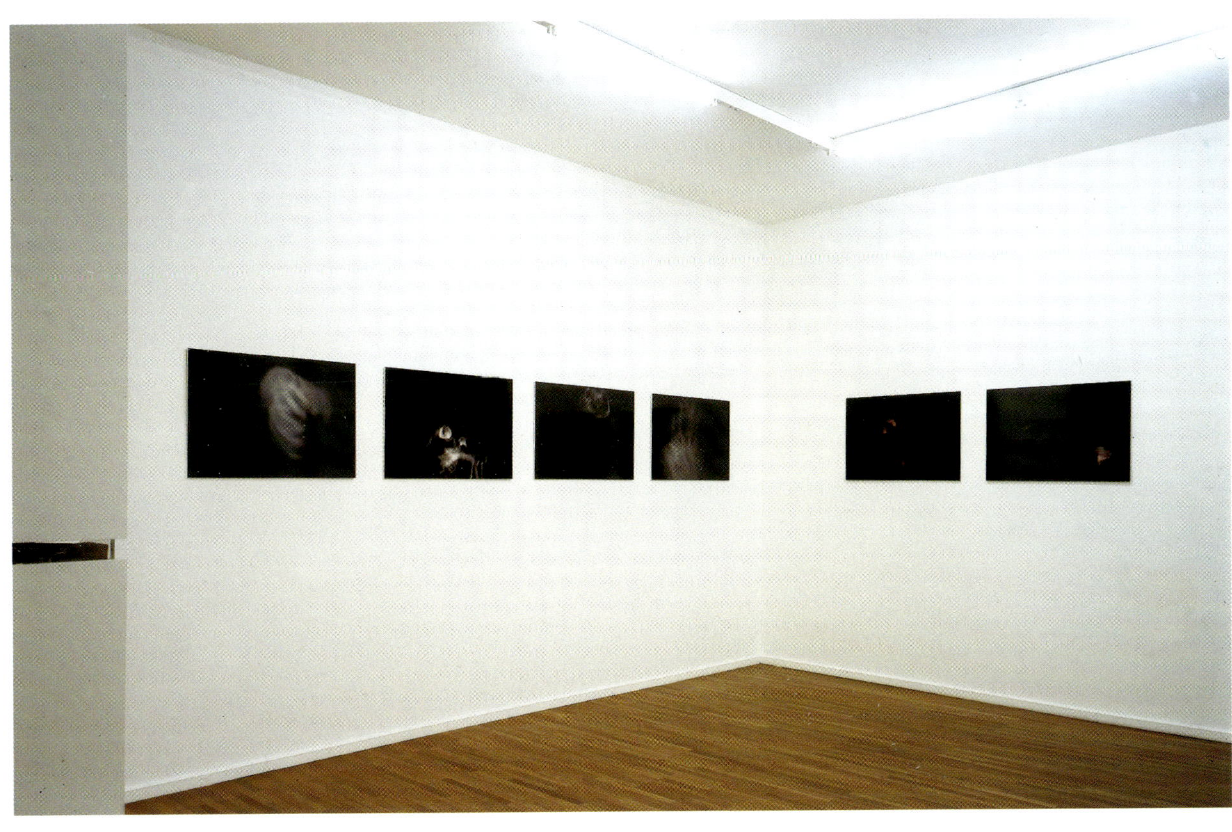

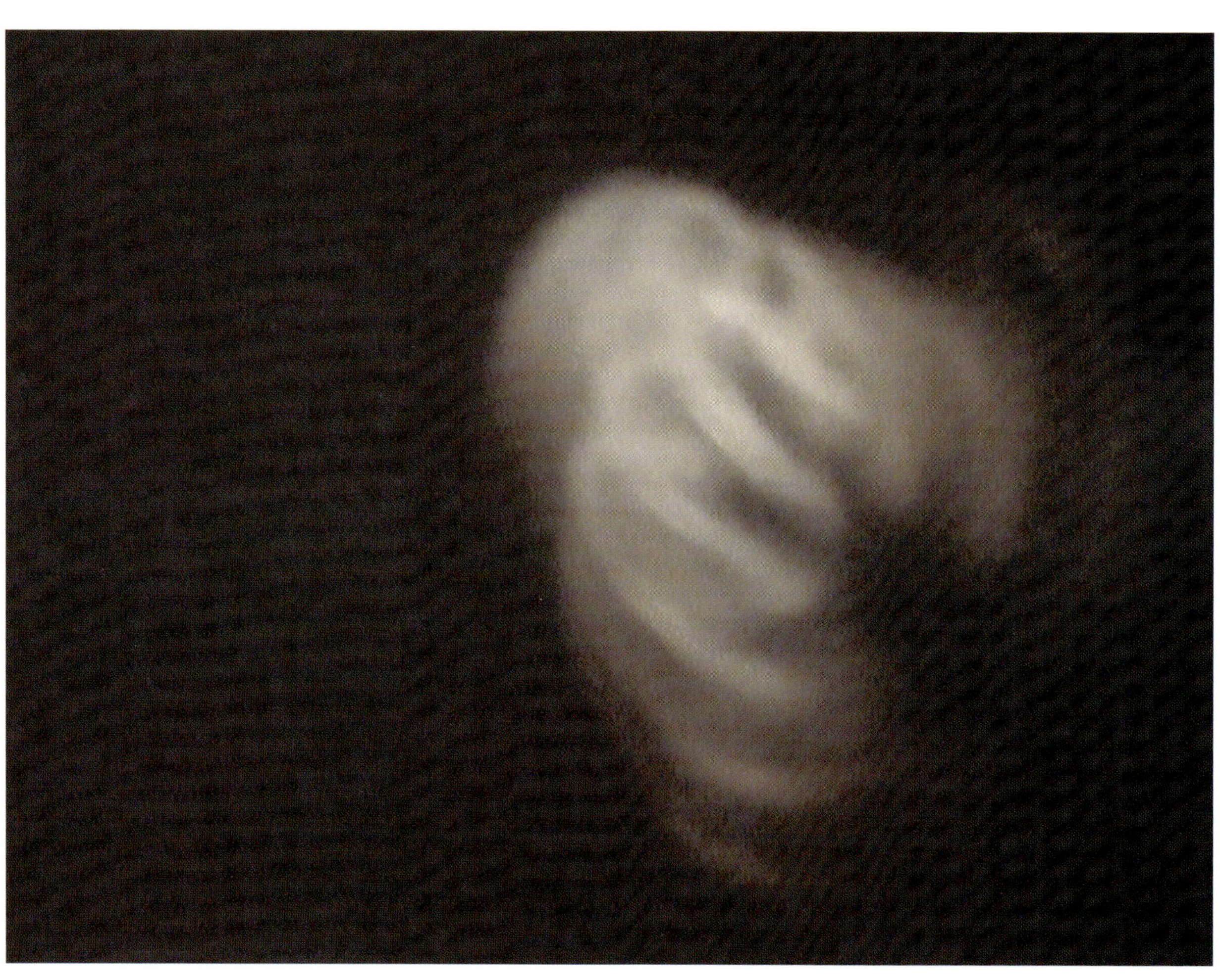

85 *Luci*, 2001
86 *Voliera*, 1998

Present's codes

Rosalba Paiano

The exhibition at the GAM in Turin of Eva Marisaldi, who for several years now has been working with the musician Enrico Serotti, reconfirms the maturity and relevance of an investigation that is always rich in inventions, in undulations and transparencies. I remember the impression which her works made upon me the first time I saw them in 1991: a pang of irritation — perhaps because of the airiness left by so much space to the dimension of absence, or because of its plainly colloquial attitude — immediately accompanied by the recognition that in these works the terms and the very meaning of the artistic operation had been transformed, and in a manner not particularly imperceptible. It is not by accident that her presence in these years has offered to the very young an abundance of referentiality, going so far as to generate spaces of communality which are more or less external and which are clearly derived from her influence.

She was already addressing herself back then, with the same impassioned concentration, to the peripheral and precarious vestiges of existence, which came to be lightened into a sort of suspended aesthetic arrangement, as well as to the modalities of communication, the incongruities and ambiguities of language which refer back to the equally widespread shortcomings of life itself, in a dialogical tension which engendered a series of resonances. But the fundamental element, the one which at the end of the Eighties, at the moment of her debut, gave evidence of a distinction with respect to a climate dominated by the transavantgarde and by the last consequences of Conceptualism, is the sense of a subjectivity that is reduced, limited in its possibilities of knowing and feeling, the perception that it is cultural conventions that provide orientation to our choices, that it is language which speaks to us. Objects, on the other hand, just as Benjamin had already observed quite early on, are capable of transforming themselves into something light and incorporeal without thereby becoming imaginary or unreal. Participation in the grand game of the world seems to be conditioned by the abandonment of a robust and immutable identity.

The fundamental interrelations in Eva's poetics are also present in the Turin project, but to these are added other incipient impulses upon which it will be fitting to dwell for a while. The project seems to be less polished than the one for the Center for contemporary art in Rome or the one for the Biennale, but instead to be richer and more highly articulated, the sign perhaps of a different sort of urgency. It is utterly concentrated upon the mind, upon its thoughts that are colored with emotion and desire. Modernity has distinguished three faculties — to understand, to desire, to feel — and upon each of these it has instituted a specific territory, restricting art to the sphere of the aesthetic. But it is seldom the case that a pure thought arises, just as it is overly reductive to exclude the possibility that art might be a practice which is also cognitive or moral or political.

Upon the walls, a large number of drawings and writings introduce the themes of the exhibition. The designs employ short strokes of graceful delicacy to recount a multitude of stories which are suspended in space and time and which are concerned with anonymous personages or with the protagonists of a chronicle that has long since faded. The writings are likewise extracts from books whose authors are no longer known, scraps of banal conversation or brief reflections of friends. They are thoughts

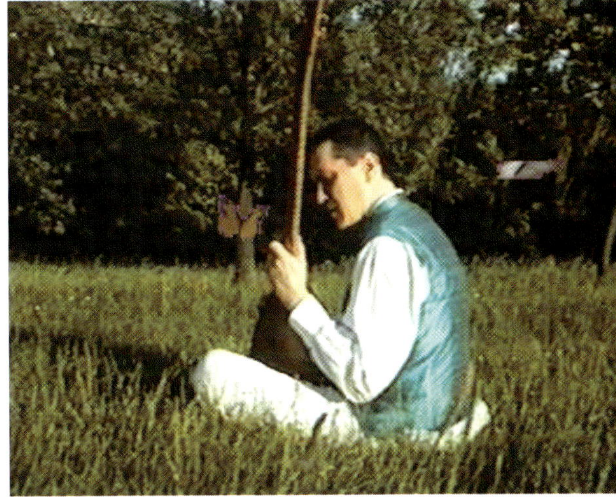

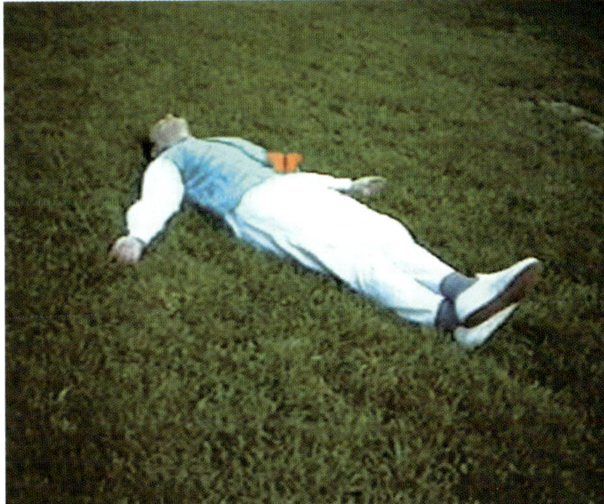

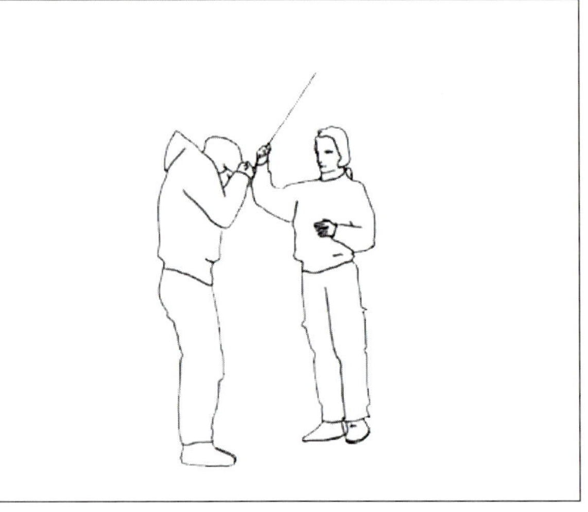

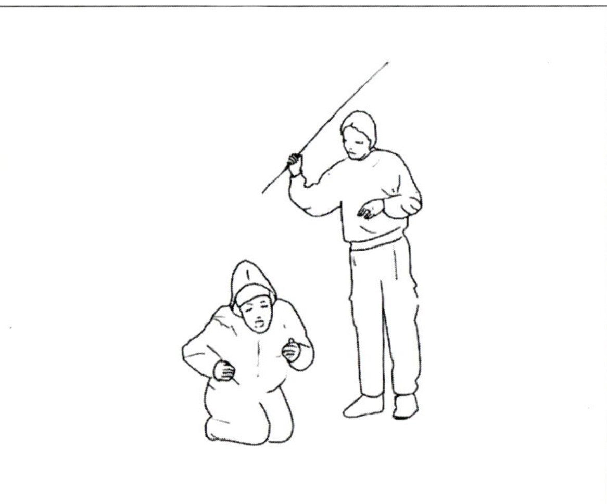

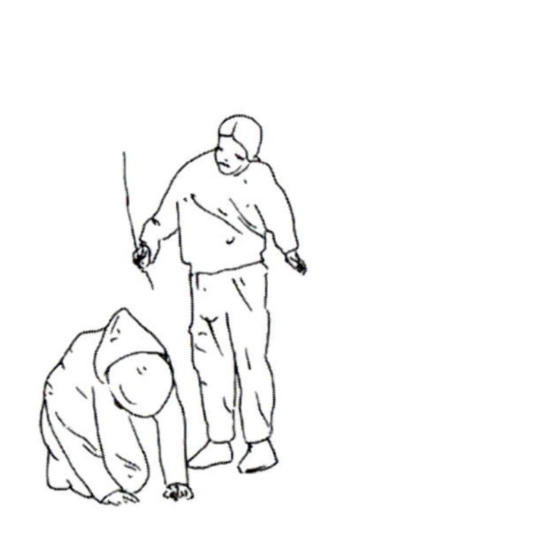

that are lost or unexpressed, thoughts which interlace or meet each other, dreaming thoughts, thoughts blinded by violence, thoughts which remain attached to specific places or which are carried inside certain objects. The spectator is transformed into a medium who perceives fragments of the thoughts of the world.

Introduced by the drawings and accompanied by sound, the exhibition unfolds like a household chamber of wonders in which each object possesses an autonomous significance and at the same time is inserted into a sequence that is enriched by diverse suggestions.

The first figure which we encounter is a carp, colored and utterly silent, entirely enclosed within the filter of its aphasia. In the second room, a diminutive silhouette is stretched out in a comical position upon a tiny bed of iron. It is Andrea, one of the recurrent figures among the acquaintances, friends and collaborators to whom from time to time Eva makes the request that they lend their presence, their voice or their thoughts, without ever taking on a fixed role. This represents a means of preservation, a way of assuring that intimacy remains interwoven throughout art but also that the project immediately animates itself. Thus Andrea recounted that as a young boy, to drive away bad dreams, he would place himself in an "Egyptian position" before drifting off to sleep. But perhaps his magical precaution has not worked, because a harsh and troubling uproar spreads throughout the room. In the third room, in a video of images from a forest illuminated by lights which go on and off to the rhythm of the drums, a stick designed on a computer rises to complete its unforeseeable and hypnotic evolutions, and then to disappear. It represents the movement of investigation, the spreading out of thought, and recalls Heidegger's *Holzwege*, those paths through a forest which have something to do with truth that is understood, not to be something which remains constantly at our disposal, like a theater curtain that is always raised, but rather to be like a forest glade which now and then opens itself to view and which requires on our part an attitude of self-surrender and attentive listening.

Associated with the image of the forest is a fireplace in the form of a cat from which issues the voice of Eva, who is humming. What could be imagined to be more domestic and sheltered than the association of a fireplace with a cat? And yet Eva feels the need to depart from a secure position, to expose herself in the first person by using a language that is not familiar to her. Here as well, a condition of everyday normality is illuminated by a shift of meaning.

The next situation is represented by a ring, a cage for combat which is closed up above by a net and in which two polishing machines filled with air collide stubbornly against each other, again and again, in unseemly and jerky movements. To finish things off, a splendid electric guitar, that instrument par excellence of rock music, approaches and recedes from an amplifier that lets loose a whistling resonance.

Hence thoughts represent that private and highly mobile ambit which intermixes ceaselessly with the emotions and with the will, which is capable of transforming itself into dialogue or remaining unexpressed, which can manifest itself in the beauty of its articulations, surrender to the fascination of music or become diminished amid the instinct of aggression. The image of two crazed household electrical appliances is dazzling, the mechanism of violence is always the same, whether it takes place outside of or within domestic walls, and it signals the diminishment of reason, its succumbing to a blind determination which appears all the more disquieting when it is externally directed.

In the case of music, however, our entire being abandons itself to a diffuse emotionality in which are intermingled remembrance, regrets and desires. The power of music, according to Oscar Wilde, can cause a man who has up to now led a perfectly normal life to discover unexpectedly "that his soul, without his knowing it, has passed through terrible experiences and has known terrible joys or fierce, romantic loves or grand renunciations."

The electric guitar and the motifs indicated by the voice of Eva recall the heyday of rock and punk music with its renowned concerts, which represented a phenomenon of irreproducible intensity, a form of alternative and often provocative communication, in which youths felt themselves to be protagonists who were all sharing in a new way of comprehending the world and its interrelationships.

Today the expressions seem to be greatly simplified and reveal themselves in terms of their crude blatancy: on the one hand individuals more and more closed-off within the task of constructing their own identities, on the other hand the spectacle which condemns us all to function as an audience – of television, of advertisement, of politics.

It seems difficult to find an articulation which would combine the narrations of the individual stories; it seems difficult to find a passage through an impersonality that becomes so viscous and impossible to grasp that it legitimizes disengagement. The reason is that it is a matter of something which on the one hand is incorporated in the lifestyle of the persons, and on the other hand is continually reconfirmed by the way in which they behave and place themselves in reciprocal relationship.

Eva makes use of the codes of the present with extraordinary moderation, in a mimetic operation that is almost perfect, without in any way enfolding them in irony but instead assuring that in them are together revealed the seductiveness of spectacle and the false security of that impersonality which all of us know and in which all of us are involved.

The splinters of the world, of voices and of thoughts, the different repetitions are like pieces of a mosaic which it is impossible to compel into unity, traces or fragments of submerged islands. But in the same moment in which the impossibility of attaining meaning becomes so vividly clear, nevertheless we can find no escape from pronunciation of some sort, however minimal, precarious or risk-filled.

There comes to mind for me a work of Eva's which has to do with the books of public libraries: a passage is underlined – thus violating a precise rule – because that which is written seems true or moving to us, or in order to leave a sign for someone who is not known, the reader who is still to come.

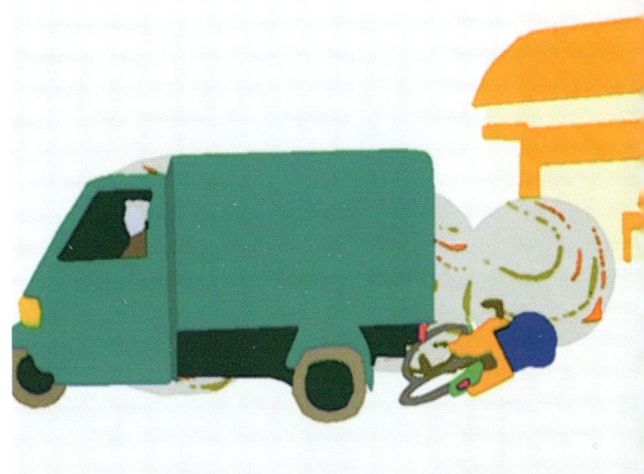

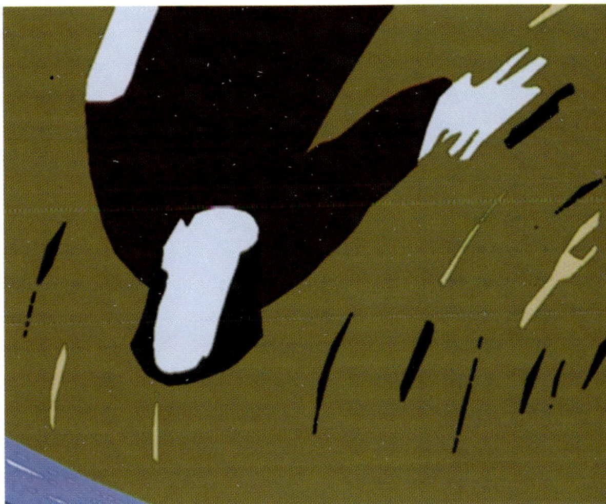

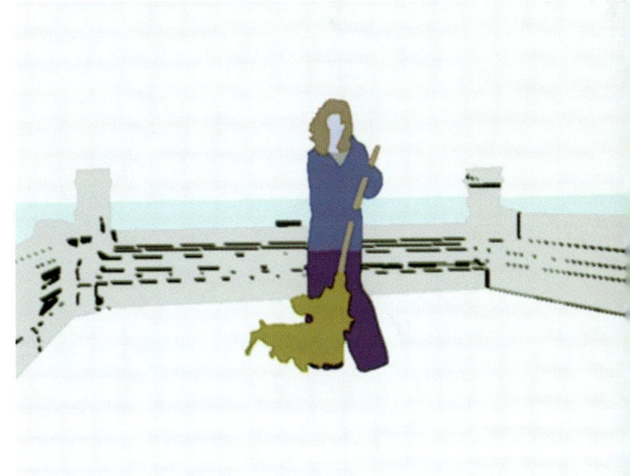

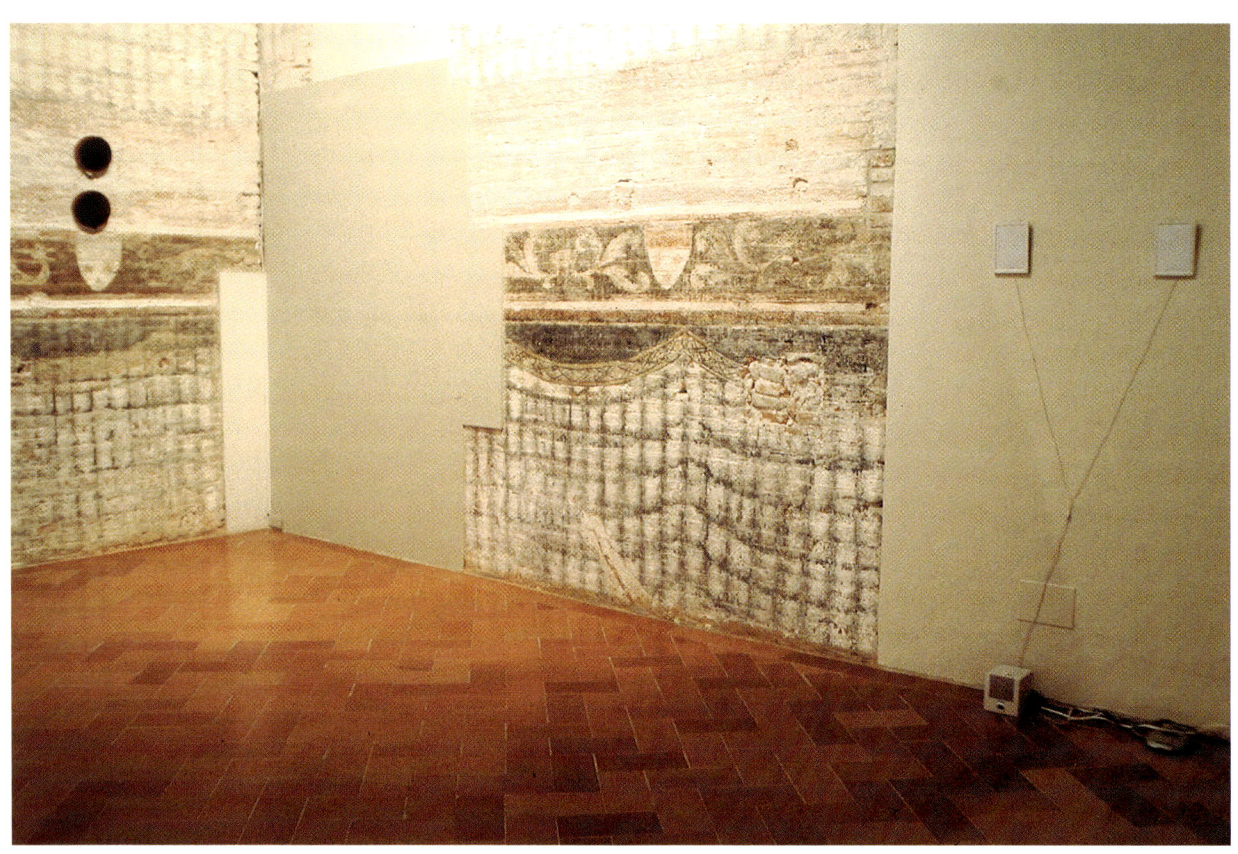

89 Rotazione, rivoluzione, 2001
90 Pale Idea, 2001

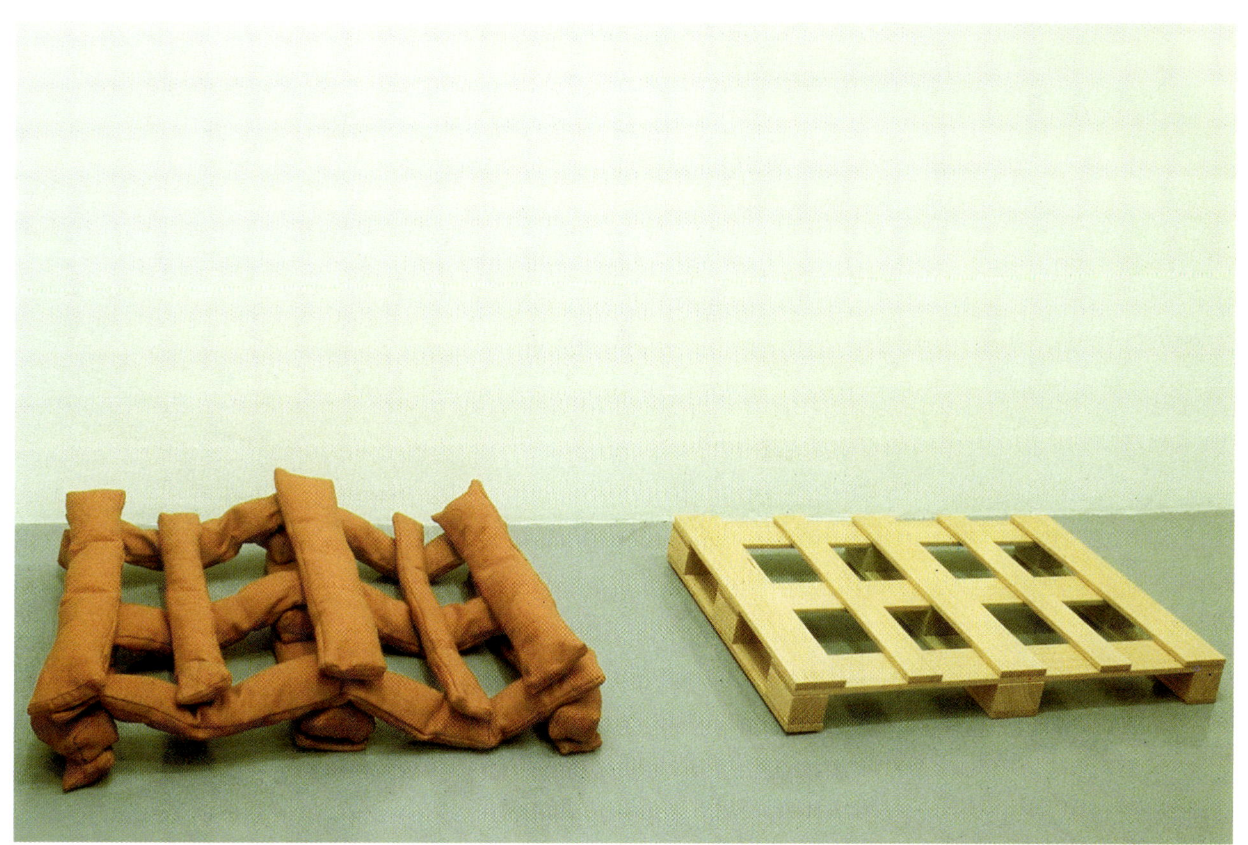

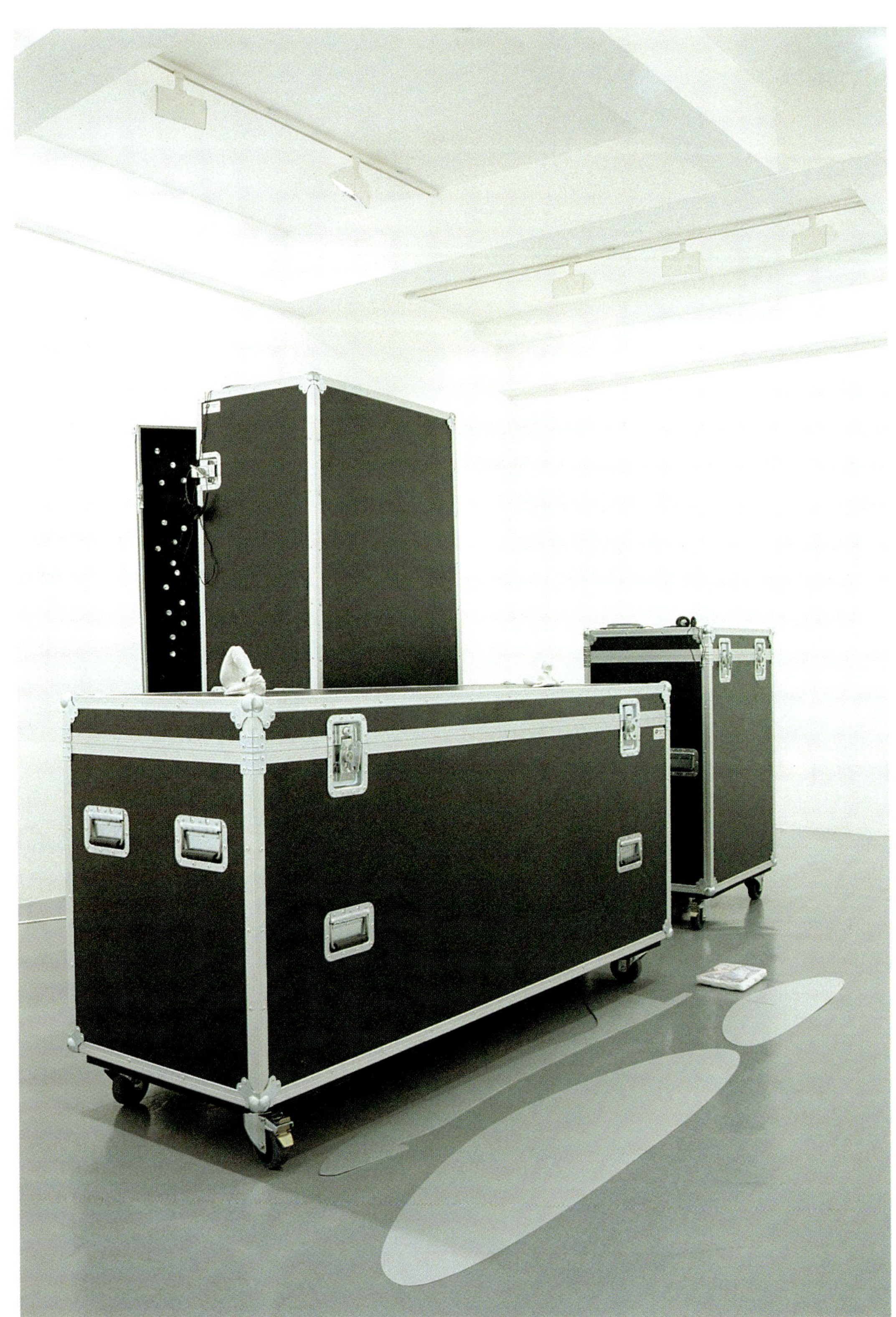

91 *Pale Idea*, 2001
92 *Pale Idea*, 2001

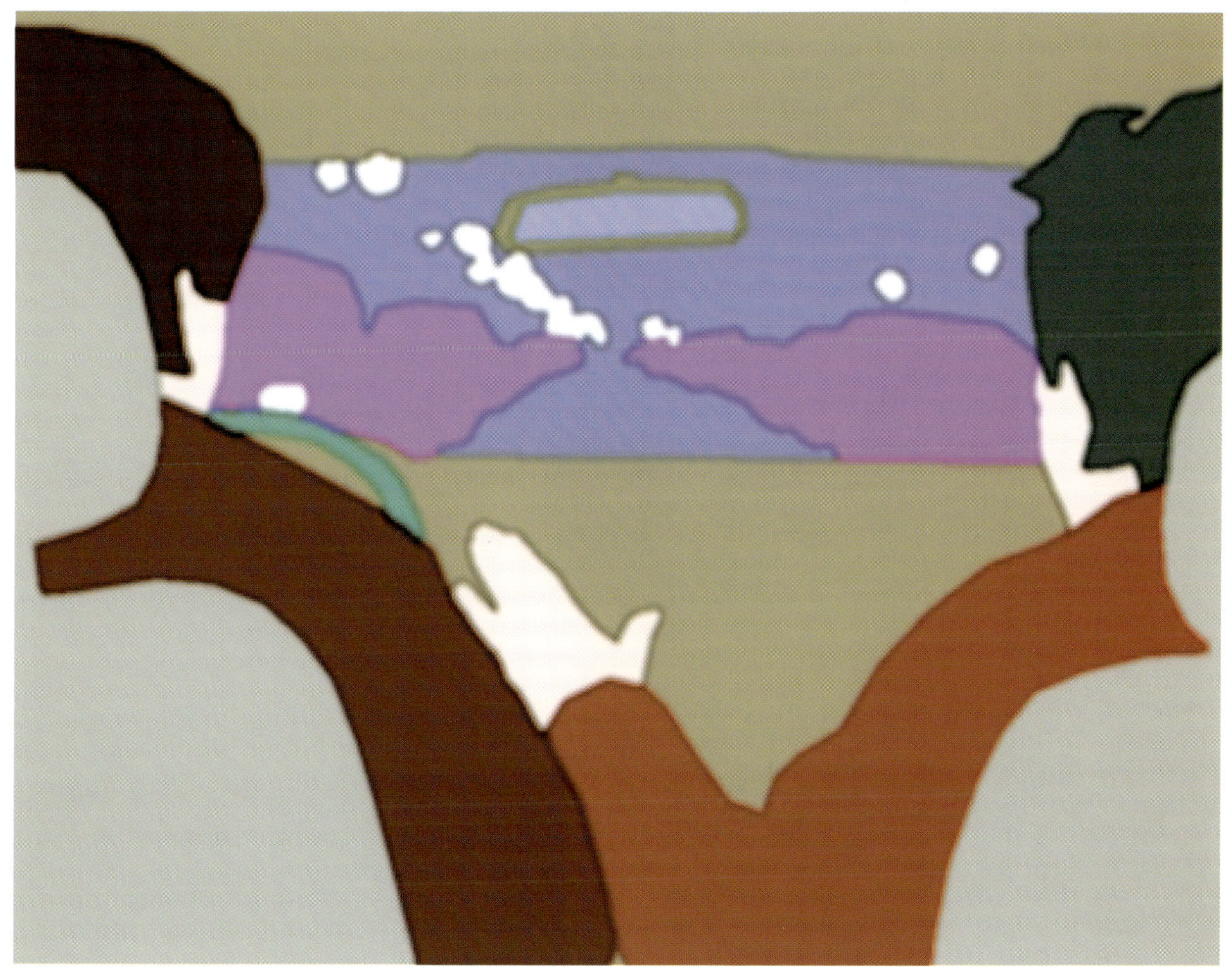

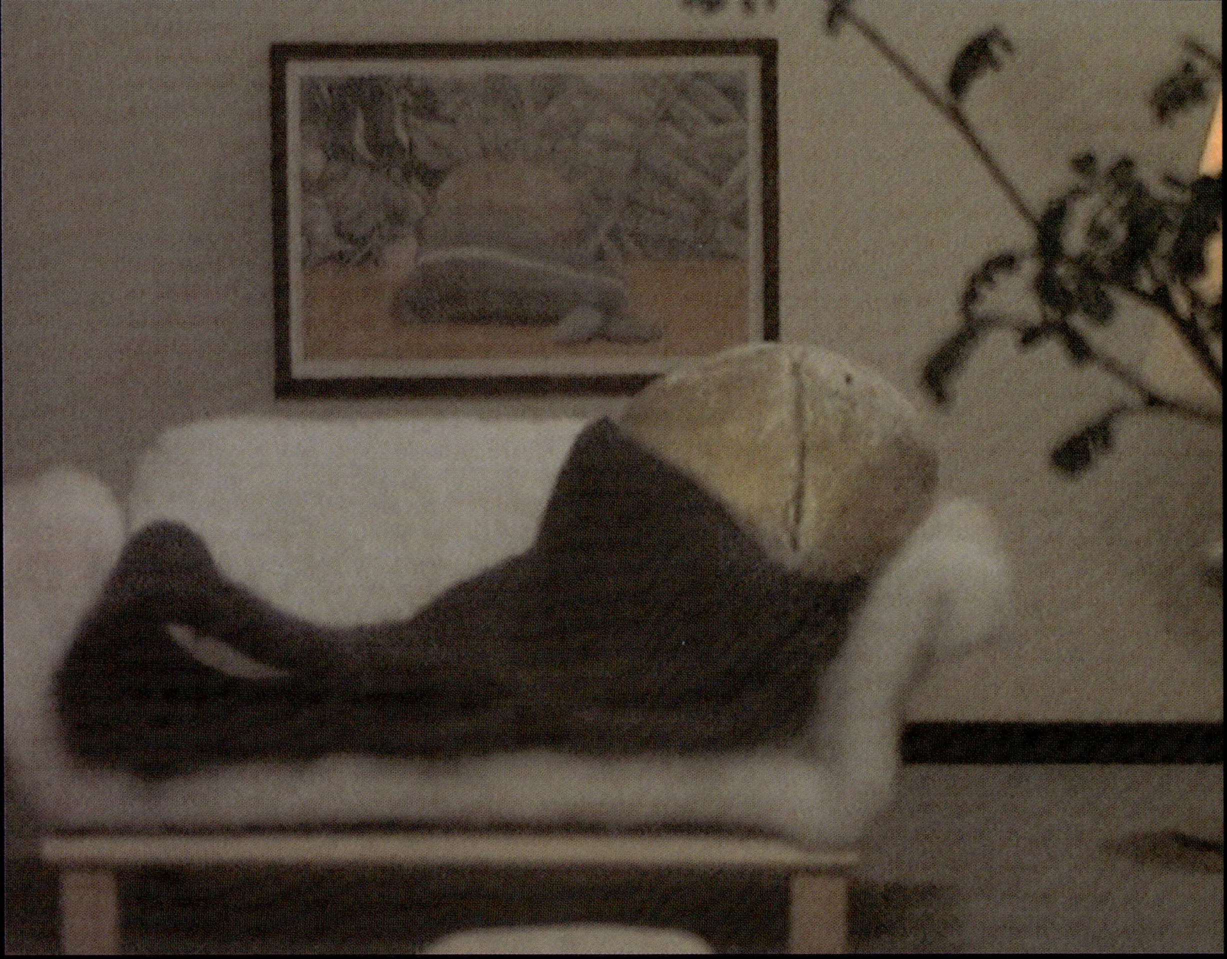

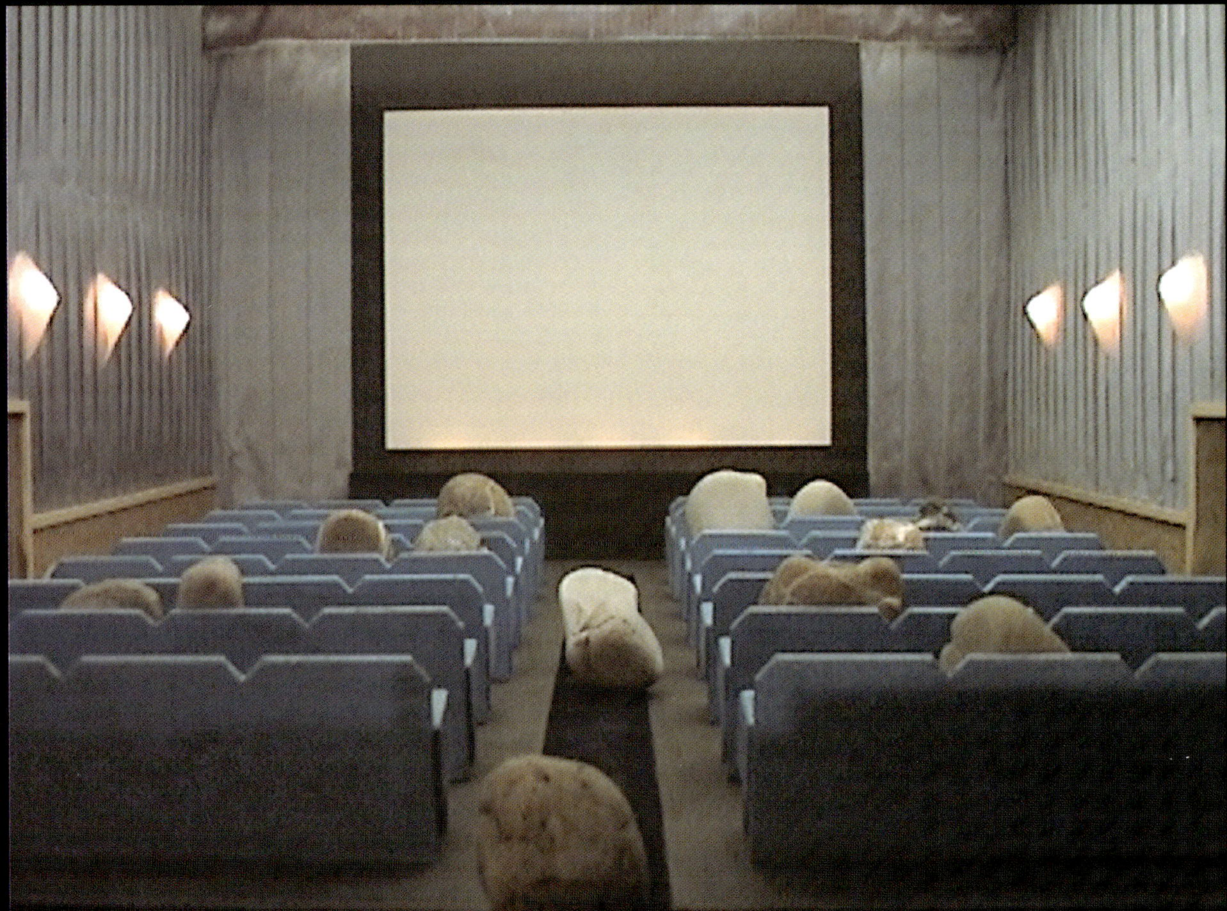

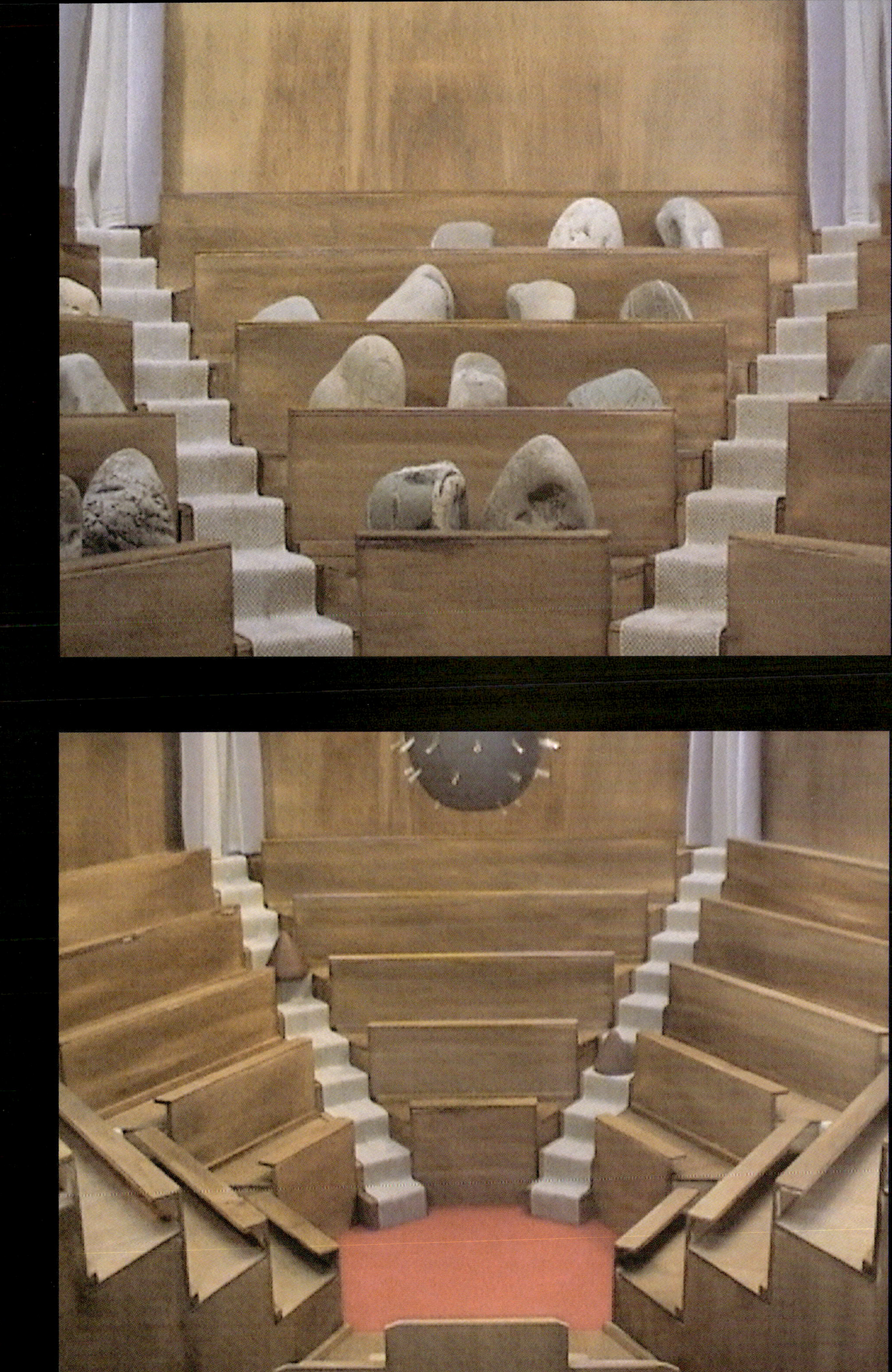

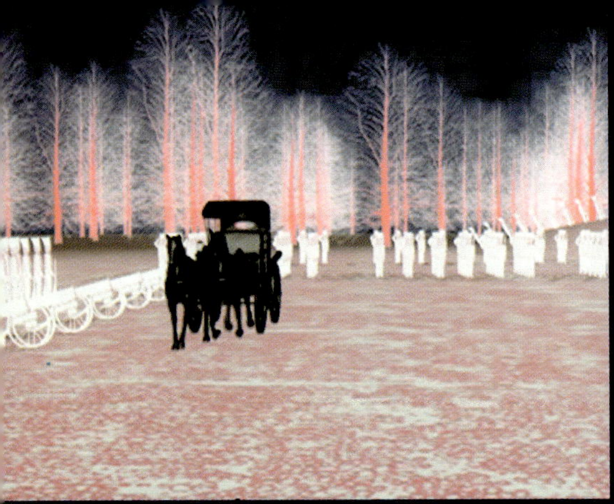

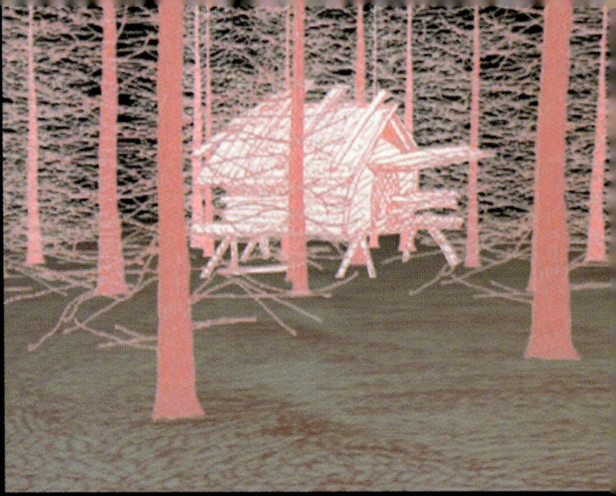

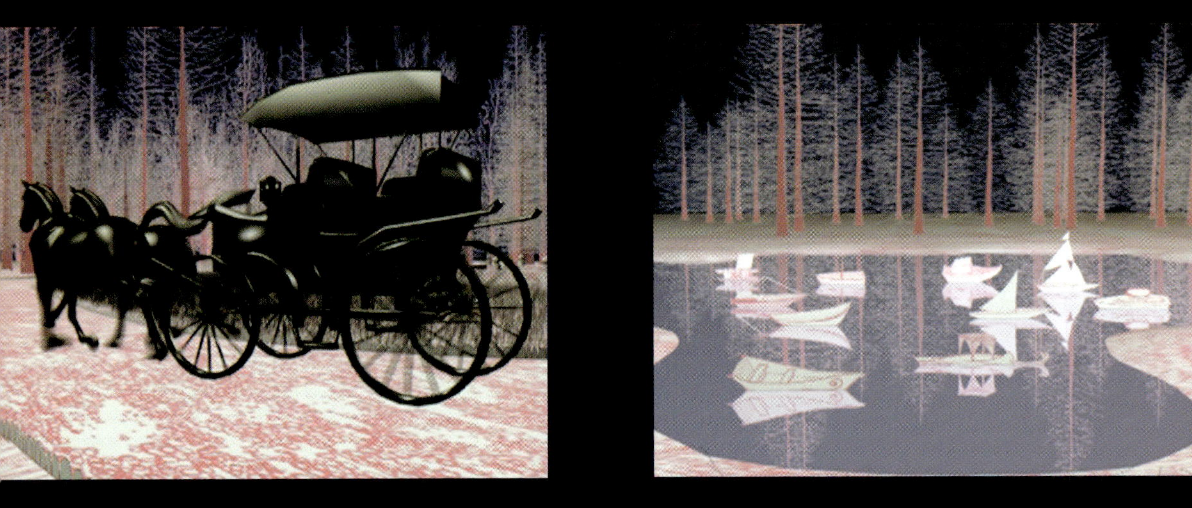
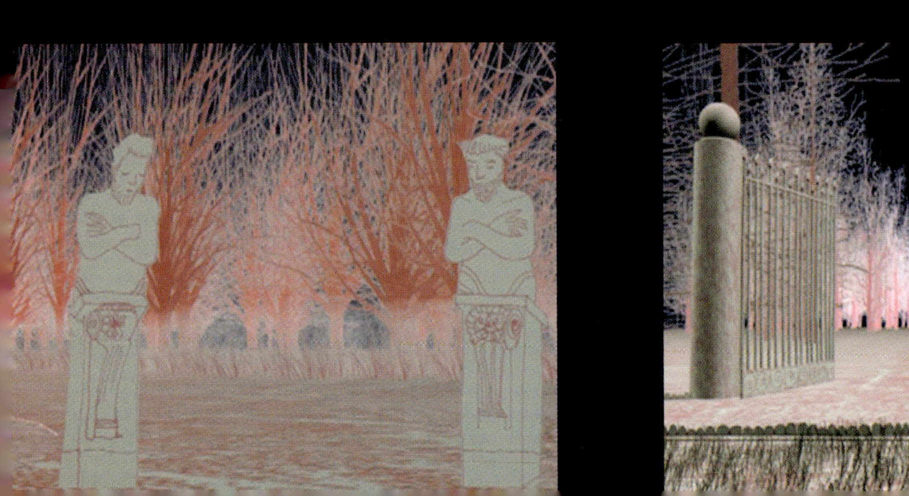
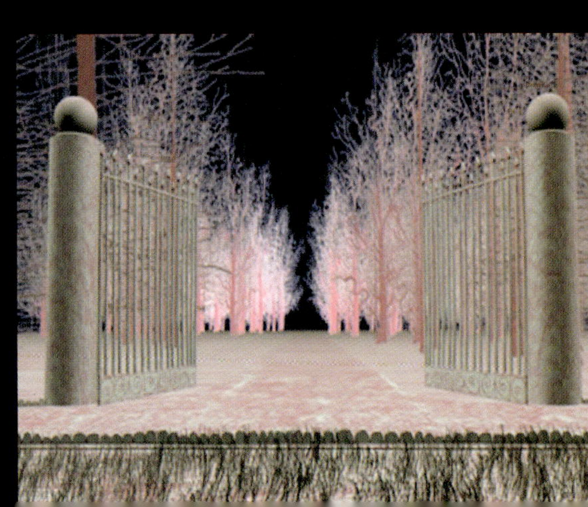

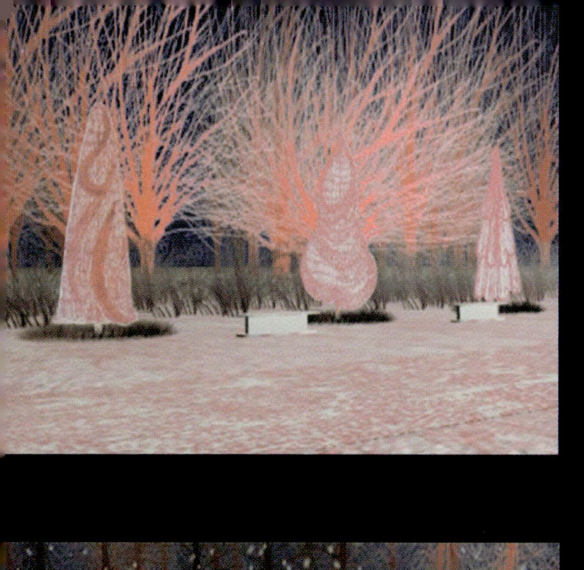
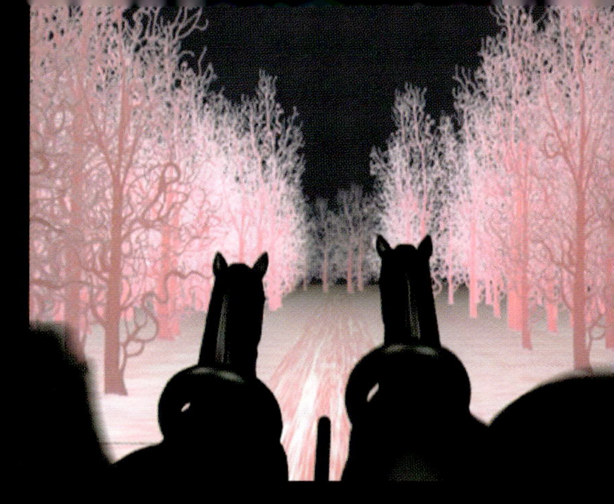
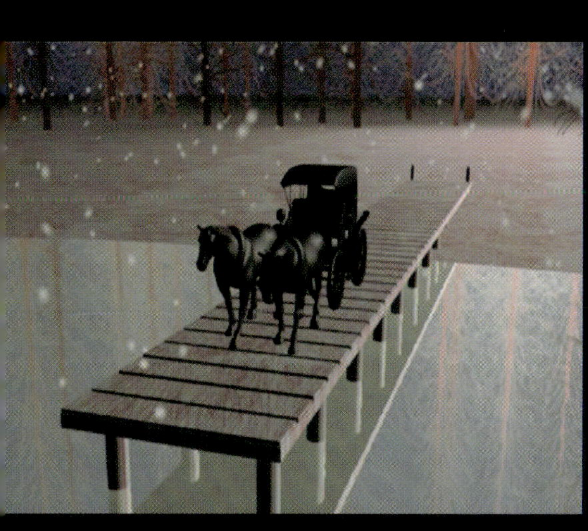
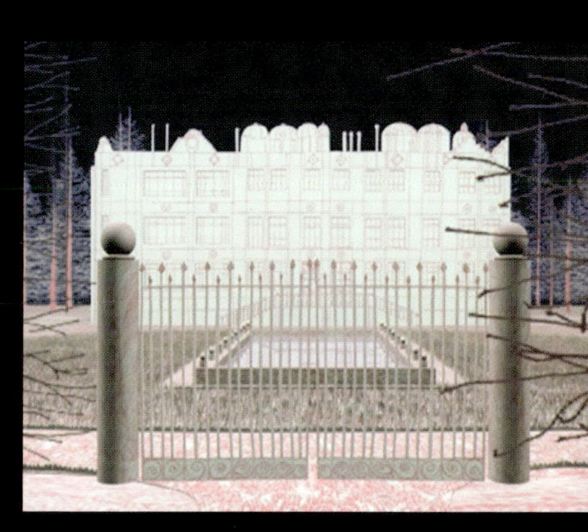
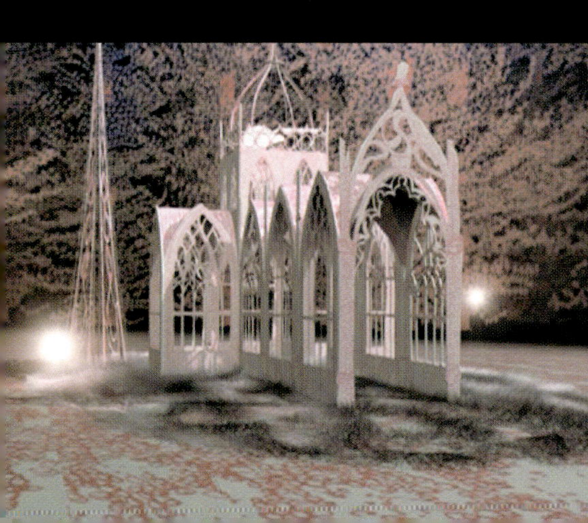
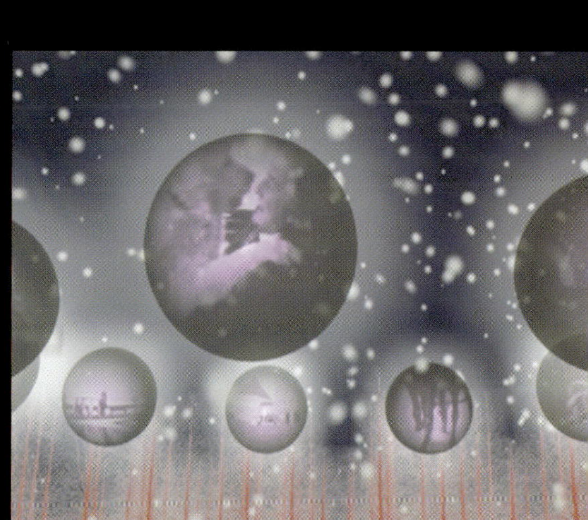

17
Sottolineature, 1993
fotocopie di frasi sottolineate su libri di
biblioteche pubbliche
photocopies of underlined texts form public
library books
coll. priv., Bologna

18
Veduta della mostra / Exhibition view
Una ragazza materiale
Galleria Raucci Santamaria, Napoli, 1993

19
Territorio, 1992
video, 7', colore, sonoro
video, 7', color, sound

20
Molte domande non hanno una risposta, 1997
stampe eliografiche
heliographic prints
coll. priv., Torino

21
Veduta della mostra / Exhibition view
Changing Bag
Studio Guenzani, Milano, 1992

22
Scatole nere, 1992
rullini fotografici non sviluppati, plexiglas,
fotografie
undeveloped rolls of film, plexiglas, photographs
courtesy Studio Guenzani, Milano

23
Estate, 1994
sonoro, walkman e rosmarino
sound, walkman and rosemary
coll. Franz Paludetto

24
Vicino, 1993
video, 4'20", colore, sonoro
video, 4'20", color, sound

25
Studio, 1994
carta da parati con riproduzione di impronte di
palline da tennis
wallpaper with reproduction of tennis ball prints
courtesy Galleria Neon, Bologna

26
Il corso tace, 1994
telai imbottiti con sagome di animali, lenzuoli
animal upholstered silhouettes, linen sheets
FRAC Languedoc

27
Senza titolo, 1992
scritte su mascherine di carta
writing on paper half masks
coll. priv., Trento

28
Cervello, 1989
ferro
iron
cm 300 x 350
coll. Ambra Stazzone, Catania

29
Senza titolo, 1990
pinzette e filo verde da giardiniere
tweezers and green gardener wire

30
Senza titolo, 1990
alfabeti Olivetti, specchio, carta
Olivetti alphabets, mirror, paper
cm 150 x 20 x 20
coll. priv., Milano

31
Senza titolo, 1992
pezzi di puzzle e faesite
puzzle pieces and wood

32
Udire, 1991
2 scritte (*differire*, *polso vuoto*) su tavolette,
ferro
2 writings (*differire*, *polso vuoto*) on boards, iron
courtesy Galleria Neon, Bologna

33
Scatole di montaggio, 1991
contenitore metallico, seduta in legno e cartone,
testi su alluminio
metal container, wood and cardboard, texts on
aluminium
courtesy Galeria Neon, Bologna

34
Controfigure, 1991
bamboline in legno, lamette da barba, elastici
wooden dolls, razor blades, rubber bands
cm 12 h
courtesy Studio Guenzani, Milano

35
Tappeto grigio, 1993
stracci da pavimento, acqua, polvere
dusters, water, dust
cm 300 x 350
courtesy Galleria Raucci Santamaria, Napoli

36
Veduta della mostra / Exhibition view
Una ragazza materiale
Galleria Raucci Santamaria, Napoli, 1993

37
Plasmoniana, 1993
argilla, acqua, ranocchi di silicone
clay, water, silicone frogs
courtesy Galleria Neon, Bologna, e / and
Galleria Massimo De Carlo, Milano

38
Altro ieri, 1993
specchio
mirror
cm 70 x 200
courtesy Galleria Massimo De Carlo, Milano

39
Altro ieri, 1993
legno, polvere di grafite, montatura per occhiali
wood, graphite powder, glasses frame
courtesy Galleria Massimo De Carlo, Milano

40
Rimandati, 1994
29 bambole in garza
29 gauze dolls
cm 40 h
courtesy Galerie Analix, Bruxelles
particolari / details

41
Luci grigie, 1994
lampade, filtri
lights, filters

42
Ospite, 1994
fotografia ritoccata
touched up photograph
cm 32 x 47
coll. priv., Bologna

43
Steadygirl, 1996
video, 7'30", colore, sonoro
video, 7'30", color, sound

44
Base 1, 2000
video, 8'50", colore, sonoro (6 frames)
video, 8'50", color, sound (6 frames)
Centro nazionale per le arti contemporanee,
Roma

45
Veduta della mostra / Exhibition view
Una ragazza materiale
Galleria Raucci Santamaria, Napoli, 1993

46
A4 extra, 1999
disegni su PVC
drawings on PVC
courtesy Galleria Neon, Bologna

47
Il Corvo, 1998
video animazione, 3'20", b/n, sonoro
video animation, 3'20", b/w, sound

48
Veduta della mostra / Exhibition view
Changing Bag
Studio Guenzani, Milano, 1992

49
Vicino, 1993
video, 4'20", colore, sonoro (2)
video, 4'20", color, sound (2)

50
Per esempio 1, 1994
3 fotografie
3 photographs
cm 15 x 10 cd / each
courtesy Galleria Neon, Bologna

51
Per esempio 2, 1994
fotografie di modellini di grattaunghie per gatti
photographs from maquettes of nail-scratch for cat
courtesy Galleria Neon, Bologna

52
Cinque giornate, 1994
work in progress
legno e tela
wood and cloth
coll. priv., Rovereto

53
Tutto tondo, 1998
8 fotografie
8 photographs
coll. GAM, Torino

54
Giovani uomini, 1994
4 impermeabili blu, testi incisi su alluminio
4 blue raincoats, texts on aluminium
coll. Massimo Daniela Minini, Brescia

55
Corano sottolineato, 1994
libro sottolineato
underlined book
coll. priv., Bologna

56
Vegetare, 1994
filo fatto a mano, filo di ferro
hand made thread, iron wire
cm 12 h
courtesy Studio Guenzani, Milano

57
A un'ora, 1994
schermo di carta catramata, ciabattine
screen of tared paper, slippers
courtesy Studio Guenzani, Milano

58
Divisa, 1994
stoffa, guanti e tessuto fotosensibile
uniform, gloves and photosensitive cloth
courtesy Corvi-Mora Gallery, London

59
Crash, 1994
diademi con frammenti di parabrezza
tiaras with fragments of windscreen
coll. Pavanello, Padova
courtesy Galleria Minini, Brescia

60
È nella mia natura, 1995
7 fotografie su alluminio di gioiello vittoriano da vedova, in argento e niello
7 photographs on aluminium of a Victorian jewel for vidow, of silver and *niello*
cm 29 x 21 cd / each
particolare / detail

61
Minima arteria, 1995
carta, polvere di creta, polvere di vetro, sonoro
paper, clay powder, glass powder, sound
coll. Patrizia e Agostino Re Rebaudengo, Torino
courtesy Galleria Minini, Brescia

62
Giovani uomini, 1996
pantaloni da marinaio, polvere d'alghe, meccanismo e pedana
sailor pants, algae powder, mechanism for motion and base
courtesy Galleria Neon, Bologna

63
Maestri, 1996
sedie in terra, vetro e ferro
clay, glass and iron chairs
courtesy Galleria Massimo De Carlo, Milano

64
Una ragazza senza un gioiello, 1996
fotografie su alluminio, sonoro
photographs on aluminium, sound
FRAC Dijon

65
Angolo, 1996
video animazione, 40", b/n, muto
video animation, 40", b/w, mute
courtesy Corvi-Mora Gallery, London

66
Wanderer, 1996
ricamo su tessuto, lettore CD, altoparlanti, sonoro
embroided cloth, CD player, loudspeakers, sound
cm 100 x 350
courtesy Corvi-Mora Gallery, London

67
Uomini al lavoro, 1997
lamiera verniciata e polvere
painted iron sheets and dust
coll. GAM, Torino

68
Veduta della mostra / Exhibition view
Indifferentemente
Galleria Massimo De Carlo, Milano, 1998

69
Veduta della mostra / Exhibition view
Omissioni
Galleria S.A.L.E.S., Roma, 1998

70
Omissioni, 1998
fiori di silverplate
silverplated flowers
coll. priv., Roma

71
Monologo, 1999
fotografia su tela
photograph on canvas
courtesy Galleria Minini, Brescia

72
Polaroid, 1999
testi su alluminio
texts on aluminum
coll. Paolo Consolandi, Milano
courtesy Galleria Minini, Brescia

73
Spilli, 1999
tessuto e legno
cloth and wood
coll. GAM, Torino

74
Il bosco di Claire, 1999
video animazione, 3'50", colore, muto
video animation, 3'50", colors, mute
courtesy Corvi-Mora Gallery, London

75
Remake, 1992
gomma stampata su banda magnetica
printed rubber on magnetic band
60 elementi / 60 pieces
cm 3 x 2 cd / each
particolare / detail
courtesy Galleria Raucci Santamaria, Napoli

76
Veduta della mostra / Exhibition view
Tristan
Galleria Massimo De Carlo, Milano, 2000

77
Mini ponies, 2000
stampa eliografica su alluminio
heliographic print on aluminium
courtesy Galleria Massimo De Carlo, Milano

78
Emicranie, 1999
gioielli d'argento e fotografie
silver jewels and photographs
courtesy Corvi-Mora Gallery, London

79
Veduta della mostra / Exhibition view
A4 cxtra
Galleria Comunale d'Arte Moderna, Spazio
Aperto, Bologna, 1999
courtesy Galleria Neon, Bologna

80
Lieto fine, 2000
cuscini ricamati
embroidered pillows
Museo d'Arte Moderna e Contemporanea di
Trento e Rovereto
particolari / details

81
Veduta della mostra / Exhibition view
Lieto fine
Museo d'Arte Moderna e Contemporanea di
Trento e Rovereto, 2000

82
Veduta della mostra / Exhibition view
Roma
Fondazione Teseco, Pisa, 2000

83
Senza Fine 1, 2001
7 bassorilievi in gesso
7 plaster bas-reliefs
cm 15 x 10 cd / each
coll. priv., Roma
courtesy Galleria S.A.L.E.S., Roma
particolare / detail

84
Veduta della mostra / Exhibition view
Luci
Städtische Galerie im Lenbachhaus, München,
2001

85
Luci, 2001
video, 2'30", colore, sonoro (2 frames)
video, 2'30", color, sound (2 frames)
coll. GAM, Torino

86
Voliera, 1998
video, 5', colore, sonoro (2 frames)
video, 5', color, sound (2 frames)
coll. Museo d'Arte Contemporanea Castello di
Rivoli

87
Indifferentemente, 1998
video animazione, 2'40", b/n, muto (3 frames)
video animation, 2'40", b/w, mute (3 frames)
courtesy Galleria Massimo De Carlo, Milano

88
Happ, 2001
video animazione, 2'50", colore, sonoro (3
frames)
video, animation, 2'50", color, sound (3 frames)
courtesy Sonsbeek 9, Arnhem

89
Rotazione, rivoluzione, 2001
2 canjira con velluto nero, lettore CD, musiche di
Enrico Maria Serotti
2 canjiras with black velvet, CD player, music by
Enrico Maria Serotti
coll. priv., Ragusa
courtesy Galleria S.A.L.E.S., Roma

90
Pale Idea, 2001
pallet e tessuto imbottito
pallet and upholstered cloth
courtesy Corvi-Mora Gallery, London

91
Pale Idea, 2001
bauli da aereo, sonoro
flightcases, sound
courtesy Corvi-Mora Gallery, London

92
Pale Idea, 2001
video animazione, 3', colore, sonoro
video animation, 3', color, sound
coll. GAM, Torino

93
Legenda, 2002
video animazione, 6', colore, sonoro (4 frames)
video animation, 6', color, sound (4 frames)
Centro nazionale per le arti contemporanee,
Roma

94
Cuckoo, 2002
video animazione, 4', colore, sonoro
video animation, 4', color, sound
opera realizzata in collaborazione con / work
realized in collaboration with Furla Progetti per
l'arte

BIOGRAFIA
BIOGRAPHY
a cura di/edited by Stefania Vannini

EVA MARISALDI

Nata a Bologna nel 1966.
Vive e lavora a Bologna.
Born in Bologna in 1966.
Lives and works in Bologna.

STUDI/*STUDY*
Accademia di Belle Arti, Bologna.

MOSTRE PERSONALI/*SOLO EXHIBITIONS*

1990
ee, Galleria Neon, Bologna
Laboratorio 3°, Galleria Centro San Fedele, Milano

1992
E.M., Studio Guenzani, Milano

1993
Una ragazza materiale, Galleria Raucci &
Santamaria, Napoli
Prêt, ARC Musée de la Ville de Paris, Paris
La portata umana è nulla, Galleria Neon, Bologna

1994
Film, Galerie Analix, Genève
A un'ora, Studio Guenzani, Milano

1995
Minima arteria, Galleria Massimo Minini, Brescia
5 Giornate, Kunsthaus Essen, Essen
Il corso tace, Galerie Iconoscope/FRAC Languedoc-
Roussillon, Montpellier

1996
X e il Disegno della Cancellazione, Galleria
Massimo De Carlo, Milano
Maestri, Galleria Massimo De Carlo, Milano

1997
Molte domande non hanno una risposta, Galleria
Neon, Bologna
Avanti e indietro sul linoleum fino all'alba, Robert
Prime Gallery, London

1998
Indifferentemente, Galleria Massimo De Carlo,
Milano
Omissioni, Galleria S.A.L.E.S., Roma

1999
Accampamenti, Galleria Massimo Minini, Brescia
Jet lag, Robert Prime Gallery, London
A4 extra, Galleria Comunale d'Arte Moderna,
Spazio Aperto, Bologna

2000
Eva Marisaldi, Museo d'Arte Moderna e
Contemporanea di Trento e Rovereto, Palazzo delle
Albere, Trento
Tristan, Galleria Massimo De Carlo, Milano
E.M., Galleria S.A.L.E.S., Roma

2001
Pale Idea, Corvi Mora Gallery, London
E.M., Galerie Meert Rihoux, Bruxelles
Ghost Track, Galleria S.A.L.E.S., Roma

2002
Eva Marisaldi. Legenda, Centro nazionale per le arti
contemporanee, Roma

MOSTRE COLLETTIVE/*GROUP EXHIBITIONS*

1988
Biennale Giovani Artisti dell'Europa Mediterranea,
Bologna

1989
L'Europe d'Art, Niort, France
Visioni di Hymnen, allestimenti per musiche
di/decor for music by Stockhausen, Lingotto, Torino

1990
Beghi, Bernardi, Marisaldi, Pessoli, Pivi, S. Maria
delle Croci, Ravenna; Galleria Neon, Bologna
Italia90, Ipotesi Arte giovane, Fabbrica del vapore,
Milano

1991
La Galleria si mostra, Galleria Neon, Bologna
Cromie, Galleria delle Colonne, Parma
Spazi Futuri. Giovani scultori in Italia, Castello dei
Pio, Carpi, Modena; Centro Cascina Nuova,
Segrate, Milano
Provoc'arte, Galleria Ferroviaria Montale,
Repubblica di S. Marino
Immagini Proiettate, Spazio Viafarini, Milano
Nuova Officina Bolognese, Galleria Comunale
d'Arte Moderna, Bologna

1992
Air de Paris, Paris, Galleria Neon, Bologna
Dorainavanti, Premio Michetti, Francavilla al Mare,
Chieti
Una domenica a Rivara, Castello di Rivara, Rivara,
Torino
Aceland. Territori Occupati, Galleria Arx, Torino
Venti pezzi fragili, Galerie Analix, Genève
Tattoo Collection, Galerie Air de Paris & Urbi et
Orbi, Galerie Jennifer Flay, Paris; Galerie Daniel
Bucholz, Köln; Andrea Rosen Gallery, New York;
CRDC, Nantes
Trekking, Galleria Neon, Emilio Fantin Diffusione,
Badolo (Monte Adone), Brento, Bologna
Quadreria, Galleria Bordone, Milano
Invito Italiano alla Giovane Critica, Termoli,
Campobasso

1993
Documentario/Privacy, Spazio Opus, Milano
Rassegna video, Galerie Marc Jancou, Zürich
June, Galerie Thaddeus Ropac, Paris
Autoritratto di Galleria, Sala comunale, Castel S.
Pietro Terme, Bologna
Futura Book Collection, Galerie Air de Paris, Nice
Aperto '93, Emergenze, XLV Biennale di Venezia,
Venezia
Hotel Carlton Palace, chambre 763, Hotel Carlton,
Parigi
Peccato di novità, Galleria Emi Fontana, Milano
Forme di relazione, Galleria Neon, Bologna;
Orzinuovi, Brescia
Galleria Massimo De Carlo, Milano

1994
Ho preparato la mia casa e sto aspettando, Galleria
Neon, Bologna
Prima linea, Flash Art Museum, Trevi, Perugia
*Soggetto/Soggetto. Una nuova relazione nell'arte di
oggi*, Museo d'arte contemporanea Castello di
Rivoli, Rivoli, Torino
L'Hiver de l'Amour, ARC Musée de la Ville de Paris,
Paris; P.S.1, New York
Luigi Ontani, Luciano Bartolini, Eva Marisaldi, Sala
comunale, Castel S. Pietro Terme, Bologna
Oriente Mediterraneo, Università di Helwan, Istituto
Italiano di Cultura, Cairo
Double Density, Galerie Pohlhammer, Steyr, Austria;
Galleria Alberto Weber, Torino; Galleria Neon,
Bologna
Ars Lux, Made in Bo, Bologna
Rien à signaler, Galerie Analix, Genève
Nuova Officina Bolognese, Cankarjev dom, Ljubljana
My car is black, and yours is white, Galerie
Mladych, Brno, Czech Republic
Europa '94, Munich Order Centre, München
Galleria Numero Civico, Rovereto
La casa del padre, Galleria Schema, Firenze
Incertaine identité, Galerie Analix, Génève
Esercizio, video *Blob-Fuori orario*, RAI 3 (23.12.1994)
VHS, Palazzina Liberty, Milano

1995
Il Giovane Ospite, Casa del Giorgione, Castelfranco
Veneto, Treviso
THE, Galleria Neon, Bologna
*Arienti, Cattelan, Kaufmann, Marisaldi, Casiraghi,
Cingolani, Kozaris, Quartana*, Spazio Viafarini,
Milano
Inizio di partita, Piazza della Dama, Castelvetro,
Modena
Mercato Saraceno, Mercato Saraceno, Forlì
Senza Titolo. Eventi, Trento
Tentativi di intrusione, S. Maria delle Croci,
Ravenna
Interno 1, Galleria Raucci & Santamaria, Napoli
Transfer, Kabinett, Essen
Transfer, Galleria Comunale d'Arte Moderna,
Bologna; Castello di Rivara, Rivara, Torino;
Düsseldorf; Aachen

1996
Interno 2, Galleria Raucci & Santamaria, Napoli
More Than Real, Palazzo Reale, Caserta
To die with on our hand, Link, Bologna
Niente di personale, Open Space, Milano
*Su questa sola base non sapremo né cosa stiamo
osservando né come le nostre osservazioni siano
distorte dalla propensione a raccugliere certi tipi di
indizi a preferenza di altri*, Galleria Primo Piano,
Roma
*Visto che il gioco è interessante vanno a chiamare
un altro elefante*, CTS Niguarda, Milano; Galleria
Primo Piano, Roma; Ex Chiesa di S. Agostino,
Bergamo
Uccelli/Birds, Parco degli uccelli La Selva, Paliano,
Frosinone
Una stabile relazione insoddisfacente, Link, Bologna

Manifesta 1, Witte de With Centre for
Contemporary Art, Rotterdam
Exchanging Interiors, Museum Van Loon,
Amsterdam
Presente/Gegenwart, Kunstlerwerkstatt
Lothringerstrasse, München
*XII Quadriennale Italia 1950-1990: Ultime
generazioni*, Palazzo delle Esposizioni, Roma

1997
Sequenze labili, Sala 1, Roma
Giro d'Italia dell'arte in nove tappe, L'Attico, Roma
È nella mia natura, Galleria Neon, Bologna
Esistenza elettrica. Sette artisti italiani, Galleria
Spsas, Locarno
Do it, Kunstverein Kreis Gutersloh, Gutersloh
*Pittura italiana da collezioni italiane. Italian
painting from italian collections*, Museo d'Arte
Contemporanea Castello di Rivoli, Rivoli, Torino
Passaggi, Ca' Tiepolo, Albarella, Rovigo
Partito preso internazionale, Galleria Nazionale
d'Arte Moderna, Roma
Perché – Fuori uso '97, Spazio ex FEA, Pescara
Che cosa sono le nuvole, Fondazione Sandretto Re
Rebaudengo, Guarene d'Alba, Torino
Group show, Robert Prime Gallery, London
Jingle Bells, Galleria Massimo De Carlo, Milano
504, Zentrum fur Kunst, Medien und Design,
Braunschweig
Fatto in Italia, Centre d'art contemporain, Genève;
ICA, London
How will you behave?, Robert Prime Gallery, London
Metamorphosis, Gian Ferrari Arte Contemporanea,
Milano
Trash. Quando i rifiuti diventano arte, Museo d'Arte
Moderna e Contemporanea di Trento e Rovereto,
Palazzo delle Albere, Trento
Officina Italia, Galleria Comunale d'Arte Moderna,
Bologna; Sala comunale, Castel S. Pietro Terme,
Bologna; Ex Fabbrica Arrigoni, Cesena; Rolo Banca,
Forlì; Chiostro di S. Domenico, Imola; Pinacoteca
Stoppiani, Santa Sofia di Romagna
Rassegna video, Prato

1998
Ospiti: metafora di una profezia, mostra a casa
di/exhibition at Alfredo Granata, Celico, Cosenza
Incursioni, Link, Bologna
Subway, Stazioni della Metropolitana, Milano
Voyager, Palazzo delle Papesse, Siena
1900, Galerie Analix, Genève
Poussière, FRAC Bretagne, Rennes
La Ville, le Jardin, la Mémoire, Accademia di
Francia a Villa Medici, Roma
Do it, Dunlop Art Gallery, Regina, Canada
Coté Sud, Institut d'Art Contemporain, FRAC Rhône-
Alpes/Nouveau Musée Villeurbanne

1999
Bestiario, Galleria Massimo De Carlo, Milano
Corpus ad Aquas, Montegrotto Terme, Padova
Artisti selezionati dal P.S.1 – Bureau Italia,
Fondazione Pistoletto, Biella
Alle soglie del 2000, Cortina d'Ampezzo, Belluno

A female touch, Galerie 54, Goteborg
VI Istanbul Biennial, Istanbul
Biennale di Alessandria d'Egitto, Alexandria, Egypt
Desire, Biagiotti Arte Contemporanea, Firenze
Etcetera, Spacex Gallery, Exeter

2000
Animati, Squadro Galleria Stamperia, Bologna
Tirannicidi, Istituto Nazionale per la Grafica, Roma
Blue nature, Galleria Zero, Piacenza
Canticle 2000 – Respectful to the Environment,
Museo della Permanente, Milano
Festival Cinemambiente, cortometraggi sui
rifiuti/short films on refuse, Torino
Talent/Um Tolerare Premio Querini-Furla per l'arte,
Fondazione Querini Stampalia, Venezia
La forma del mondo – La fine del mondo, PAC,
Milano
Migrazioni e multiculturalità, Premio per la Giovane
Arte italiana, Centro nazionale per le arti
contemporanee, Roma

2001
*Leggerezza – Ein Buck auf zeitgenossische Kunst in
Italien*, Städtische Galerie im Lenbachhaus,
München
Leggerezza, Center for Curatorial Studies at Bard
College, Annandale-on-Hudson, New York, USA
Magic and Loss – Video by Young Italian Artists,
Lux Centre, London; Man, Nuoro; CAC, Vilnius;
Vetrine Fendissime, Roma; Villa Bottini, Lucca
Platea dell'umanità, 49° Esposizione Internazionale
d'Arte Biennale di Venezia, Venezia
Atlantide. Progetti d'Arte nel territorio, Palazzo
delle Papesse, Siena; Museo del Bosco di Orgia,
Siena
Record All-Over, IX Biennale de l'image en
mouvement, MAMCO, Genève
Media Connection, La Triennale di Milano – Palazzo
dell'Arte, Milano
Sonsbeek 9 Locus/Focus, Arnhem, Netherlands
Somewhereovertherainbow, Skuc Gallery, Ljubljana
My Opinion, Palazzo Lanfranchi, Pisa
Adriatico: le due sponde, Premio Michetti,
Francavilla al Mare, Chieti

2002
WonderWorld, Kleines Helmhaus, Zürich
Do it, Addison Gallery of American Art, Andover,
Massachusetts
*Playground & toys – Parchigioco e giochi d'artista
per bambini profughi*, Museo Cantonale d'Arte,
Lugano
Base/Progetti per l'arte, Galleria Base, Firenze
*There is a light that never goes out/c'è una luce che
non si spegne mai*, Villa Galvani, campanile del
Duomo, Galleria Sonia Rosso, Pordenone
Verso il Futuro. Identità nell'arte italiana 1990-2002,
Museo del Corso, Roma

BIBLIOGRAFIA
BIBLIOGRAPHY
a cura di/edited by Monica Pignatti Morano,
Stefania Vannini

1990

V. Coen, R. Daolio, *I ragazzi della via Emilia*, in *Flash
Art*, n. 158, ottobre-novembre/October-November,
p. 161
C. Colasanti, *Eva Marisaldi. ee*, in *Titolo*, n. 1
R. Daolio, *La pelle e il cuore*, in *Beghi, Bernardi,
Marisaldi, Pessoli, Pivi*, catalogo della
mostra/exhibition catalogue, Ex Chiesa di S. Maria
delle Croci, Ravenna; Galleria Neon, Bologna; Essegi,
Ravenna
R. Daolio, *Eva Marisaldi*, in *Laboratorio 3°*, catalogo
della mostra/exhibition catalogue, Galleria Centro
San Fedele, Milano
R. Daolio, *Eva Marisaldi. in ee*, catalogo della
mostra/exhibition catalogue, Galleria Neon, Bologna

1991

C. Bacilieri, *Una tranquilla serata d'estate con
leggere allucinazioni*, in *Mongolfiera*, n. 136,
gennaio/January
C. Branzaglia, *Giovani emiliani in collettiva*, in *Segno*,
n. 100, gennaio/January
C. Colasanti, *Beghi, Bernardi, Marisaldi, Pessoli, Pivi*,
in *Titolo*, n. 4
C. Colasanti, in *Loro*, catalogo della mostra/exhibition
catalogue, Castello Visconteo, Trezzo sull'Adda,
pp. 30-31
R. Daolio, *Faccia a faccia*, in *Nuova Officina
bolognese. Arte visiva e sonora. 25 artisti*, Galleria
Comunale d'Arte Moderna, Bologna, ed. Renografica,
pp. 108-109
R. Daolio, *Cromie*, Galleria delle Colonne, Parma
W. Guadagnini, *Quattro punti e una citazione per una
mostra*, in *Spazi Futuri. Giovani scultori in Italia*,
catalogo della mostra/exhibition catalogue, Castello
dei Pio, Carpi
G. Romano, *A Fragmentary Image*, in *Lapiz*, n. 78
G. Romano, *Loro (Them)*, in *Titolo*, n. 5

1992

R. Barilli, *Eva Marisaldi*, in *Dorainavanti*, Premio
Michetti, catalogo della mostra/exhibition catalogue,
Francavilla al Mare, Mazzotta, Milano
T. Corvi Mora, *Controfigure*, in *Purple Prose*, n. 2
R. Pinto, *Nuova Officina Bolognese*, in *Flash Art*, n.
166, estate/summer, p. 170
R. Pinto, *Thomas Bernstein – Eva Marisaldi. Studio
Guenzani*, in *Flash Art*, n. 169, estate/summer, p. 102
G. Romano, *Eva Marisaldi*, in *Venti pezzi fragili*,
catalogo della mostra/exhibition catalogue, Galerie
Analix, Genève, p. 50
M. Torrusio, *Ritocco d'artista*, in *Invito Italiano alla
Giovane Critica*, catalogo della mostra/exhibition
catalogue, Termoli

1993

R. Daolio, *Eva Marisaldi*, in *Flash Art*, n. 171,
dicembre-gennaio/December-January 1993, p. 75
R. Daolio, *Postscriptum*, in *Aperto '93*, catalogo della
mostra/exhibition catalogue, Politi editore, Milano
A. Martegani, *Il Corpo e Viceversa. La costruzione
dignitosa del senso*, in *Flash Art*, n. 180, dicembre-
gennaio/December-January 1994, pp. 76-77

G. Perretta, *Eva Marisaldi. Raucci e Santamaria*, in
Flash Art, n. 174, aprile/April, pp. 111-112
R. Pinto, *Forme di relazione*, ed. Stampa Alternativa
D. Salvioni, *Aperto. L'esplorazione dell'Hic et Nunc*,
in *Flash Art*, n. 178, ottobre/October, pp. 90-91

1994

AA. VV., *Europa '94*, catalogo della mostra/exhibition
catalogue, Munich Order Centre, München
AA. VV., *Incertaine identité*, catalogo della
mostra/exhibition catalogue, Galerie Analix, Genève
R. Barilli, *Ciabatte e Pennelli*, in *L'Espresso*, n. 23,
giugno/June
S. Brugnara, L. Farinati, S. Giovanazzi, *Numero
Civico*, catalogo della mostra/exhibition catalogue,
Galleria Numero Civico, Rovereto
G. Ciavoliello, *Oriente Mediterraneo*, catalogo della
mostra/exhibition catalogue, Istituto Italiano di
cultura, Università di Helwan, Cairo, Artstudio ed.,
Milano
G. Ciavoliello, *Soggetto/Soggetto*, in *Flash Art*, n. 187
V. Coen, *Eva Marisaldi. Neon*, in *Flash Art*, n. 181,
febbraio/February, p. 97
T. Corvi Mora, *Eva Marisaldi*, in *Rien à signaler*,
catalogo della mostra/exhibition catalogue, Galerie
Analix, Genève, p. 68
G. Costa, *Double Density*, catalogo della
mostra/exhibition catalogue, Galerie Pohlhammer,
Steyr, Austria; Galleria Alberto Weber, Torino;
Galleria Neon, Bologna
R. Daolio, *Migrateurs. Eva Marisaldi*, catalogo della
mostra/exhibition catalogue, Paris, ARC Musée d'Art
Moderne de la Ville de Paris
R. Daolio, *Luigi Ontani, Luigi Bartolini, Eva Marisaldi*,
catalogo della mostra/exhibition catalogue, Sala
Comunale, Castel S. Pietro Terme
G. Di Pietrantonio, *Eva Marisaldi*, in *Prima linea*,
catalogo della mostra/exhibition catalogue, Flash Art
Museum, Trevi
D. Gonzales-Foerster, Eva Marisaldi, *Film*, Genève,
Galerie Analix, Artstudio ed., Milano
M. Meneguzzo, *Eva Marisaldi*, in *Shape your body*,
catalogo della mostra/exhibition catalogue, ed. La
Giarina, Verona
F. Pasini, *Eva Marisaldi. Galleria Neon*, in *Artforum*,
n. 8, pp. 104-105
F. Pasini, *Inizio di partita. Vanessa Beecroft, Eva
Marisaldi, Liliana Moro, Grazia Toderi*, catalogo della
mostra/exhibition catalogue, Modena
F. Pasini, G. Verzotti, *Soggetto/Soggetto. Una nuova
relazione nell'arte di oggi*, catalogo della
mostra/exhibition catalogue, Museo d'Arte
Contemporanea Castello di Rivoli, Charta, Milano
S. Risaliti, *Eva Marisaldi. Studio Guenzani*, in *Flash
Art*, n. 187, ottobre/October, pp. 77-78

1995

Inizio di partita. Castelvetro (MO), in *Flash* Art, n.
193, estate/summer, p. 75
G. Ciavoliello, *When form became attitude*, in *Flash
Art*, n. 193, estate/summer, p. 39-42
A. Colasanti, *Tentativi di intrusione*, catalogo della
mostra/exhibition catalogue, ex chiesa di/former
church of S. Maria delle Croci, Ravenna

E. De Cecco, *Inizio di partita*, in *Flash Art*, n. 194, ottobre-novembre/October-November, p. 121
F. Pasini, *Eva Marisaldi*, in *Inizio di partita. Castelvetro (MO)*, catalogo della mostra/exhibition catalogue
S. Risaliti, *Eva Marisaldi*, locandina-invito della mostra/brochure-invitation of the exhibition *Il corso tace*, FRAC Languedoc-Roussillon, Montpellier
M. G. Torri, *Per vedere suonare al Numero Civico*, in *Flash Art*, n. 189, dicembre-gennaio/December-January 1995, p. 55
T. Verdier, *Eva Marisaldi/Grazia Toderi*, in *Artpress*, n. 201, aprile/April

1996
XII Quadriennale Italia 1950-1960. Ultime generazioni, catalogo della mostra/exhibition catalogue, Palazzo delle Esposizioni, Stazione Termini, Roma, De Luca ed., p. 153
AA. VV., *Manifesta 1. Foundation European Art Manifestation*, catalogo della mostra/exhibition catalogue, Witte de With Centre for Contemporary Art, Rotterdam, pp. 122-123
D. Auregli, *Eva Marisaldi*, in *Transfer. Scambio di artisti e di arte. Austausch. Bildender Kunstler und Kunst*, Galleria d'Arte Moderna, Bologna; Ex Chiesa di Sant'Agostino, Bergamo; Castello di Rivara, Torino; Kunstpalast im Ehrenhof, Düsseldorf; Ausstellungshalle am Hawerkamp, Münster; Ludwig Forum, Aachen, pp. 88-92
R. Barilli, *Simbolo e decorazione. Il concettualismo "duro" di Eva Marisaldi* , in *Quadri e sculture*, n. 20, giugno/June
R. Barilli, *Trucioli d'autore*, in *L'Espresso*, n. 38, 19 settembre/September
C. Colasanti, *Transfer. Galleria d'Arte Moderna, Bologna*, in *Flash Art*, n. 197, p. 107
R. Daolio, *Presenze/Gegenwarten*, in *Presente/Gegenwart*, catalogo della mostra/exhibition catalogue, Kunstlerwerkstatt Lothringerstrasse, München, pp. 38-55
E. De Cecco, *Marisaldi, Moro*, in *Flash Art*, n. 198, p. 50
R. Ferrario, *Molto poco*, in *Niente di personale*, catalogo della mostra/exhibition catalogue, Open Space, Milano, pp. 22-23
S. Grandi, *Eva Marisaldi*, in *Artel*, febbraio/February
M. Panzera, *Eva Marisaldi. Minini*, in *Flash Art*, n. 196, febbraio-marzo/February-March, p. 106
F. Pasini, *Eva Marisaldi. Tenui tracce di percezione*, in *Liberazione*, 6 agosto/August
P. L. Tazzi, *Or of lightness*, in *Exchanging Interiors*, catalogo della mostra/exhibition catalogue, Museum Van Loon, Amsterdam
L. Vergine, *Eva Marisaldi*, in *L'Arte in trincea. Lessico delle tendenze artistiche 1960-1990*, Skira, Milano, p. 271

1997
R. Barilli, *Una marcia progressiva verso gli "immateriali"*, in *Officina Italia*, catalogo della mostra/exhibition catalogue, Galleria d'Arte Moderna, Bologna, Mazzotta, Milano, p. 93
R. Barilli, *Eva Marisaldi*, in AA. VV., *Il Patalogo. 19.*

Annuario 1996 dello spettacolo, Ubulibri
P. Colombo, *Fatto in Italia*, catalogo della mostra/exhibition catalogue, Centre d'art contemporain, Genève; ICA, London, Electa, Milano
M. Currah, *Eva Marisaldi*, in *Time Out*, 19-26 febbraio/February
G. Curto, *Pittura italiana. Castello di Rivoli*, in *Flash Art*, n. 206
R. Daolio, *Eva Marisaldi – Molte domande non hanno una risposta*, catalogo della mostra/exhibition catalogue, Galleria Neon, Bologna
E. De Cecco, *Fatto in Italia. Una mostra sulla nuova generazione di artisti italiana raccontata dal curatore P. Colombo*, in *Flash Art*, n. 205, p. 37
J. Ebner, *Verlorene Zeichnung, zertasert*, in *Frankfurter Allgemeine Zeitung*, 15 febbraio/February
C. Liveriero, *È nella natura delle cose. Neon Bologna*, in *Flash Art*, n. 202, p. 121
M. Oeschler, *Make*, n. 75, aprile-maggio/April-May, p. 28
F. Pasini, *Eva Marisaldi – Ho fiducia nel contatto modestu*, in *Scrivere vivere vedere*, Ed. La Tartaruga, Milano
A. Pioselli, *Eva Marisaldi. Massimo De Carlo*, in *Flash Art*, n. 201, p. 80
G. Verzotti, *Viatico per quarant'anni di pittura italiana*, in *Pittura italiana da collezioni italiane*, catalogo della mostra/exhibition catalogue, Castello di Rivoli Museo d'Arte Contemporanea, Rivoli, Charta, pp. 176-185, 213

1998
Eva Marisaldi, catalogo della mostra/exhibition catalogue, *La ville, le jardin, la mémoire*, Villa Medici, Roma
F. Alessandrini, *Ping pong*, in *Vegetali Ignoti*
L. Beatrice, C. Perrella, *Nuova arte italiana*, Castelvecchi, Roma
C. Colasanti, *Eva Marisaldi. Neon*, in *Flash Art*, n. 209, aprile-maggio/April-May, p. 129
C. Colasanti, *La ville, le jardin, la mémoire. Villa Medici*, in *Flash Art*, n. 211, pp. 111-112
C. Colasanti, *GAM: Salvo e Marisaldi*, in *Flash Art*, n. 208, febbraio-marzo/February-March
E. De Cecco, *Percorsi dello sguardo. Eva Marisaldi, Liliana Moro, Grazia Toderi*, in *Flash Art*, n. 213, dicembre-gennaio/December-January 1999, pp. 96-101
B. Della Casa, A. Fadhil, *Esistenza elettronica. Sette artisti italiani*, catalogo della mostra/exhibition catalogue, Galleria Spsas, Locarno
E. Latreille, *Poussière*, catalogo della mostra/exhibition catalogue, FRAC de Bourgogne, Dijon; FRAC de Bretagne, Rennes, p. 37

1999
G. Amadasi, *Eva Marisaldi*, in *VI Istanbul Biennial*, catalogo della mostra/exhibition catalogue, pp. 126-129
R. Barilli, *Alle soglie del 2000*, catalogo della mostra/exhibition catalogue, Cortina d'Ampezzo, Mazzotta, Milano
C. Bertola, *Eva Marisaldi*, in *P.S.1 Bureau Italia*, Castelvecchi, Roma

E. De Cecco, *Reflections on the gaze, game and narration: Eva Marisaldi, Liliana Moro and Grazia Toderi*, in *Paradoxa*, n. 10, giugno/June
L. Fantinel, *Corpus ad aquas*, catalogo della mostra/exhibition catalogue, Montegrotto Terme
M. Panzera, *Eva Marisaldi*, in *Flash Art*, n. 215, a. XXXII, maggio/May, p. 114
F. Pasini, *Dizionario delle artiste italiane*, in *Flash Art*, n. 217, a. XXXII, estate/summer, p. 81
G. Verzotti, *Eva Marisaldi, Galleria Massimo Minini, Brescia*, in *Artforum*, n. 10, a. XXXVII, New York, estate/summer, pp. 162-163
A. Vettese, *Eva Marisaldi*, catalogo della mostra/exhibition catalogue, Galleria d'Arte Moderna, Spazio Aperto, Bologna, pp. 6-7

2000
Eva Marisaldi, catalogo della mostra/exhibition catalogue, Palazzo delle Albere, Museo d'Arte Moderna e Contemporanea di Trento e Rovereto, Trento, Skira, Milano
Premio Querini-Furla per l'arte, catalogo della mostra/exhibition catalogue, Charta, Milano
Il Premio per la Giovane Arte italiana 2000, Migrazioni e Multiculturalità, Centro nazionale per le arti contemporanee, Roma, pp. 56, 71-72
Tirannicidi, catalogo della mostra/exhibition catalogue, Istituto nazionale per la Grafica, Roma, Silvana Editoriale
S. Evangelisti, *Eva Marisaldi, Galleria d'Arte Moderna. Spazio Aperto, Bologna*, in *Tema Celeste*, n. 77, gennaio-febbraio/January-February, p. 124
E. De Cecco, G. Romano, *Contemporanee: percorsi, lavori e poetiche delle artiste dagli Anni Ottanta a oggi*, Costa e Nolan, Genova
A. Pioselli, *E. M.*, in *Artforum*, novembre/November
S. Zanella, *Polichromos 2 e Eva Marisaldi*, in *Questo Trentino*, 13 maggio/May

2001
Eva Marisaldi, in *The Guardian*, 18 gennaio/January
M. Coomer, *Eva Marisaldi*, in *Time Out*, 14-21 Febbraio/February, p. 54
E. De Cecco, *Eva Marisaldi 1966*, in *Platea dell'umanità*, 49° Esposizione Internazionale d'Arte Biennale di Venezia, catalogo della mostra/exhibition catalogue, La Biennale di Venezia-Electa, Milano, vol. I, pp. 200-201, 348
J. Ebner, *Rennfahrer, Bergbluten und ein Papagei*, in *Frankfurter Allgemeine Zeitung*, 3 marzo/March

2002
Eva Marisaldi. Legenda, catalogo della mostra/exhibition catalogue, Centro nazionale per le arti contemporanee, Roma, Charta, Milano
Verso il Futuro. Identità nell'arte italiana 1990-2002, catalogo della mostra/exhibition catalogue, Museo del Corso, Roma, Charta, Milano
S. Pasquini, *Eva Marisaldi*, in *New York Arts Magazine*, gennaio/January
A. Polveroni, *La videoarte ha 40 anni ma è ancora avanguardia*, in *La Repubblica*, 1 maggio/May

finito di stampare nel novembre 2002 da Garabello Artegrafica, San Mauro (To)